经济应用文写作

张立华 刘宇希 ◇ 主编
李想 郝佳 康东媛 ◇ 副主编
刘佳 ◇ 主审

高 等 院 校 素 质 教 育 课 程 "十 二 五" 规 划 教 材

人民邮电出版社

北 京

图书在版编目（CIP）数据

经济应用文写作 / 张立华，刘宇希主编. -- 北京：
人民邮电出版社，2014.6（2021.1重印）
高等院校素质教育课程"十二五"规划教材
ISBN 978-7-115-34634-6

Ⅰ．①经… Ⅱ．①张… ②刘… Ⅲ．①经济－应用文
－写作－高等学校－教材 Ⅳ．①H152.3

中国版本图书馆CIP数据核字（2014）第026555号

内 容 提 要

本书采用大量的案例，对案例从写作内容到结构作详细的点评；融应用文写作知识、写作技巧于实践中，以求理论到实践的能力转换。主要特色是观点新、体例新、范例新、教法新、学法新。

本书共九章：第一章绪论；第二章求职文书写作；第三章礼仪文书写作；第四章信息文书写作；第五章事务文书写作；第六章、第七章经济文书写作；第八章实习报告与论文写作；第九章公务文书写作。

本书提供课程标准、电子课件、参考答案、补充练习题、模拟试卷、拓展实例等资料，索取方法参见"配套资料索取说明"。

本书可作为高等院校、高职高专教材，也可作为普通读者工作或相关考试的参考教材。

◆ 主　编　张立华　刘宇希
　　副主编　李　想　郝　佳　康东媛
　　主　审　刘　佳
　　责任编辑　万国清
　　责任印制　彭志环　杨林杰

◆ 人民邮电出版社出版发行　北京市丰台区成寿寺路 11 号
　　邮编　100164　　电子邮件　315@ptpress.com.cn
　　网址　http://www.ptpress.com.cn
　　涿州市京南印刷厂印刷

◆ 开本：787×1092　1/16
　　印张：16.25　　　　　　　　　　　2014 年 6 月第 1 版
　　字数：396 千字　　　　　　　2021 年 1 月河北第 12 次印刷

定价：36.00 元

读者服务热线：(010)81055256　印装质量热线：(010)81055316
反盗版热线：(010)81055315
广告经营许可证：京东市监广登字 20170147 号

前 言

Perface

两千多年前，当人们热衷于传诵诗经的时候，应用文写作就已经产生了。小到结绳记事，大到制诏律令，应用文以一种特殊的身份担负着解决生活、工作中实际问题的重任。而今瞬息万变的信息时代，应用文在写作的舞台上仍然扮演着重要角色。

学习经济应用文写作，有助于读者更深刻地了解工作中应用文的写作规则；更好地理解相关政策的权力与局限，体会经济应用文写作在工作、生活中的重要性，找到经济类应用文写作的钥匙。

本书的主要特点是观点新、体例新、范例新、教法新、学法新，具体体现在如下几方面。

1. 完成中学语文与大学语文的过渡与衔接，帮助学生澄清经济应用文写作在大学语文中的位置，以崭新的角度和眼光引领学生认识什么是写作，什么是基础写作，什么是文学写作，什么是应用文写作，什么是经济应用文写作。

2. 本书在编写过程中始终强调与专业所需相吻合的能力培养、注重学生学习方法的指导、注重学生社会能力的培养以及三者的整合，即在满足社会需求的同时，重视学生个性需求、注重教育的本质属性，同时完成学生"人性""人情""人味""技术""技艺""技能""性格""人格""国格"的提升。

3. 因"材""才"施教，为教师设计教学思路，为学生编写教材，引导学生掌握学习方法，结合专业特点安排学习任务，设计问题情境，选择典型、新鲜案例分析，为学生"学"和教师"教"搭建平台，寻找解决问题、完成学习任务的载体与途径。

4. 内容的选择以"经济应用写作"为主导，所选案例也偏重经济类，旨在为财经专业学生的学习提供更多方便。练习题的设计本着以实际工作意义为出发点，不做无意义的"试题游戏"。

5. "经济应用文写作"是大学语文的一部分，作为语文教学，听、说、读、写从来都是融为一体的。本书体现了语言与写作、语言与文化的融合，让学生们在完成写作任务的同时提升口语表达能力、与人沟通能力、团队合作精神和创新意识。让经济应用文带给学生更多的感悟、启示和升华。基于这样的考虑，我们在每一章设置了"烛光导读""名言录""要点总结""案例赏析""知识拓展""文化长廊"等栏目，从多侧面、多角度培养和提升学生的职业文化素养，同时也让更多的读者认识到应用文也是具有审美情趣的。

为方便读者学习和教师授课，本书提供课程标准、电子课件、参考答案、补充练习题、模拟试卷、拓展实例等配套资料，索取方式参见"配套资料索取说明"。

本书是吉林省教育科学"十二五"规划立项课题《行为导向法在大学应用文写作教学中的设计策略研究》的结题成果。该项目旨在为常用应用文写作，尤其是经济类应用文写作教学探讨教学方法，并总结学习方法。

　　本教材由张立华担任总策划，刘佳主审，张立华、刘宇希担任主编，李想、郝佳、康东媛担任副主编，张晓杰参编。各章编写分工如下：第一章、第二章、第三章由张立华编写，第六章、第七章、第八章由张晓杰、刘宇希编写，第四章、第五章、第九章由张立华、李想、郝佳、康东媛编写。

　　本书从不同作者出版的应用文写作学术论著、论文中汲取了最宝贵的经验，从生活中采集了一些鲜活的应用文范例，真诚地期待学术界专家、同行们以及读者提出宝贵意见。由于编者水平有限，书中难免有疏漏之处，恳请各位专家、读者不吝赐教。

编　者

2014 年 2 月

目录

Perface

第一章 绪论

我们阅读一部好书或一篇好文章后，总会啧啧称赞作者写作的成功。我们是被作品中的情绪所感动，抑或被萨特所谓的"终结"所吸引。正如哲学家柏格森所言："快乐和悲哀会引起我们的同情，激情和恶德会唤起旁观者的痛苦的惊愕、恐怖或怜悯，简言之，那些激情由于共鸣而心心相印。这一切都与生活本质有关。"写作，是人的一种思维，是人的一种心理活动，它是人脑对客观事物的一种概括的、间接的反映。具体地说，思维"是在人的实践活动中，在感性认识、特别是表象的基础上，借助于词汇、语言的工具，以知识经验为中介而实现的"（转引自北京师范大学出版社出版，朱智贤、林崇德著《思惟发展心理学》）。因此，思维属于人的认识过程，是人的认识过程的高级阶段。

张贤亮说："只有通过抽象逻辑——思维才会使大千世界通过我的视听器官传到我脑子里的种种形象信息更为清晰和生动。而这种种形象信息一旦在我脑子里抽象成了某种观念，在观念的支配下，种种形象信息还会生发，还会串连，以至衍变成一段情节。"其实无论是形象思维还是逻辑思维，没有思考和分辨，写作者就无法驾驭他所要表现的内容；而思考和分辨能力，只能来自学习，来自于练习。

当你读到这本书的时候，这是写作主体获得的"主观世界与客观世界的最愉快的邂逅"。也是作者与读者的一次愉快的邂逅。

烛光导读

第一节 写作的熏陶

【学习目标】

知识目标：了解写作、文学写作、应用文写作的内涵；掌握应用文写作的特点、规律。

能力目标：具备区分应用文写作、文学写作的能力；拥有应用文写作能力及鉴赏能力。

写作是一种能力，是生命的一种生存形式和途径，是生活在现代社会里的人必备的一种素质，更是一种综合性的脑力劳动。写作需要具备有关的理论知识，还要掌握表情达意、交流信息的方法、技巧。从这个意义上讲，写作就是对生命秩序的尊重，写作行为具有哲学性和生命性。

【案例 1.1.1】

"春晚"是一种精神[1]

1983 年，中央电视台为电视观众奉献的"春节联欢晚会"，以新鲜的节目形态，在黑白电视时代增加了中国人过年的色彩，那一抹亮色延传至今，成了中国的年俗，成了春天的符号，成了文化的现象，成了电视的精神。

在我最好的人生岁月里，我目睹了"春晚"的历程。我们的电视已经从黑白时代进入到彩色和高清时代，我也从电视观众转变为电视工作者，近三年更有幸成为"春晚"的参与者，我对"春晚"的观念和情感也有着"划时代"的变化。

第一届"春晚"，我就是热心观众之一。当年的晚会就呼吁观众参与，我记得好像是出了五道谜语，让观众来猜。其中一道题目是：镜子里面有个人——打一个字。刘露老师在《文化生活》栏目里专门做了解释，还把写着"人"字的纸板摆在镜子前面，再看镜子里的字是"入"了。那欢乐的记忆一晃也 20 多年了。从 1984 年，有了更多的欢歌笑语，有了更新的互动参与，"春晚"开始让电视观众在每个除夕夜都"难忘今宵"了。

我第一次靠近"春晚"，是 1989 年年初，我刚到中央电视台少儿部实习。在电视台的圆楼里看着要参加"春晚"彩排的摩肩接踵的人群，也跟着兴奋。我对文艺部的人羡慕不已，像新兵看着大部队上前线。

第一次站上"春晚"演播大厅的舞台是 1998 年。8 年后，我第一次走到了"春晚"舞台的中心，当我说出："在这辞旧迎新的时刻，我们向全国各族人民……"，心中洋溢着神圣和幸福。当所有人一起唱起《难忘今宵》的时候，更是有如梦如幻的感觉……

我曾经说过，每次看到大型节目结尾时那长串的字幕就很感慨，那是我们的战友的阵容。亲身经历了春晚，每年经过 6 次彩排和惊心动魄的直播，才真正知道"春晚"二字的分量。今年我为自己在"春晚"的失误公开道了歉，是由衷地感到自己的表现给节目和节日带来了遗憾，每当我想起每次彩排之后从部长、台长到各工种人员都要开三四个小时的总结会，每次彩排后节目都会有新的改动，每次改进都凝聚着大家的心血，每次上下道具的场工都像战士在冲锋，自己就愧疚不已！总想：假如当时……当记忆伴随痛苦会比欢乐更深刻，这是我一生铭记的教训。

"春晚"是个大舞台，是艺术的舞台，更是人生的舞台。小时候总不理解为什么"要敢于

标题： 揭示主题。

开头： 追溯"春晚"的由来，概括地表明基本观点。为深入探讨该话题奠定基础。过渡段，承上启下。

主体： 以第一届"春晚"为切入点，融入与"春晚"相关的故事，用欢声笑语、难忘今宵突出"春晚"的主题，阐明"春晚"精神。

借助回忆，直言自己对"春晚"的亲身感受，由羡慕到亲身经历，体会"春晚"的分量，深刻挖掘"春晚"对于个人及所有中国人的深刻意义。

---

[1] 转载自张泽群博客，原文地址为 http://blog.cntv.cn/13921244-15929.html，文字略有改动。

胜利"，人们都渴望胜利，怎么会不敢呢？现在明白，要想胜利是需要勇气的，要站在"春晚"的舞台上也是需要勇气的，这是承担、奉献和牺牲的勇气。25届"春晚"，这种承担、奉献和牺牲已经成为电视文艺工作者的一种精神。我向这种精神致敬，更追随这种精神。还有不到半年，就会有人又举起"春晚"的大旗，传承这种精神。

| 结尾：弘扬、传承"春晚"精神，升华主题。 |

一、写作的内涵

写作就字面讲含有"制作""记写"的意思。《诗经·小雅》云："作此好歌"。其中的"作"即用心创造的意思。《韩非子·十过》说："子为我听而写之。"其中的"写"是记写的意思。"写""作"二字连起来指的是把用心创作的东西记写下来。案例 1.1.1 就是源于作者内心感受而写的一篇博客文章，文章虽为个人写作行为，但却表达了更多中国人的心声，命题是宏大的，寓意是深刻的。

写作即运用语言文字符号反映客观事物、表达思想感情、传递知识信息。将思维和语言文字联结在一起的精神劳动，其成果就是文章，其目的在于传播信息、交流思想。

陈独秀提出"文之大别有二，一曰应用之文，一曰文学之文"。写作可以划分为如下种类。

（1）基础写作。基础写作主要研究写作的普遍规律和基本方法，着力阐述写作的基本原理，提高人们对一般文章的写作能力。叶圣陶为了便于教师在教学中给学生分析文章、讲作文方便，将文章分为记叙文、议论文、说明文，也就是所

名言录

对一个作家来说，最好的说话方式是写作。我该说的话都写进了我的作品里。用嘴说出的话随风而散，用笔写出的话永不磨灭。

——莫言

读书是欣赏别人，写作是挖掘自己；读书是接受别人的沐浴，写作是一种自我净化。

——冯骥才

说的基础写作。

（2）文学写作。文学写作是研究文学创作的一般规律和技巧的写作，是基于基础写作之上的专业写作。文学写作关注现实生活，可以想象未来。可以以景起兴，借景抒情；可以重章叠句，回环往复；可以描写情节；更可以创设意境。小说、散文、戏剧、诗歌就属于文学写作。

（3）应用文写作。应用文写作是写作的一个分支，是专门研究应用文写作的特点、规律、过程与方法，为处理有关具体事务，解决实际问题而从事的写作活动。英语写为"practical writing"直译是"实用写作"。应用文写作的第一要义是"put to use"。

要点总结

表 1.1 是写作分类和表达方式的简单总结。

表 1.1 写作分类和表达方式

写作类型	文　体	表达方式
基础写作	记叙文 议论文 说明文 ……	叙述、描写、说明、议论、抒情为主
文学写作	小说 散文 诗歌 戏剧 ……	叙述、描写、议论、抒情为主
应用写作	日常应用文 工作事务文书 行业、职业应用文 行政公文 ……	叙述、说明、议论为主

二、苏轼、欧阳修论应用文写作

我国文章写作源远流长，已有数千年的历史，但"应用文"这个概念的产生却较晚。"应用文"一词最早见于宋代。应用文作为应用意义的文体概念创始于"欧苏"，已有近千年的历史。欧阳修说："自忝窃于科名，不忍忘其素习，时有妄作，皆应用文字。"（《免进五代史状》，1060 年）这里的"应用文字"指科举应试文章，含有"应用"之意。欧阳修 1064 年在《辞副枢密与两府书》中又说，修"少本无于远志，早近逮亲之禄，学为应用之文。"苏轼继承了欧阳修的思想，在《答刘巨济书》一文中也谈及应用文："仆老拙百无堪，向在科场时，不得已作应用文。"于是应用文的文体概念就诞生了。

三、应用文的发展历史

台湾教授张仁青说："凡个人与个人之间，或机关团体与机关团体之间，或个人与机关团体之间，互相往来所使用之特定形式之文字，而为社会大众所遵循、共同使用者，谓之应用文"。裴显生在《现代实用写作学·绪论》中说："应用文是指国家机关、企事业单位、人民群众在日常生活、学习、工作中经常使用的具有某种惯用格式和直接应用价值的文章"。陈跃南教授在《应用文概说》一书中说："'应用文'就是'应'付生活，'用'于实务的'文'章，凡个人、团体、机关相互之间，公私往来，用约定俗成的体裁和术语写作，以资交际和信守的文字，都叫应用文。"

应用文的发展历史经历了如下几个时期。

1．启蒙期

人类在文字产生之前，就有了应用文。殷墟出土的商周时期的甲骨卜辞是我国有据可查的最早应用文。上古时期人们采用一种可视的方式来记录工作生活中发生的事情，结绳记事就是为应用而产生。郑玄的《周易注》中有这样的记载："结绳为约。事大，大结其绳；事小，小结其绳。"先秦时期的《尚书》收录了夏、商、周各代的典、谟、训、诰、誓、命等，是我国第一部以应用文为主体的文章集。

2．成型期

秦始皇统一天下，下令统一文字，统一文书体制，使得应用文在秦汉时期基本成型。应用文的各种文体已经比较完备。"公文"的称谓是在这一时期出现的。"制""诏"等都是皇帝的命令。皇帝自称为"朕"，下臣上书为"奏"。应用文体写作有了完整的规范体制，如高帝的《求贤诏》、贾宜的《论积贮疏》、晁错的《论贵粟疏》、司马相如的《上书谏猎》等。

3．发展期

《文心雕龙》是我国第一部写作以及应用写作理论著作，奠定了我国古代应用写作理论的基础，成为应用写作发展的里程碑。魏晋六朝时期是应用文的发展期。人们对应用文写作有了比较自觉的认识，应用文体形成了自己的理论与观念，如诸葛亮的《出师表》、李密的《陈情表》、刘勰的《文心雕龙》等。

4．成熟期

宋朝张侃提出"骈四俪六，特应用文耳"（《拙轩集·跋陈后山再任校官谢启》）。

唐宋时期应用文写作发展到了历史高峰。韩愈的《上宰相书》、柳宗元的《答韦中立论师道书》、白居易的《请赎魏征宅奏》、李白的《与韩荆州书》、刘禹锡的《陋室铭》，宋代日常应用文中的"序跋文"，欧阳修的《新五代史·伶官传序》、李清照的《金石录后序》、文天祥的《指南录后序》等，均是优秀的应用文。

5. 稳定期

清代刘熙载在《艺概·文概》中说："辞命体，推之即可为一切应用之文，应用文有上行、有平行、有下行。重其辞乃重其实也。"清代学者徐望之在《尺牍通论》中说："有用于周应人事者，若书札、公牍、杂记、序跋、箴铭、颂赞、哀祭等类，我名之曰'应用之文'。"刘熙载、徐望之的阐释，代表了那个时代人们对应用文概念的理解。

元明清时期成为应用文发展的稳定期。这一时期出现了许多应用文大家和名作，如沈括的《梦溪笔谈》、朱世杰的《算学启蒙》、王桢的《农书》、海瑞的《治安疏》、宗臣的《报刘一丈书》、夏完淳的《狱中上母书》、龚自珍的《与吴虹生书》、林觉民的《与妻书》都是优秀的应用文。

6. 繁荣期

汉语言在辛亥革命后发生了巨大变化。封建色彩减少，民主意识增强，文言文变为白话文，以白话文为中心的新文种和公文程式产生；语体形式更加贴近生活；反映经济文化生活的文体大量产生。新中国成立后，我国的公文制度不断完善，各种公文体裁用途或使用范围日益规范化。先后多次修订公文制度。

四、带着锁链跳舞的应用文写作

刘勰在《文心雕龙·书记》中说应用文"虽艺文之末品，而政事之先务也"。应用文写作是以有效的行动为目的的，自古以来它就被各种规章、制度以及应用文写作的惯用格式约束和限制；但是在一定的空间内它又具有一般文体所不具备的特点，发挥着不一般的作用。

（一）应用文写作的特点

相对其他写作形式，应用文写作有以下几个特点。

1. 真实性

有人说应用文"笔下有财产万千，笔下有人命关天，笔下有是非曲直，笔下有毁誉忠奸"。这段话道出了应用文语言的真实性特点。20世纪末亚洲金融风暴，韩国政府及时向全国人民发布了公告，讲明了经济危机的真实情况，赢得国人的理解，韩国政府官员以及老百姓，许多人拿出自家的金银首饰变卖，将钱捐给国家，共度经济危机。这个事例说明应用文写作是为解决实际问题而写，所涉及的材料、观点，解决问题的具体方法都涉及问题的最终结果，所以必须真实、客观、实事求是。

2. 行业性

应用文中的许多文种都具有明显的专业性、行业性特点，尤其是应用文的内容涉及很多行业知识、专业术语，是具有专门行业职能的机关、团体、企事业单位专门使用的。同时许多文种都具有特定的写作格式，对写作者有一定的要求，除了具备应用文的基本写作知识外，更需要了解该行业专用术语、专业知识。如法律文书、经济文书、科技文书、涉外文书等就是如此。

3. 被动性

> **名言录**
>
> 写文章要"有真意、少粉饰、少做作，勿卖弄。"
>
> ——鲁迅

在应用文写作中多数文种通常都是因工作必须，受命于领导而写作的。写作者一般较少主动写作，在写作过程中，表达什么观点，运用什么材料，提出什么建议，发出什么请求，都是受有关机关、领导、部门的旨意而定的，常常是"立言"要准确地表述领导机关的意图，对写作者具有较高的要求。

4. 实用性

应用文最大的特点在于实用。实用是应用文与其他文学作品的主要区别之一。一般文学作品的创作是"有感而发"，诗歌、散文、小说等文学作品主要是表达人们的喜怒哀乐。而应用文的写作主要是为了解决实际问题，是"有事而发"，无事不发。是"为实用而作之文"。比如信写给谁，合同和谁签，都要有明确的对象，而文学作品的阅读对象往往是不确定的，阳春白雪，下里巴人，雅俗共赏。

5. 时效性

文学作品写作时间性不强，欧阳修的《醉翁亭记》写好后搁置了很长时间才发表。《红楼梦》写了 10 年之久才完稿。当今社会市场竞争激烈，信息传递慢的企业随时有被淘汰的危险，而信息反应及时，就会给企业带来效益。应用文正是为了解决这些实际问题而写的，所以它的时间性很强。一旦出现问题，就必须及时反映，否则拖延时间就会给生活、工作、生产带来不良影响。

6. 程式性

应用文写作有其特定的、惯用的格式，这些格式是长期以来约定俗成、相沿成习的，由国家有关部门统一规定，不能像文学作品的创作那样，随意编排、自由联想、打破时空观念。

当然，应用文的格式也不是一成不变的，随着社会的发展，人们生活习惯的变化、观念的变化，应用文写作格式也会变化。这些变化以顺应社会发展的需要为宗旨，以更加方便人们表情达意的需要为出发点。

（二）应用文的作用

应用文具有标识社会生活主体的行为发展趋势，记载社会生活主体的行为发展过程，评价社会生活主体的行为发展结果，约束社会生活主体的行为发展变化空间，沟通、协调社会生活主体之间的和谐关系的作用。具体来说，应用文的作用体现在以下几方面。

1. 宣传教育作用

很多应用文在使用过程中就发挥了宣传教育作用，如公文通知、通报、批复、意见、函和会议纪要等就具有宣传贯彻党和国家的路线、方针、政策的作用。有些行业文书，如公益广告、经济合同、海报等既可以用来解决工作中的实际问题，也可以净化心灵，提高市民整体道德水平，发挥了宣传教育作用。

2. 规范行为作用

社会生活与工作的正常运转离不开相关的应用文及其写作。应用文具有规范人们的行为，维护正常的社会秩序的作用。除了要靠国家宪法，创设和谐的社会生活环境外，提升公民的素质更需要像公告、通告、通知、通报、报告、请示、批复、规章制度、市民守则、公益广告、经济合同等具有法律法规性的文种的制约，正如国人自己所说"没有规矩不成方圆"。

3. 交流信息作用

应用文已经成为机关、团体、企事业单位以及个人之间商洽、联系工作的一种重要手段之一。比如开业，要向工商管理局申请执照；双方合作，需要签订协议合同；销售产品，要策划广告、写商务信函等，以此来促进业务的开展，协调各方面的关系。表达清晰、准确的应用文无疑会为企业树立良好的形象，促进企业的发展。

4. 依据凭证作用

应用文是一种确定的文字记录，它可以以一种文字材料的形式作为今后检查和监督工作解决、处理问题的凭证。上级下达的文件、党和政府颁布的法规、有关方面的规章制度，都可成为开展工作和检查工作的依据；一些条据、合同文本、公证材料等，也是业务工作的凭证，应用文成了历史档案资料。

五、文学写作与应用文写作的区别

刘半农说："应用文是青菜黄米的家常便饭，文学文是肥鱼大肉；应用文是无事三百里的随便走路，文学文是运动会场上大出风头的英里赛跑。"（《应用文之教授》）

文学写作不以直接办理事务为目的，以塑造艺术形象反映社会生活为宗旨。一首诗你可以不去读，但一个最简单的规章制度你可能就必须读。文学作品具有"创新"精神和"愉悦人心"的特点。如果说文学写作是让人有所感、有所悟、有所知的话，那么应用文写作就是让人有所用，行于所当行，止于所当止。文学写作与应用文写作不同点表现在如下几个方面。

（1）写作目的不同。文学作品让读者去陶冶情操，欣赏世界，感悟生活，愉悦精神；以塑造艺术形象反映社会生活为宗旨，其作用是间接的。应用文是用其来指导社会生活实践，改造世界，让其有规矩可循，有法可依，得以成方圆。行于所当行，止于所当止。

（2）写作原则不同。应用文写作具有"约定俗成"性，"约定"体现了应用文写作自身的功能和性质，"俗成"更体现了应用文在其发展历史中的稳固性、保守性。而文学写作提倡创新思维，不拘一格。

（3）写作材料来源不同。应用文写作材料必须是生活中的真实材料。文学写作材料来源于生活，高于生活，是基于生活基础上的艺术的再加工。它可以虚构，可以夸张，创设典型环境中的典型人物。

（4）语体风格不同。大多数应用文写作具有简练、鲜明、具体、平实、庄重、得体的语言风格，而文学写作力求生动、形象、诙谐、幽默、含蓄的语言风格。

（5）思维方法不同。应用文写作善于运用逻辑思维。文学写作更强调形象思维。

（6）写作格式不同。应用文写作的格式常常是约定俗成的；而文学写作，除旧体诗歌外没有固定的形式要求。

【感悟升华】

一、填空题

1. 写作包括（　　）、（　　）、（　　）。
2. 应用文写作的特点有（　　）、（　　）、被动性、（　　）、（　　）、（　　）。
3. 应用文写作的主要作用有（　　）、（　　）、（　　）。

二、讨论题

1. 非中文专业的大学生有没有必要学习写作知识？
2. 诺贝尔获奖作家莫言有没有资格做北大研究生导师？
3. 文学写作与应用文写作有哪些区别？

三、实践训练

离开家乡来到陌生的城市和学校，你一定有很多异样的感觉，结合这段时间的生活做一次写作练习，请把这种感受写成文章，题目自拟。

写作要求：

（1）确立一个主题（应该是有意义的）；
（2）为了表达这个主题，选取所需材料；
（3）借助一定的表达方式突出主题；
（4）展示你的书面语言风格特色。

第二节　应用文写作基础

【学习目标】

知识目标：了解应用文写作基础知识；掌握应用文写作材料的选择、主题的确立、结构的安排、语言以及表达方式运用的技巧。

能力目标：能够将应用文的写作知识转化成应用文写作能力，提升应用文的鉴赏水平。

正如叶圣陶先生所说，应用文写作在职场工作中用处非常大，所以当代大学生有必要努力学习并掌握其最基本的写作知识，为走向工作岗位打下坚实的写作基础。

> **名言录**
>
> 大学毕业生不一定要能写小说、诗歌，但是一定要能写工作生活中实用的文章，非得写得既通顺又扎实不可。
>
> ——叶圣陶

一、应用文写作的基本知识

"研究一篇应用文的生成就必须回答它是怎样由生活中散乱、无形的元素容纳为脑中的感知之物,继而又怎样由感知之物加工成意象之物,最后又怎样把意象之物物态化,使之成为定型身外的应用之文。"[1]

(一)材料

材料是形成主题的基础,是构成文章的要素之一,又是表现主题的支柱。古人说"长袖善舞""多财善贾"就是对占有材料的生动比喻。

一篇文章的内容如何,首先取决于作者掌握材料的多少和好坏。"巧妇难为无米之炊"就说明了这个道理。所以,写作前必须大量地积累材料,运用多种方法,广泛收集生活、工作中的有用之材,选择揭示事物本质特征的材料,选择反映社会生活主流的材料,选择真实的合乎逻辑的材料用于应用文的写作中。

(二)主题

主题是文章所要集中体现写作意图、表明作者写作观点、意向,构成文章思想核心的东西。在叙事性文章中,"主题"通常被称为主旨、中心思想;在说明性文章中,"主题"被称为说明中心;在议论性文章中,"主题"被称为中心论点;在应用性文章中,"主题"被称为"基本思想"。应用文的主题是指作者在说明问题、发表主张或反映生活现象时,通过全部文章内容所表达出来的基本意见或中心思想。

为文主题"意必求深",所谓"深",意思就是作者要有真知灼见,发现客观事物的本质意义,发人所未发,言人所未言。古人说"意多文必乱",应用文写作的主题要单纯,重点突出。

(三)结构

结构即文章的内部构造,是作者的思路在文章中的反映。文章的结构包括两个方面,表现为思维形式的叫做逻辑结构,表现为语言形式的叫篇章结构。常见的结构形式如下。

(1)纵式结构。纵式结构就是按照事物产生、发展、变化的过程或时间先后顺序去写。这种写法,能够形象地再现事物的原貌,可读性较强。

(2)横式结构。横式结构就是根据内容的特点和矛盾的不同性质,按事物的逻辑关系进行分类、归纳,把主体分成几个部分,然后把材料横向排列起来,逐个进行阐述,最后从总的方面集中说明一个主题思想。

(四)语言

"工欲善其事,必先利其器。"写作语言是作者和读者交流思想感情的媒介,是表情达意的工具。任何文章都要以语言作为表情达意的工具,没有好的语言,再好的思想、材料、结构都无法呈现。文章思想内容的多种表达方式,决定了文章具有不同的体裁形式,拥有不同的语体风格。所谓的语体是指语言在不同体裁的文章中长期以来形成的比较固定的体式和风格。常见的语体风格有文艺语体、科技语体、事务语体、政论语体。应用文写作常用的是事务语体。

---

[1] 林可夫《现代写作学》,南京师范大学出版社 2002 年 12 月第 1 版,第 139 页。

经济应用文写作

（五）表达方式

文章写作的表达方式是多种多样的，主要有叙述、描写、抒情、说明、议论。这五种表达方式各具特点，在写作中有时是单独使用，有时是交互使用，更多的时候是多种表达方式的综合运用。应用文写作常用的表达方式主要是叙述、说明、议论。

1. 叙述

应用文写作的叙述方式与一般文章写作的叙述方式基本相同，分为顺叙、倒叙、插叙、补叙。但应用文写作中的叙述，要求写作者要有一个立足点和观察点。要么从自我出发，要么就是从与叙述对象的平行地位出发。

> **名言录**
>
> 好的文章如同美酒，需要更长的时间酝酿。
>
> ——佚名
>
> 研究写作是一种历史的使命与责任，一种心灵的需要和生命的归宿。
>
> ——荣本镇

2. 说明

说明是对事物、事理和人物所做的具体、概括的介绍或解说。常用的说明方式有定义说明、诠释说明。具体可以细分为：概貌说明、程序说明、局部说明、举例说明、比较说明、数据与图表说明。

3. 议论

议论就是作者通过事实材料及逻辑推理阐明道理，表明自己的见解、主张以及驳斥别人观点的一种表达方式。

二、应用文写作的要求

具体而言，应用文的写作有以下几点要求。

（1）材料真实。文学作品的题材，可以上下几千年，纵横数万里，而应用文写作的取材十分严谨，主要是现实的，与本部门有关的材料。必须绝对真实，不允许有一点儿虚构，如时间、地点、顺序，及细枝末节方面都不能有所谓"合理想象"，只有保证材料的绝对真实，才有说服力。

（2）主题专一。一般来说，应用文要求一文一事，较长的文件，也要求只有一个中心思想。这样，可以重点突出，防止行文关系混乱，提高工作效率，利于问题的解决。写作时，要紧扣主题，围绕中心，不枝不蔓，一气贯通，防止多中心，防止下笔千言，离题万里。

（3）结构严谨。结构严谨是指结构要完整，简单明了，层次清楚。动笔前先构思，把那些零散材料分析、归纳，根据内容与需要，把它们组织成为一个有机的整体。一个意思要在一个段落里说完、说透彻，不要把一个完整的意思拆散。做到既有"断"，又有"联"，分之为一段，合则为全篇。

（4）用语庄重。用语庄重是指依据应用文内容与功能的特点，决定了应用文写作语言表达要有分寸，做到准确、鲜明、庄重、典雅、朴实。用最少的文字，准确、严密地表达最丰富的内容。

要点总结

表 1.2 列举了应用文写作常用的词语

表 1.2 应用文写作常用的词语

用语名称	作用	常用模式化词语
领起语	用于文章开头或段首	"为了""根据""依据""遵照""按照""兹有""兹就""……收悉"
过渡语	用于段落层次间承上启下	"为此""现就……如下""现将……如下""综上所述""总之"
结尾语	用于应用文结尾,表收束	"当否,请批示""特此通知""特此报告""此复""函复为盼"
称谓语	表示第一、二、三人称称谓	"我""我们""本""贵""你""你们""该""他""他们"
表态语	表明对事件的态度	"不得""禁止""同意""暂缓施行""可行"

文化长廊

陈 情 表
李 密

臣密言:臣以险衅,夙遭闵凶。生孩六月,慈父见背。行年四岁,舅夺母志。祖母刘,愍臣孤弱,躬亲抚养。臣少多疾病,九岁不行,零丁孤苦,至于成立。既无伯叔,终鲜兄弟。门衰祚薄,晚有儿息。外无期功强近之亲,内无应门五尺之童,茕茕孑立,形影相吊。而刘夙婴疾病,常在床蓐。臣侍汤药,未尝废离。

逮奉圣朝,沐浴清化。前太守臣逵,察臣孝廉。后刺史臣荣,举臣秀才。臣以供养无主,辞不赴命。诏书特下,拜臣郎中,寻蒙国恩,除臣洗马。猥以微贱,当侍东宫,非臣陨首所能上报。臣具以表闻,辞不就职。诏书切峻,责臣逋慢。郡县逼迫,催臣上道。州司临门,急于星火。臣欲奉诏奔驰,则刘病日笃,欲苟顺私情,则告诉不许。臣之进退,实为狼狈。

伏惟圣朝以孝治天下,凡在故老,犹蒙矜育,况臣孤苦,特为尤甚。且臣少仕伪朝,历职郎署,本图宦达,不矜名节。今臣亡国贱俘,至微至陋,过蒙拔擢,宠命优渥,岂敢盘桓,有所希冀!但以刘日薄西山,气息奄奄,人命危浅,朝不虑夕。臣无祖母,无以至今日;祖母无臣,无以终余年。母孙二人,更相为命,是以区区不能废远。

臣密今年四十有四,祖母刘今年九十有六,是臣尽节于陛下之日长,报刘之日短也。乌鸟私情,愿乞终养。臣之辛苦,非独蜀之人士及二州牧伯所见明知,皇天后土,实所共鉴。愿陛下矜愍愚诚,听臣微志,庶刘侥幸,保卒余年。臣生当陨首,死当结草。臣不胜犬马怖惧之情,谨拜表以闻。

《陈情表》赏析

李密的《陈情表》是写给皇帝的"辞职信",以叙事为主。在叙事中包含着作者真挚的感情。

首先我们来看一下写作背景:司马氏集团灭蜀后,为了笼络西蜀人士,大力征召西蜀名贤到朝中做官,李密也是其中之一;李密是亡蜀降臣,如若不应诏,会被误认为"矜守名节",不与司马氏王朝合作,招来杀身之祸。司马氏集团通过阴谋和屠杀建立了西晋政权,为了巩固统治,提出以"孝"治理天下。

李密至孝,与祖母相依为命,写此奏章,陈述自己不能奉诏的原因,提出终养祖母的要求。文中所写,皆是真情实意。为了唤起武帝的怜悯心,作者不是直陈其事,而是凄切婉转地表明心意,围绕着"情""孝"二字反复陈述自己家庭不幸,和祖母相依为命的苦况亲情,表达对新朝宠遇的感激涕零,以及孝顺祖母的衷情。

第一部分陈述家庭的不幸和祖孙相依为命的情形。先以"臣以险衅,夙遭闵凶"八字,概括自己的坎坷命运。然后讲述幼年时期失父失母,孤苦多病,全赖祖母抚养,说明"臣无祖母,

经济应用文写作

无以至今日";再述家门人丁不旺，祖母疾病缠身，说明"祖母无臣，无以终余年"。这段内容，是陈情不仕的唯一事实根据，作者写得凄切尽情，以使武帝对自己由恼怒化为同情、怜悯。

第二部分写朝廷对自己优礼有加，而自己却由于祖母供养无主，不能奉诏的两难处境。先以"逮奉圣朝，沐浴清化"表达自己对晋武帝的感激之情，再历叙州郡朝廷优礼的事实。然后明确提出奉诏奔驰和孝养祖母的矛盾，给下文留下悬念。

第三部分提出了以孝治天下的治国纲领，陈述了自己的从政经历和人生态度，并再强调自己的特别处境，进一步打消武帝的疑虑，求得体恤。针对上文留下的孝顺祖母和回报国恩之间的两难选择，这段首句即言以孝治天下是治国纲领，言外之意则孝养祖母虽为徇私情，却也不仅合情亦合理合法，并为下文"乞终养"给出了理论根据。随后说自己出仕蜀是图宦达，不矜名节，打消武帝疑虑。再以祖母病笃，说明自己确实不能远离出仕。

第四部分明确提出陈情的目的"愿乞终养"，先尽孝后尽忠。作者先比较自己和祖母年岁，说明尽孝之时短，尽忠之日长，然后提出"终养"的要求。再极其诚恳地说明自己的情况，是天人共鉴。表达自己对朝廷生当陨首，死当结草的忠心。

亚里士多德说："只有在适当的时候，对适当的事物，对适当的人，在适当的时机下，以适当的方式发生的感情，才是适度的最好的感情。"作者正是运用了最恰当的抒情方式，终于打动了晋武帝，使他看了表章后说"士之有名，不虚然哉"，"乃停诏"，允其不仕。

需要指出的是，作者愿意"尽节"于皇帝，是出于感恩图报的心情，不能跟报效国家同日而语。

李密为什么"辞不就职"呢?大致有这样三个原因：第一，李密确实有一个供养祖母刘的问题，像文章中说的"祖母无臣，无以终余年"。第二，李密是蜀汉旧臣，自然有怀旧的思想，况且他还认为汉主刘禅是一个"可以齐桓"的人物，对于晋灭蜀汉是有一点不服气的。第三，古人讲：做官如履薄冰。皇帝高兴时，臣为君之心腹；皇帝不高兴时，臣为君之土芥。出于历史的教训，李密不能没有后顾之忧。晋朝刚刚建立，李密对晋武帝又不甚了解，盲目做官，安知祸福。所以李密"辞不就职"，不是不想做官，而是此时此刻不宜做官。

李密为了达到自己的目的，除了在"孝"字上大做文章外，还以巧妙的抒情方式，来打动晋武帝。以情动人，叙述作者苦情、亲情、忠情。李密并没有把孝情一泄到底，而是用理性对感情加以节制，使它在不同的层次中，不同的前提下出现显得更真实，更深切，更动人。

本文陈情于事、文笔委婉，具有强烈的感情色彩。作者无论是述自己的孤苦无依之情，还是述自己和祖母相依为命的深厚亲情，都是通过叙事来表达的。而自己对朝廷恩遇的感激和对武帝的忠敬之心，也是以充满情感的笔调来写的。《古文观止》对本文的抒情给予了这样的评价："俱从天真写出，无一字虚言假饰。"作者在文中所陈之情，包括以下三个方面：一是因处境狼狈而产生的忧惧之情；二是对"诏书切峻，责臣逋慢"的不满情绪；三是对祖母刘氏的孝情。正因为作者所写的都是"至性之言"，所以才会产生"悲恻动人"的效果。

从语言方面看，形象生动，自然精粹。用了不少四字句，读来朗朗上口，铿锵有力。但在以四字句为主的同时，又杂以多字句式，构成了句式的错综变化，使文章脉络清晰，音韵和谐，文章的节奏感很强。对偶句，有骈文的整饬之工，但语言却绝不雕琢，而是十分自然真切，仿佛是从肺腑流出，丝毫不见斧凿痕迹。如第一段写孤苦无依之状，第二段写州县催迫之景，第三段写祖母病笃的惨苦之象，都历历在目。

此外本文语言还十分精练准确，有些词句，成了后人使用的成语。

【感悟升华】

一、判断题（对的打"√"，错的打"×"）

1. 材料是形成主题的基础，是构成文章的要素之一，又是表现主题的支柱。（　　　）

2. 在应用性文章中，"主题"被称为"说明中心"。（　　　）

3. 应用文写作常用的表达方式主要是叙述、说明、议论。（　　　）

4. 在议论性文章中"主题"被称为"基本思想"。（　　　）

二、实践训练

1. 画出你所学过的写作知识图。（建议：可以以知识树的形式再现）

2. 结合案例 1.2.1 这篇讲话稿完成下列训练：

（1）文章的主题是如何体现的？

（2）作者是如何将材料恰当地运用到文章之中的？

（3）本文是如何运用一定的表达方式的？

（4）本文语言表达有何特色？

案例 1.2.1

感恩生命[1]

于 丹

清明节了，这是一个慎终追远的节日。但是清明是一个多好听的名字啊，它清亮，它明朗，我们心中的那种怀念，我希望它不是沉重的，而是悠扬的，因为我们有感恩。

我说感恩生命，其实是因为在这个节日里，我想得最多的人是我的父亲。一个男人的眼中，父亲如山，父亲是他的楷模，是他的榜样，是他作为男子汉的一种信念。但是在一个女儿的眼中，可以说一个女人，她对世界对男人对爱，很多最初的信念来自父亲，对女人来讲，她是否信任爱情，信任婚姻，信任人性，往往没有迟到从她的初恋开始，而是从她的父亲开始，因为这是她生命成长中第一个认识的男人，这个人负责任吗？这个人会有一种温柔之爱吗？我要说在感恩之前，我先要说一个父亲，在一个任性的、娇惯的女儿的成长里，他先要忍受多少误读。我误读了我父亲很多年，甚至直到他辞世。我小时候对父亲是什么感觉呢？他严厉，因为小的时候最先让我背诗词的人是他，教我古文的人是他，最早我接触《论语》、《庄子》也是因为他，后来直到我上了大学，我读的是中文系，我上了研究生读的是古典文学。父亲会给我改论文，他改论文的时候我心里很烦，因为他不是在给你改这些文辞的意思而已，他还会说你哪个字倒插笔了，我当时觉得他很迂阔，按他这种改法，每个标点符号要改，哪个字间架结构不好，他要给你写一个，哪个字看出倒插笔了，他会给你重新写出一个笔画来，这多烦哪！我从来没想过他烦不烦，我所有的论文都是他这样改过的，但他给我的印象还是严厉。

所以其实成长是一件很有意思的事情，过去说不养儿不知父母恩，我生命中很大的遗憾就是我的父亲没来得及看见我的孩子。我自己有孩子以后我才知道，我那个时候对父亲很不屑，因为他颤颤巍巍拉着拐杖走在街上，总去逗别人怀里的孩子，我总觉得很烦，我老拉着他快点走，我说你别去打搅人家，他就张着嘴呵呵地拉着人家孩子的小手不放。我真的觉得很遗憾，他没有看见我的孩子。所以我说清明这个节日，我希望在这一天更懂得我的父亲。

所以我要说，在清明这一天感恩生命。我们感恩父母，感恩世界，感恩这片土地，感恩我们相遇的每一个人，让这种感恩去多理解我们的父亲，理解今天还来得及懂得的人，理解我们自己的心，理解未来。

[1] 本文为中央电视台第 3 频道 2009 年 4 月 3 日《艺术人生特别节目——清明》节目中于丹的演讲稿。

第三节 经济与写作

【学习目标】

知识目标：了解经济应用文写作的内涵、特点；掌握经济应用文的写作要求。

能力目标：学会经济应用文写作在实践中的运用。

在经济专业领域内，为了处理业务、传递信息、研究对策、指导工作，经常要使用经济文书，用来反映经济活动内容，直接为经济工作服务，这也成了经济管理活动的重要手段。

一、经济应用文的内涵

经济应用文是应用文写作的重要组成部分。它是单位或个人在经济活动和社会经济交往中处理经济事务，反映经济情况，研究、解决经济实际问题的具有特定格式的专业应用文体。

经济应用文写作是一种以人的经济活动为反映对象，以语言文字为表达手段，通过文章的形式，以反映经济生活，推动社会经济发展，进行信息传播为目的的社会实践活动。

二、经济应用文的特点

经济文书是应用文的一个分支，它除了具有应用文的一般特点，如实用性、政策性、时限性、程式性等特点之外，还有其自身的特点。

（1）内容的专业性。作为经济部门的专用文体，经济文书是以国家的有关经济政策、法规做指导，以反映会计、财税、金融、审计、物流、营销等经济信息和经济活动为主要内容的写作。这类文体带有明显的经济专业特点，特定的专业内容是经济文书的本质特点。经济方面的专业知识，以及经济领域的实践经验对于经济文书的写作来说是至关重要的。

（2）情况的真实性。经济应用文是为经济管理服务的，也是为特定的经济关系服务的，所以它必须客观真实地反映经济情况，总结分析经济活动规律或预测经济发展趋势。它要求资料是可靠的，分析的态度是科学的，反映的情况是真实客观的。

（3）数据的充足性。作为反映经济活动的经济文书，自然离不开数据。在经济活动过程中，数量关系占有举足轻重的地位。各种经济运行的指标，都是靠数据得以实现得以确认的。没有充足的数据，就体现不出经济运行的全过程，也无从反映经济活动的本质规律。

（4）语言的术语性。经济应用文中常常会用到财经专业术语，如成本、核算、预算、决算、信贷、利率、汇率、银根、贴现等，这些都属于专业特定的概念，运用得当，可以使语义表达准确、明了；同时从写作的角度看，不同文种也有自己的写作术语，如合同中的"标的"，广告中的"诉求重点"，产品说明书中的"附文"等。

三、经济应用文的种类

经济应用文是专门用来开展经济活动或传递经济信息的。常见的经济应用文有如下种类：

（1）报告类，如市场调查报告、可行性研究报告、财经工作总结等。

（2）契约类，如经济合同、投标书、招标书、意向书、委托书等。

（3）策划类，如市场营销策划书、可行性研究报告、计划书等。

（4）沟通类，如广告文案、商业海报、产品说明书、商务信函等。

四、经济应用文的作用

经济应用文写作在现代职场上发挥着巨大的作用，具体表现在如下几方面。

（1）沟通情况，提供信息。社会经济的发展与各种信息的快速传播是分不开的，及时地掌握经济信息，就能够在激烈的市场竞争中掌握主动。经济文书作为信息的主要载体之一，对经济的发展起到了很大的促进作用。

（2）协议约定，留存凭证。各种经济合同、协议等，以文字形式固定下来，签署生效后，它就对当事人的经济行为具有约束力。这类文书作为一种严肃的凭证，不仅是开展工作的依据，而且是日后核算的凭据，具有备查作用。

（3）分析研究，总结规律。对经济领域某些问题和现象进行分析研究，从中发现症结，把握关键，总结规律，找出对策，借以指导经济工作，这也是经济文书的重要作用之一。

五、经济应用文的写作要求

经济应用文的写作不仅仅体现在一个字、一个词、一句话、一篇文章上，更是要学做人，学生活，学沟通。其写作具体要求如下。

（1）要有较高的理论水平。经济应用文写作者首先要认真学习党和国家的有关方针、政策，不断提高自身的思想和理论素养，拥有观察、分析、解决问题的能力，能做到认识清、反应快、判断准。这是写好经济文书的前提。

（2）要有较高的业务水平。经济文书的内容涉及财经业务活动的诸多方面，有较强的学科性，需要掌握专业理论，有扎实的专业知识，特别是本系统、本部门的业务知识要了如指掌，做一个精通业务的内行，这样写作经济应用文，才有可能达到意到笔随的境界。

（3）要有扎实的写作基础。以应用写作基础知识、熟练的写作技能为铺垫，不断地提高写作水平，增强表达能力，勤学苦练，加强练习。注意培养与写作有关的各种能力，培养调查取材能力、逻辑思维能力、安排结构能力、简明的语言表达能力，培养和提高文章的修改能力。有了"外功"，又有了的"内功"，才有可能写好经济应用文。

（4）掌握写作的惯用格式。为了更好地写作经济应用文，就要把握规范的文体格式，掌握恰当的表述方法。不同的文种有它约定俗成的惯用格式，这些格式一般来说是相对固定的。恰当的语言表达

经济应用文写作

方式对于经济文书的写作来讲也是至关重要的。经济文书的语言要确保其准确、简洁，叙述事件，说明情况，表述问题要恰如其分，避免使用容易产生歧义的笼统性语言。此外，凡是引用人名、地名、数据、资料要查对核实，确保准确无误。

【感悟升华】

一、填空题

    1. 经济应用文的特点包括（　　　）、（　　　）、（　　　）、（　　　）。

    2. 常见的经济应用文可以分成四大类，包括（　　　）、（　　　）、（　　　）、（　　　）。

    3. 经济应用文的写作要求有（　　　）、（　　　）、（　　　）、（　　　）。

二、判断题（对的打"√"，错的打"×"）

    1. 经济应用文不属于应用文写作范畴。（　　　）

    2. 经济应用文写作既是一种经济活动，也是一种写作实践活动。（　　　）

    3. 经济应用文具有协议约定，留存凭证的作用。（　　　）

    4. 经济文书写作只需要写作知识即可。（　　　）

三、实践训练

    分析、鉴赏一篇你所熟悉的经济应用文。题目自拟，内容、字数不限。

第二章　求职文书写作

"月明星稀，乌鹊南飞，绕树三匝，何枝可依？"这是曹操《短歌行》中的一句。我们何不以此自问"何枝可依"？什么位置、什么工作最适合自己，自己的归属应该在哪里?晋代田园诗人陶渊明曾经热衷于官场，想在仕途上有所作为，当他做了彭泽县令后，越发觉得这仕途之路不适合自己，便毅然辞官归隐，过起了"采菊东篱下，悠然见南山"的生活；李白选择了"且放白鹿青崖间，须行即骑访名山"；画家丰子恺用简单的几笔，一张小桌，一把壶，几个杯子，一钩弯月画出了《人散后，一钩新月凉如水》，实现着自己人生的价值；舒婷选择橡树旁一株木棉来歌颂爱情；顾城选择用黑色的眼睛寻找光明。文人骚客懂得认知自我，在职场中找到了适合自己的位置，值得钦佩与称颂。

喜剧大师卓别林，因相貌不佳常常成为别人的笑料，然而相貌也成为他的戏剧生涯中的一种优势，那无声的喜剧电影达到了胜有声的境界。营销大师卡耐基尝试过多种职业，当过清洁工、银行职员、管理员，这些职业他都不能胜任，后来他发现自己有不错的形象和口才，他既看到了自己的优点，也看到了自己的缺点，于是最终选择了营销这一行业，也因此改变了自己的一生。卡耐基说："想要征服顾客吗？那么先了解自己吧！"

"仰天大笑出门去，我辈岂是蓬蒿人。"在求职的路上请这边走。

烛光导读

第一节 自我介绍

【学习目标】

知识目标：了解首轮效应在自我介绍中的重要性；了解自我介绍的种类。

能力目标：抓住自我介绍的时机；掌握自我介绍的写作技巧；拥有与人沟通的能力。

古希腊德尔菲神庙门楣上刻着这样一句话："认识你自己。"认识自己并不像照镜子那样简单，我们没有一面可以照到心灵的镜子，这需要自我反省，也就是把自己作为审查者，同时又将自己作为被审查者。认识自己是非常重要的，内心饱满、圆融地介绍自己，找准介绍时机，总会有话可说。

案例 2.1.1

本书作者的自我介绍

尊敬的各位同学：

大家好！

首先请允许我做一下自我介绍。我是来自商贸分院的"大学语文""口才交际礼仪与形象设计"课程教师，我叫张立华。说到我的名字还真有些历史渊源。南北朝时期，南朝陈后主陈叔宝的艳妃就叫张丽华。她是一个旷世美女，南京市玄武湖畔的"胭脂井"就因她而得名。陈后主的《玉树后庭花》便是为她而作。杜牧在《泊秦淮》中还运用了"后庭花"这一典故。历史上给予张丽华的最终结论是"红颜祸水"。可是生活中的我与她截然不同。

王国维在《人间词话》中写到："古今成大事业、大学问者，必经过三种之境界：昨夜西风凋碧树，独上高楼，望尽天涯路；衣带渐宽终不悔，为伊消得人憔悴；众里寻他千百度，蓦然回首，那人却在灯火阑珊处。"这是我人生的座右铭。我想把它送给同学们。在我人生精神和知识极度空虚匮乏的时候，我再一次走进校园，于是今天我与同学们有着同样的身份，体会着做学生的幸福和快乐。人说"桃李不言，下自成蹊"，这是我人生的又一大快慰。不管是做教师还是当学生，我喜欢能够走进"有我之境"和"无我之境"，体会什么叫"泪眼问花花不语，乱红飞过秋千去"，寻找"采菊东篱下，悠然见南山"的意境。唐朝司空图在《二十四诗品·豪放》中说："天风浪浪，海山苍苍。真力弥满，万象在旁"，所以我认为不管是学习，还是生活都要入情、入境，更要合情、合理。

我一直信奉培根所说的"知识就是力量"，但现实要求我们要把知识转化成能力。什么决定一个学生在大学时代的沉浮？我想是目标，是动机。所以同学们走进大学应有明确的目标，如果没有明确的目标，那么沉沦也就开始了。这就要求我们学会认知，学会做事，学会做人。

佛教禅宗有这样几句箴言："见山是山，见水是水；见山不是山，见水不是水；见山还是山，见水还是水。"我希望同学们完成学业走出校门的时候，能够悟出其中的道理。做一名"腹有诗书气自华"的人。

天空没有痕迹，但鸟儿已经飞过。让我们以此来共勉吧！

自我介绍，作为社交活动中给人的第一印象，常会产生微妙的影响。它是你驰骋社交场合的一张漂亮的通行证。苏轼在《饮湖上初晴后雨》诗中写道："水光潋滟晴方好，山色空蒙雨亦奇。欲把西湖比西子，淡妆浓抹总相宜。"介绍自己就要"淡妆浓抹总相宜"。每个人都有自己鲜明的特色、个性和气质，要想认识自我，准确无误地表达自己并不是一件容易的事情。怎样才能更好地介绍自己呢？

一、注重首轮效应

"首轮效应"是美国著名心理学家桑戴克提出的，就是指你留给别人的第一印象。"首轮效应"是决定一个人形象好坏的关键所在。

心理学家做过一个实验，分别让以下几位站在马路边等待搭车：一位是戴金丝眼镜、手持文件夹的青年学者，一位是打扮入时的漂亮女郎，一位是挎着菜篮子、脸色疲惫的中年妇女，还有一位是留着怪异发型、穿着邋遢的男青年。结果显示：漂亮女郎、青年学者的搭车成功率很高，中年妇女稍微困难一些，那个男青年就很难搭到车。

从这个案例中我们不难看出不同的仪表代表了不同的人，随之就会有不同的机遇和结果。说明每个人留给别人的第一印象都是相当重要的，它是取得别人对自己的了解、信任和支持，成为与人顺利而有效沟通的桥梁。

二、了解介绍种类

按照不同分类标准，自我介绍的种类可分为如下几种。

1. 依据语言的使用形式划分

自我介绍依据语言的使用形式可分为口头和书面两种形式。

大学生求职应聘经常要做口头形式的自我介绍，但是要想做好口头自我介绍同样需要做精心地准备，要把稿子提前准备在心，或者叫打腹稿；同时还要考虑到口头形式的自我介绍中言行举止带给你的魅力，如声调、态度、表情等，还要考虑到自我介绍的时间、地点、氛围等。

当我们需要比较全面地向用人单位或某种特殊场合的特殊群体介绍你自己的时候，通常可以使用书面形式的自我介绍。书面形式的自我介绍最忌讳平淡无奇，一定要写出自己的个性和特点，还要体现出你的文字功夫，尽量增加一些文学色彩，这样才能让你的介绍更加吸引人。

2. 依据介绍的内容来划分

自我介绍的内容可分为礼仪性和自传性两种形式。

礼仪性的自我介绍是指在社交场合遇到并不熟悉的人，而根据场合、氛围有必要将自己介绍给大家的时候，就以尊重为原则，正式且简单地介绍一下自己就可以了。话不需多，准确、有礼貌就好。偶尔的私人聚会只需礼节性打个招呼即可，没有必要详细地介绍自己，若是对方对你有兴趣，他会表露出想要与你交往的意愿，并且会主动提出类似于"在哪里高就""您是从事什么职业"等问题，这时候再进行详细的自我介绍为时不晚。

自传性的自我介绍是以众多事件为中心，突出个性特点，彰显人生全部意义和内涵的自我介绍。比如许多影视新闻媒体名人都写过带有自传性质的自我介绍，例如，杨澜的《临海凭风》，崔永元的《不过如此》，白岩松的《痛并快乐着》《你幸福了吗？》，李咏的《咏远有李》。其实《鲁迅自传》《老舍自传》也属于自传形式的自我介绍。

三、抓住介绍时机

一个人能够抓住适当的时机介绍自己很重要，如适当的时间、地点、场合、氛围会让你的介绍产生天时地利人和的效果，留给别人好印象也常常是从时机恰当、大方得体的自我介绍开始的，自我介绍的时机如下。

（1）初次利用大众传媒向社会公众进行自我推荐、自我宣传时。这样的自我介绍时机包括应试求学、应聘求职、演讲辩论、开会发言等。

（2）在大型的比较正式的场合，介绍自己以方便大家认识，显示对该活动的重视和尊重，如新闻发布会、学术交流会、产品推介会、商务谈判等。

（3）在社交场合与不相识者相处时，对方表现出对自己感兴趣或不相识者要求自己作自我介绍时，如婚礼、宴会、剪彩活动、欢迎仪式活动等，出差、旅行途中，与他人不期而遇，并且有必要与之建立临时接触时。

（4）交往对象因为健忘而记不清自己，或担心这种情况可能出现时。

（5）前往陌生单位，进行业务联系时，或者拜访熟人遇到不相识者挡驾以及对方不在，而需要请不相识者代为转告时。

名言录

> 知人者智，自知者明，自胜者谓之强。
>
> ——《道德经》
>
> 生命并非一个发现的过程，而是一个创造的过程。你并不是在发现你自己，而是在重新创造你自己。所以别急于发现你自己，而该急于你做谁。
>
> ——胡谢骅

四、掌握写作技巧

及时地自我介绍，对于别人来说是一种体贴和友好的态度，自我介绍要视情形、场合而定，更要掌握方法与技巧。

1. 梳理自我，评价自我

认识自我，给自己一个准确的定位，对自己进行有意识地梳理，才能更好地介绍自己。通常可以采用如下方法。

（1）调查了解法。通过向父母、老师、同学、乡邻调查询问"我"过去的表现及对"我"的评价来了解自己。

（2）发散回忆法。从家庭、学校、社会等各个角度去回忆"我"在不同时期、不同方面的所作所为来了解自我。

（3）自我剖析法。通过日记等形式对自己的一言一行的记载进行分析来解剖自己。

（4）辩证思考法。用变化的眼光看自己面向未来的发展优势，用辩证的态度来评价自己。

2. 层次分明，详略得当

自我介绍的内容应合理有序，符合逻辑。挑选对方最感兴趣、最想了解的内容作为口头介绍，复杂的内容可以借助书面的形式来表达。

案例 2.1.2

大学里，丰富多彩的校园生活和井然有序的学习环境，使我得到不同程度的、多方面的锻炼和考验；为人正直是我做人的原则；沉着和冷静是我遇事的态度；爱好广泛是我充实自己的方法；结交不同的朋友是我学会与人沟通的渠道。

点评：本例的自我介绍自然展开，逐步显露个人特点，层次分明，没有罗列感。详略得当，内容适中，在介绍中呈现出听众所需要的信息。

3. 重点突出，个性鲜明

自我介绍要想做到重点突出、个性鲜明可以选择以事件为中心，足以表现个人情感、理念的材料用以介绍自己，这样更能证明你在某些方面与众不同，成为令人刮目相看的理由。

李开复在《做最好的自己》一书中，为了让更多的人了解他的成长经历和人生阅历，表达热爱祖国、关心青年学生之情，他这样写到："家居美国的 5 年，我先后回国 15 次，做了 50 场演讲，写了 4 封'给中国学生的信'，并创办了一个专门与大学生交流的公益网站'开复学生网'。"这样的自我介绍话不多，但是个性却很鲜明，也从中能够领悟到其介绍的宗旨，做到了重点突出，个性鲜明。

4. 简洁明快，富有文采

自我介绍，无论是口头介绍还是书面介绍，最忌讳平淡无奇，要尽量拥有文学色彩，它会让你的介绍生动而感人，给人回味无穷之感。

案例 2.1.3

虽然身在美国，但是 5 年来我时刻关注在中国发生的一切，时刻牵挂着那片充满生机的土地，以及和我血脉相通的炎黄子孙。

在北京工作的那两年，每一天都带给我无比的振奋，每一刻都给我留下了难忘的回忆，尤其是大学校园里的那些莘莘学子，更是让我难以忘怀，曾记得清华园里的激情演讲，曾记得未名湖畔的尖峰对话。

——李开复《做最好的自己》

点评：李开复的自我介绍，语言简洁明快，字里行间洋溢着爱国之情。"牵挂""振奋""难忘""曾记得"这些富有感情的语言运用得恰到好处，既能表情，又能达意，而且语言富有文采。

五、自我介绍的方法

自我介绍不仅仅是展示自己的手段，同时也是认识自我的手段。古人云："知人者智，知己者明。"自我介绍的方法有很多种，依据不同的情境，采用不同的方法。

1. 推衍姓名

中国文化的博大精深，在某些方面也体现在姓名上。很多人的名字都有深刻的寓意，对于自我介绍的人来说可以在自己的名字上下工夫，以此为由头，瞬间抓住听众、观众的注意力。有的人名字因为谐音而有了不一样的内涵。

案例 2.1.4

黄西的自我介绍

在清华大学一间挤了 200 多人的教室，一个穿着牛仔裤的"相声演员"开始了自我介绍："我叫黄西，黄瓜的黄，西瓜的西。""你们听到我名字的第一反应肯定是：'Who'？（'谁'音同'胡'）其实吧，我妈妈姓'胡'，而且这也是我信用卡密码问题的答案。"连同美国副总统拜登在内的观众拍着桌子，哈哈大笑，全场起立为他鼓掌欢呼。后来，拜登跟黄西开玩笑说："你将来成了大名人以后，如果你的佣人告诉你，乔·拜登在门口等你呢，请千万不要问'Who'？"

点评：黄西以自己的名字做切入点，瞬间让听众记住他的名字。他就是一个在美国白宫说相声，当着美国总统的面开他的玩笑，2400 位政界和新闻界的人士起立为他鼓掌的中国人。这个人出生在中国吉林白山高河口公社，吉林大学本科、中科院研究生，二十多岁才到美国去读博士，英文带着浓重口音，仔细听还有东北腔的黄西。

2. 角色定位

自我介绍时，首先要真正了解自己，找准自己的角色定位。作为一个人，一个社会的人，尤其是一个职业人，我们必须学会不时地问一下自己"我是谁"。定位过高，定位过低，角色错位，与自己实际应当承担的角色不符都会影响个人形象。作家贾平凹曾经这样介绍过自己。

案例 2.1.5

姓贾，名平凹，无字无号。娘号"平娃"，理想于顺利；我写"平凹"，正视于崎岖。一字之改，音同形异，两代人心境可见也。生于 1953 年 2 月 21 日，孕胎期娘未梦星入怀，生产时亦没有祥云罩屋。幼年外祖母从不讲话，少年更不得家庭艺术熏陶。祖宗三代平民百姓，我辈哪能显贵发达？原籍陕西丹凤，实为深谷野洼；五谷都长而不丰，山高水长却清秀。离家 10 年季季归里，因无衣锦还乡之欲，便没"无颜见江东父老"之愧。先读书，后务农；又读书，再弄文学；苦于心实，不能仕途；拙于言辞，难会经济；执笔涂墨，纯属滥竽充数。若问出版的哪几本小书，皆是速朽玩意儿，哪敢在此列出名目呢？如此而已。

点评：本例中贾平凹交代了姓名及含义、生日、家境、经历和成就，内容十分丰富，语言很有个性。他的正视崎岖、勇于进取，他的真心与坦诚，他的谦虚和淡泊，在这个小传里都传达了出来。

3. 自嘲容貌

俗话说，人不可貌相，海水不可斗量。自我介绍时可以借助于嘲笑自己的容貌，来活跃现场气氛，彰显非凡的自信与智慧。介绍自己时要勇于自嘲、善于自嘲，既是一个人自信与宽容的表现，又是一种智慧和幽默的艺术。

中央电视台著名节目主持人李咏，从不避讳自己脸长的缺陷。一次，一位记者笑着问："你的脸到底多长，量过吗？"李咏听了一脸坏笑道："今天早上的汗现在刚流到下巴！"记者又问他："有没有想过换一个发型？"李咏听了再次打趣自己道："想过呀，但头发又少又软，如何盖得过这长脸？"他故作夸张地说自己"今天早上的汗现在刚流到下巴"，来调侃自己的"长脸"；然后再虚实转化，笑言自己"头发又少又软，盖不过长脸"，幽默尽显。

4．借助地域

地域常常与文化相关联。地域文化专指中华大地特定区域源远流长、独具特色、传承至今，仍发挥作用的文化传统。自我介绍时巧妙地借助地域，结合文化会使你的介绍更加生动和富有文化底蕴。

周立波，海派清口文化的发起人。1981 年进入上海滑稽剧团，师从上海曲艺界暨滑稽界元老周柏春，成名于 20 世纪 80 年代，截至 2013 年涉足的电视节目包括《壹周立波秀》《中国达人秀》《中国梦想秀》等。周立波曾这样说自己："上海男人就这一点不好，怕老婆。男人不是怕老婆，男人是怕麻烦。我是没什么文化的，但是有知识。我只是上海人民的小菜，赵本山才是全国人民的水饺。"以此种方式来谦虚地调侃介绍自己。

案例 2.1.6

我是来自运河环绕、风景秀丽的山东的学生。人说靠山吃山，靠海吃海，可是海产品我一点都不喜欢，最喜欢的是我妈妈做的小鸡炖蘑菇，以及我家鸡下的蛋。到学校后我发现学校的水没有我家的好喝，还发现学校食堂的小鸡炖蘑菇不如我妈做得好吃，就连鸡蛋也没有我家的有味。所以我要说真是一方水土养一方鸡啊。

点评：本例中这位学生借助地域介绍自己的同时，也表达了一种思乡之情，让人听后难忘，给人留下了深刻的印象。

5．示弱揭短

所谓的示弱揭短就是用揭出自己身上的缺点或弱点的方式来介绍自己，也可以是对自身的一种反讽，让别人更加了解自己的一种方法。

案例 2.1.7

王小利："哎，那个一会儿看赵本山的小品啊。"赵本山："拉倒，别提他了，我最不爱看他，年年都出来，挺大个脸。"（观众掌声和笑声）"我不喜欢他啊，咱们喝酒啊好吧。"王小利："我们都喜欢。"赵本山："你喜欢啊，你像我们这些高雅的人看他那玩意儿太俗，受不了。"

点评：本案例是赵本山小品《同桌的你》中的几句台词，赵本山对自己"示弱揭短"，以自己之口揭自己之"短"，充满幽默，诙谐中让他人更加了解自己。

（我没有手）没有人规定钢琴一定要用手才能弹，人真的是因梦想而伟大啊，要么赶快死，要么精彩地活。

点评：本例是上海东方卫视达人秀节目中，一个用脚弹钢琴的男生刘伟所说的话。一个残疾的年轻人，站在舞台上，在"示弱揭短"中，更显其强大，给人们上了一堂生动的人生课，引起了更多人对他的关注。观众也从刘伟独特的自我介绍中重新认识他，重新认识自己。

文化长廊

自我介绍礼仪小常识

1. 介绍时应先向对方点头致意，得到回应后再向对方介绍自己的姓名、身份、单位等。
2. 介绍时尽量说与工作有关的话题，要学会抓住对方的注意力，不影响对方兴致，不刻意打断对方的提问。
3. 自我介绍要长话短说。要区分情况，若只是偶然遇见，礼节性打个招呼即可。
4. 求职的自我介绍要比证件、名片之类的东西更重要，它可以"先声夺人"。

马三立别出心裁的自我介绍

著名相声艺术大师马三立的自我介绍："我叫马三立。三立，立起来，被人打倒；再立起来，又被人打倒；最后，又立起来，但愿别再被打倒。"亦庄亦谐，生动有趣。

梁老师幽默而有内涵的自我介绍

有一个梁老师，每到一个新的班级，都会在黑板上写两个字"梁""梁"，让学生说说这两个字的形和义的不同之处，等学生说完，再介绍自己姓梁，是栋梁的梁，让学生别把它写成高粱的粱，把老师当粮食给吃了。用幽默的语言解释了自己的姓氏，使课堂气氛轻松起来，缩短了师生间的心理距离，后面的授课便如顺水行舟。

如何在人生中推销自己

在如今竞争激烈的时代，每一个人除了需要具有专业知识、专业技能外，要想成功地推销自己还应该掌握一些推销自己的技巧和原则，而且这些技巧、原则经过你的努力是可以而掌握的，这也是职场人际沟通必备的素质。

在竞争激烈的环境下推销自己，勇气是你获得成功不可缺少的，这一点尤为重要。善于从别人的角度来考虑问题，也是你成功的必要条件。不管从事何种工作，总要与人交流、沟通，所以与人说话的方式和语音、语调能否令人愉快就显得很重要了。叙事生动、坚定自信则会让人觉得你充满激情，具有进取精神。怯懦或不自信的声音会让人觉得你很软弱，当然你所作出的任何承诺都难以令人信服。对工作充满热情，尤其是新入职的年轻人这是尤为重要的，也是最为宝贵的，这种热情会感染身边的人甚至是潜在的客户，让他人对你充满期待。

努力工作是将自己的能力转化为财富的唯一途径。如果不付诸行动，知识、技能、勇气、自信、热情都将化为乌有。实际上，你所获得财富的数额和你所付出的努力是成正比的。

【感悟升华】

一、情境模拟

结合你的专业特点，虚拟某一用人单位招聘员工，你和你的同学前去应聘，考官请你做一下自我介绍。请你生动形象地做自我介绍，尽力使大家记住你。

二、实践训练

1. 借助网络，搜集运用"推衍姓名""自嘲容貌""示弱揭短""借助地域""角色定位""引座右铭"等方法做自我介绍的案例，点评这些案例的介绍技巧，学以致用。

2. 根据个人爱好、特点，分别选择不同的介绍方法，写一段自我介绍。

第二节　个人简历

【学习目标】

知识目标：了解个人简历的形式和基本内容；掌握个人简历的写作格式和技巧。

能力目标：学会制作个人简历；学会推销自己。

个人简历是人事档案的重要组成部分，关乎个人的前途与发展，是一个人整体形象的缩影。借助简历，用人单位可以快速地了解一个人的基本学习、成长以及工作经历。

【案例 2.2.1】

李嘉诚简历

李嘉诚 1928 年出生于广东潮州，父亲是小学校长。1940 年为躲避日本侵略者的压迫，全家逃难到香港。两年后，父亲病逝。为了养活母亲和三个弟妹，李嘉诚被迫辍学走上社会谋生。

开始为一间玩具制造公司当推销员。工作虽然繁忙，仍用工余之暇到夜校进修，补习文化。由于勤奋好学，精明能干，不到 20 岁便升任塑料玩具厂的总经理。两年后用平时省吃俭用积蓄的 7000 美元创办了自己的塑胶厂，将它命名为"长江塑胶厂"。

1958 年，开始投资地产市场，独到的眼光和精明的开发策略，使"长江"很快成为香港的一大地产发展和投资实业公司。

1972 年"长江实业"上市，其股票被超额认购 65 倍。到 20 世纪 70 年代末期，在同辈大亨中排众而出。

1979 年，"长江"购入老牌英资商行——"和记黄埔"，因而成为首位收购英资商行的华人。

1984 年，"长江"又购入"香港电灯公司"的控制性股权。

1995 年 12 月，长江实业集团三家上市公司的市值，总共已超过 420 亿美元。

现任"长江实业集团有限公司"董事局主席兼总经理，同时任"和记黄埔有限公司"董事局主席。其所管理的企业，于 1994 年除税后赢利达 28 亿美元。

标题：人名、文种。这是以第三人称为成功人士写的简历。

前言：高度概括个人经历、基本情况，定位准确。

主体：重点概括生活、工作经历，揭示人生中的重大转折。

结尾：交代目前工作状况。

个人简历，也称个人履历，是对自己的生活、学习、工作、经历、优点、成就及有关的个人材料所进行的简洁概述，也是求职者在求职应聘时向用人单位提供个人情况所不可缺少的一份重要资料。简历就像一张名片，用人单位瞬间对你一目了然。

一、拓展广度与厚度

一个人的视力有两种功能，一种功能是向外看，另一种功能是向内看。这提醒我们在一个人的成长中要无限宽广地拓展自己的视野，无限深刻地去发现内心。构成自己人生的广度与厚度。拥有强大的社会活动能量和丰富的精神内涵，保持敏锐的思维，拥有执着的信念和梦想。

拓展人生厚度的方法之一就是勤奋，注重知识的积累，广泛涉猎生活，使阅历广博，形成丰富多彩的人生。正所谓水滴石穿，行万里路，读万卷书，从当下做起。

生命的厚度有如桥墩，是生活的基础；生命的广度有如路面，展现我们的价值；积蓄能量，用乐观的信念做支柱，在命运的潜流里矗立一种海拔。高度决定视野，角度改变观念，用尺度来把握人生。

二、设计适合自己的简历

适合自己的简历是指简历要依据个人专业、性格特点以及你所要应聘的单位来决定采取何种形式，怎样来写你的简历。

（一）简历的种类

个人简历多种多样，可以从不同角度分类：从内容看简历可以分为时间顺序型、职业技能型、复合型；从形式上来看简历可以分为条纹形式、表格形式、条纹加表格形式。

案例 2.2.2

个 人 简 历

姓　　名	杨勇	性别	男	民族	汉族	出生年月	19930802	照片
籍　　贯	吉林省榆树市	体重	70kg	身高	175cm	政治面貌	团员	
所学专业	电子商务	班级	100102	职务	学习部长	学　历	大专	
毕业时间	2013 年 6 月			特长	打篮球、唱歌			
家庭住址	××市城郊街四委6组			联系电话			186336421***	
求职意向	售前/售后服务，营销师							
个人简历	时　　间			学习或工作地点				
	2004 年 9 月—2007 年 6 月			××市第二中学				
	2007 年 9 月—2009 年 6 月			××市第一中学				
	2010 年 9 月—2013 年 6 月			××职业技术学院				

续表

受过何种奖励	2011 年 3 月获得 "C 商英杯网络技能大赛" 一等奖； 2012 年 3 月获得 "电子商务技能大赛" 二等奖； 2012 年 3 月获得 H3C 网络学院 "认证未来" 助学金。				
家庭主要成员	姓　名	年　龄	与本人关系	工　作　单　位	联　系　方　式
	杨晓东	42	父子	个体	×××××
	赵桂贤	42	母子	个体	×××××
专业技能等级	H3CNE 网络工程师		实习经历	2010 年至今在学院网络中心维护校园网 2012 年参加 "H3C 全国大学生网络技术大赛决赛夏令营"	
推荐意见	班主任签字：　　　　　　　　　学院盖章：				

点评：本例是一篇表格形式的个人简历，适合于求职时附着在求职信的后面，让招聘单位对你有一个快速、全面的了解。该简历明确写出个人的自然情况、兴趣爱好、教育背景、获奖情况、专业技能、实习经历、求职意向。内容重点突出，表达准确、清楚，版面设计简洁，传递了有效信息。

（二）简历的构成要素

一般而言，简历由以下几个要素构成。

（1）标题。简历的标题可以直接写 "简历" 二字，也可以在简历之前冠以姓名和称谓。

（2）个人基本信息。个人基本信息是指对个人的基本情况做简要介绍，包括姓名、年龄（出生年月）、性别、籍贯、民族、学历、学位、学校、专业、身高、毕业时间、政治面貌、职务、职称、兴趣、爱好等。

（3）学习经历。学习经历主要介绍求职人的受教育程度。可以以时间为顺序。尤其要体现与你将要应聘的工作相关的经历或学习过程，包括所学专业课程、自修课程等相关知识。

（4）实践经验。实践经验是体现求职者职业精神、沟通能力、团队合作意识等能力的综合表现，是用人单位录用一个人最看重的材料之一。

（5）求职意向和自我评价。求职意向和自我评价是求职者结合自身特点，针对所要寻找的理想工作职位，表明态度、看法，有利于双方达成共识。

（6）证明材料。证明材料包括毕业文凭、专家推荐材料、专业技能等级证书、所获得的各种奖励证书和荣誉证书等。这一项是证明求职人综合素质与能力的第一手佐证材料。使你的求职请求变得更加有说服力。

（7）联系方式。留下便于沟通的通讯地址与方式。

【案例 2.2.3】

个人简历

姓　名：李苹	性　别：女
出生年月：1990 年 6 月 25 日	民　族：汉族
籍　贯：广东	学　历：本科
政治面貌：中国共产党党员	健康状况：好

个人简历：2006.9—2009.6　就读于××市实验高中

　　　　　 2009.9—2013.6　就读于××财经大学商学院

专业课程：消费心理学、市场营销学、经济法、商务谈判

任职情况：校园超市经理

获奖情况：多次获学校、市级三好学生荣誉证书

社会实践：品牌导购、农博会产品介绍员

语言水平：大学英语四级、普通话水平测试一乙

信息技术：能熟练使用 Word\Excel\Office 等常用的办公软件

特长爱好：喜欢演讲、做主持人，擅长人际沟通、推销商品

求职意向：营销员或业务经理助理

通讯地址：××市××路××号	邮政编码：××××××
电话：××××××××	电子邮箱：×××××

标题：个人简历。这是一篇条文形式的个人简历。突出个人优势，表现自己的个性，条理清晰，表意明确，语言简洁，重点突出，富有诚意。

前言：交代个人基本信息。

主体：学习经历、教育背景、实践经验、与专业相关的技能与爱好。表明求职意向。

结尾：交代联系方式。

要点总结

前言：个人基本情况（包括最高学历、毕业学校）。

主体：学习经历（包括教育背景、能力专长、专业认证、实践经历）。

结尾：求职意向（适合自己特点的工作）。

附件：联系方式。

三、简历写作有技巧

简历看似简单，写作起来还是要讲究写作技巧的，可以概括为如下几点。

（1）彰显个性，独具魅力。简历犹如个人素描一般，少一笔难尽翔实，多一笔会显累赘烦琐，最好能一语中的。

（2）针对单位，有所侧重。这是指求职者的专业特点、实践经验、个人阅历越是符合招聘单位的岗位需求，越能够被用人单位看好，所以写作个人简历的时候，要考虑从招聘企业的特点出发，从应聘的岗位需求出发，从专业特点出发，做到有针对性。

（3）扬长避短，平中见奇。这是指无论个人的专业特点还是兴趣爱好，每个人肯定是尺有所短，寸有所长。那么写作个人简历的时候就要突出自己的专业优势，有选择地介绍自己的特长，为求职目标服务，当然一定是以真实作为前提。

（4）突出"简"字，清晰醒目。写作简历从内容到形式都要求醒目清晰，简洁明了。无论综合素质的体现，还是专业特长的介绍等都需要重点突出，言简意赅。

文化长廊

章太炎的"另类简历"

清朝末年，章太炎流亡日本期间，有日本警察到他的住所查户口。让章太炎填写登记表，章太炎如此填写了登记表：职业——圣人；出身——私生子；年龄——万寿无疆。

这份"另类简历"大胆幽默，生动体现了章太炎特立独行、桀骜不驯的个性特点，令人忍俊不禁。

【感悟升华】

一、讨论题

1. 简历是由哪些要素构成的？
2. 简历的写作有哪些技巧？

二、实践训练

1. 阅读案例 2.2.4 中的重要信息，将其归纳整理为一份简历。

案例 2.2.4

1964 年 9 月 10 日这一天一个小生命来到这个世界，注定世界未来多了一个互联网的精英。马云，在他还没有出生的时候，父母就从绍兴嵊州的谷来镇迁往杭州。从小到大，马云都不是一个学习出色的孩子。没有上过一流的大学，而且连小学、中学都是三四流的，高考数学第一次考了 1 分。高考失败，弱小的马云做起踩三轮车的工作。直到有一天在金华火车站捡到一本书，路遥的《人生》，这本书改变马云。他说："我要上大学。"

1984 年马云几番辛苦考入杭州师范学院外语系，获文学学士学位。大学毕业后来到杭州电子科技大学做了英语老师。1995 年他创办了中国第一家互联网商业信息发布网站——"中国黄页"。这让他有机会，有勇气在 1999 年创办阿里巴巴。

马云担任过多种职务。历任阿里巴巴集团董事局主席、软银集团董事、中国雅虎董事局主席、亚太经济合作组织（APEC）工商咨询委员会（ABAC）委员、杭州师范大学阿里巴巴商学院院长、华谊兄弟传媒集团董事、TNC（大自然保护协会）全球董事会董事、艺术品中国网商界合作顾问等。

2013 年 5 月 10 日是一个特别的日子，马云卸任阿里巴巴 CEO，陆兆禧接替。他将全力以赴做好集团董事局主席全职工作。

2. 依据所学专业特点，为自己未来求职设计一份个人简历。

第三节 求 职 信

【学习目标】

知识目标：了解求职信的内容要素、结构形式；明确写作求职信前应做的准备。

能力目标：拥有写作求职信的技巧及与人沟通、交往的能力。

名言录

斯蒂芬·茨威格在《人类群星闪耀时》中写道，"个人生命中最大的幸运，莫过于在他的人生中途，即在他年富力强的时候发现了自己的使命"，而"最大的不幸还不在于曾经遭受了多少困苦挫折，而在于他虽然终日忙碌，却不知道自己最适合做什么，最喜欢做什么，最需要做什么，只在送往迎来之间匆匆度过一生。"

【案例2.3.1】

求 职 信	标题：简洁、醒目
尊敬的贵公司领导：	称呼、问候语
您好！	
非常欣慰我在51job网上看到贵单位拓展业务、广纳贤能的招聘广告。本人欲应聘市场营销部营销经理一职，希望我的求职信能成为我与贵公司沟通的桥梁，早日成为公司的一员。现将我的个人情况介绍如下。	前言：获得招聘信息的来源，表达求职愿望。
我是一名即将于2014年6月毕业的大学专科毕业生，所学专业是市场营销学。"宝剑锋从磨砺出，梅花香自苦寒来。"大学三年，凭着农家孩子特有的坚韧和执着，我刻苦钻研、敢于求索、勇于创新，积累了丰富的知识，掌握了扎实的专业技能，商务英语、消费心理学、计算机技术等方面的技能尤为突出。目前我顺利完成了学业，成绩优异。在校期间我已考取了市场营销师资格证，获得了大学英语四级证书、全国计算机等级考试证书，并多次获得立志奖学金。	主体：个人基本情况、学历、学业、专业、技能。
在大学期间，我多次参加社会实践活动。曾经在卓展购物中心、新玛特商场、沃尔玛等大型商场从事销售工作。工作中，我尽职尽责、兢兢业业，参与了"十一"黄金周促销活动策划，为商场盈利，获得公司经理的好评。这些社会实践活动，进一步巩固了我所学的专业知识，同时也积累了丰富的工作经验。我真心希望能从事和参与贵单位相关方面的工作，我相信执着的追求和永不懈怠的激情是最好的工作源动力。	社会实践经验、创新意识。
我来自于农村，勤劳朴实的父母教会了我做人的道理。在不断求索的人生历程中，我逐步形成了"以诚待人、以理服人、以德感人"的品格。自信而不狂傲，稳重但又热情，年轻而富有朝气是我的特点。生活上，我克勤克俭、吃苦耐劳、乐观豁达。我性格开朗，爱好广泛，大学期间，身为班长的我组织了班级各种各样的活动。通过组织这些活动，提高了自己的组织协调能力，加强了团队合作意识。同时也让我充分认识到，个人的能力毕竟很有限，只有通过团队合作，集思广益，取长补短，才能更好地完成工作任务。如果这次我有幸竞聘上营销经理，相信一定能在工作中与同事们相处融洽，营造一种愉快而高效的工作氛围。	介绍自己的人生观、价值观，团队合作能力、与人沟通能力。
"良禽择木而栖！"贵单位良好的企业形象，出色的工作业绩，广阔的发展前景，对知识和人才的高度重视，科学的管理模式及合理的用人机制深深地吸引了我。	

"长风破浪会有时，直挂云帆济沧海。"真诚地希望能成为贵单位的得力助手，为贵单位的发展添砖加瓦。更愿我成功之路上有您的鞭策与鼓励，我将以兢兢业业的工作态度来回报您的知遇之恩。期待与您相见的机会！

祝贵单位事业蒸蒸日上！

　　此致

敬礼

李伟

2013 年 12 月 5 日

附　　件：《三好学生证书》《计算机等级证书》《营销师资格证》

手　　机：×××××××××　　　邮　　箱：××××××

通讯地址：××××××

结尾： 再次表达强烈的求职愿望，希望获得面试机会。

祝颂语

礼貌用语

落款： 具名、日期。

附件： 求职相关的能力、荣誉证明。

联系方式： 便于沟通。

一、知己知彼，百战不殆

　　法国思想家伏尔泰说过："书信是生命的慰藉。"求职信对于求职者来说是为谋求某一职务，向用人单位或单位领导以书信的方式陈述自己的经历、学识、才干，向用人单位推销自我，表达求职愿望，陈述求职理由，提出求职要求的一种书信。

　　求职信具有自荐性、针对性、独特性特点。也就是说找工作要勇于推荐自己，寻求适合自己的位置，写出与众不同的求职信。只有做到"知彼知己"，才有可能"百战不殆"。

　　怎样才能成功地推销自己呢？我们认为应该做好以下三方面的工作。

　　（1）你是谁，要找什么样的工作。首先要做到自我了解，给自己一个准确的定位。然后还要让用人单位了解你是谁，这样一份工作为什么你就是最合适的人选。这就要说明自身的基本情况，介绍你所在学校和所学专业，如"我是××职业技术学院电子商务专业应届专科毕业生"。简单的一句话，就让招聘经理对你的基本情况有了概括的了解。

　　（2）了解招聘公司，表明你对公司的认识。你了解所要应聘的公司吗？你了解所要应聘的职位吗？这对于求职者来说都是至关重要的。所以首先你必须对该行业、企业有一定的了解，了解它的过去，了解它的现在，推测它的未来。在求职信中归纳总结你对该公司的认识和理解，可以列举有关公司较新的、重大的发展，谈谈自己独特而新颖的见解，让招聘人员感受到你对该公司颇有了解和认识。给人留下好的印象。

　　（3）争取面试机会。想求得这一职位，一定得先获得面试的机会。所以在求职信中一定要强调你对该职位的强烈兴趣和想与该单位进一步接洽的愿望，让他们来安排一次面试，表示你会主动再与他们联系，而且渴望收到他们的回复。与此同时要再次详细告诉用人单位自己的联系方式，有助于繁忙的招聘经理轻而易举地找到你的联系信息，同时也让人知道你很善于沟通。

名言录

　　我们都是非常平常的人，非常平凡的人。我们都一点点梦想着，我们如何把这梦想点点滴滴变成现实。无论我们多么渺小，无论我们遇到多少困难，只要我们坚持梦想，就像起跑的力量，就像腾飞的力量，这就是梦想的力量。

——马云

经济应用文写作

二、内容丰富，形式完美

求职信的结构形式相对固定，而内容丰富与否却因人而异。

1. 标题、称呼、问候语

在一篇文档中，标题处于第二行中间，写明"求职信"三个字，即标题这一行的上、下各空一行，鲁迅先生认为这样的作文格式给人天宽地阔、眉清目秀的感觉。

称呼是对读信人的称谓。求职信要顶格写明求职单位负责人的姓，后面附上职务，如"尊敬的××经理"。如果不了解其人以及具体职务，可以统称为"尊敬的××负责人"

称呼后另起一行空两格写："您好！"

2. 正文

正文是求职信写作的主要内容，它包括求职缘起、求职的目标、求职者自身具备的应聘条件。

（1）前言，主要写求职的缘起，就是求职者获得招聘信息的来源，可能是网络、报纸、人才市场发布的相关信息，或者经人介绍而获得了求职信息等等。明确表达求职目标，就是你要聘任什么单位的具体什么职位。

（2）主体，就是针对招聘单位给出的招聘条件，寻找自身符合该职位的条件，向用人单位展示自己的能力与才华。重点介绍在校期间你所学的专业知识，拥有的专业技能，积累的实践经验，具备的沟通能力、创新意识、团队合作精神，还有你的个人爱好和特长，当然最好能与所应聘的职位相关联。

（3）结尾，求职信的结尾要再次表达自己对所应聘工作的喜爱之情，获得这份工作的强烈愿望，期盼获得面试机会，引起用人单位的高度关注。

3. 祝颂语、落款

通常写"祝身体健康，事业有成"或"祝事业蒸蒸日上"等。另起一行空两格写"此致"，再另起一行顶格写"敬礼"。

要点总结

前言：求职缘起，个人基本情况，求职愿望。

主体：详细介绍学业、专业、技能，社会实践经验。

结尾：再次表达强烈的愿望，希望获得面试的机会。

落款包括具名、日期。写在正文的右下角，先具名，后日期。

4. 附件、联系方式

附件包括个人简历，获奖证书、技能等级证书，发表或出版的论文、著作等。

联系方式包括通讯地址、邮政编码、电话号码、电子邮箱等。

三、精诚所至，金石为开

以情打动人、以美吸引人、以诚感染人，这是一篇成功的求职信所应该具备的。因此撰写求职信应该讲究写作技巧。

名言录

不精不诚，不能感人，故强哭者虽悲不哀，强怒者虽严不威。

——《庄子·渔父》

（1）重视谋篇布局。根据求职目的布局谋篇，把重要内容领先放在首要的位置上并加以证实。对相同或相似的内容进行归类组合，段与段之间按逻辑顺序衔接。从阅信人的角度出发组织内容。

（2）彰显个人特色。求职信要具有个人特色，并且能彰显你的专业水平。切不可过于随意，也不能拘泥于某种固定的写法，在礼仪的氛围中达到求职的目的是最重要的。

（3）语言饱含感情。在求职信中，语言表达要直接、简明、清晰，更要富有感情，尽量做到文情并茂，多用谦词、敬语。对希望获得这份工作的表达要积极，应该充分显示出你是一个乐观、有责任心、有创造力和通情达理的人。

（4）引起阅信人注意。书信是智慧的闪光，字里行间流露着作者对生命的诠释。让阅信人透过求职信中感人至深的语句，具体而有说服力的事例、故事抓住阅信人的注意力，尽享你求职的真诚。句子结构和长度应富于变化，使阅信人始终保持兴趣，对于你的求职信有过目不忘的感觉。

四、封面设计富有创意

为你的求职信设计一个得体的封面，会加深用人单位对你的印象。封面设计中应该让人体会到求职人的专业特色、基本信息，通过画面体现你的个性风采，甚至表达你对公司的了解或认识。封面设计没有固定的形式，是你展示个人才华的最好平台之一。

【案例2.3.2】

求　职　信

尊敬的××领导：

　　您好！

　　最近我在《人才市场报》上看到贵单位招聘营销经理的招聘启事。本人有意愿竞聘这一职位。感谢您在百忙之中，抽出宝贵的时间来阅读这封求职信，谢谢您的赏识，给我一个展现自己的机会！相信您一定会是最好的伯乐，我一定不会让你们失望的！

　　我是××职业技术学院2011级市场营销与策划专业的学生。从入校的那天开始我就知道大学是一个藏龙卧虎的地方，要想在竞争如此激烈的环境下生存就必须不断地自我完善、自我提高，拥有真正属于自己的优势，所以在学校里，我从来不敢有半点松弛，半步马虎，对于专业课学习更是如此。幸好皇天不负苦心人，我的付出得到了回报……每年度我都可以拿到学校的一等奖学金，上学期我还顺利拿到了助理营销师证书和大学英语四级证书。

　　在当今社会，文凭对于很多企业而言也是衡量人才的一个重要指标，而作为专科生的我也并没有因此放弃提升自我的机会。从进大学的那一天开始我就报考了市场营销专业的自考，我的坚持让我拿到了本科文凭，我相信这个艰辛的过程不仅有利于进一步巩固我的专业知识，更可以增加你们对我的肯定！

标题：表明文种、称呼、问候语。

前言：交代求职缘起，表达谢意，用赞美和期许性语言表达求职的诚意，过渡到下文。

中间：介绍基本情况，专业技术、技艺、技能、特长。从纵深的角度有理、有情、有力、有据地全面分析介绍个人的成长与发展，为应聘单位人际交往一向是我的拿手好戏，因为对于性格外向、口齿伶俐的我来说，最擅长、最乐意的就是交朋友。在同学眼里，我永远是她们的开心果！我一直都知道，没有实践的理论是空洞的，特别是对于我们这个专业而言。在校期间我多次主持新生入学文艺晚会、校园模特大赛。利用业余时间积极参与社会实践活动，做肯德基的服务员是我的第一份工作，它让我明白了忍耐与坚持的重要性；做商场的促销员教会了我如何与人沟通……

提供真实可信的用人依据。

最后再一次谢谢你们的耐心"倾听"，谢谢你们给我一次自我介绍的机会，希望我的推销可以引起你们的兴趣，促成一段美好的合作，敬候佳音！

结尾：表达愿望，希望获得面试机会。
祝颂语

祝身体健康，事业有成！

此致

敬礼

李明

2013 年 12 月 7 日

落款：具名、日期。

| 附　　　件：《本科毕业证》《个人简历》《营销师资格证》 |
| 手　　　机：×××××××××××　　通讯地址：××××× |
| 电子邮箱：×××× |

附件：相关材料、联系方式。

文化长廊

以"最低的身份"求职

一位留美的计算机博士，毕业后在美国找工作，结果好多家公司都不录用他。想来想去，他决定收起所有的学历证明，以一种"最低身份"再去求职。

不久他就被一家公司录用为程序输入员。这对他来说简直"高射炮打蚊子"，他仍干得一丝不苟。不久，老板发现他能看出程序中的错误，非一般的程序员可比。这时他亮出学士证，老板给他换了个大学毕业生对口的工作。过了一段时间，老板又发现他时常能提出许多独到的有价值的建议，远比一般的大学生要高明。这时，他亮出了硕士证，老板见后又提升了他。再过一段时间，老板觉得他还是与别人不一样，就对他"质询"，此时他才拿出了博士证。

老板对他的水平已有了全面的认识，于是毫不犹豫地重用了他。

【感悟升华】

一、讨论题

1. 结合自身实际情况，请你谈谈怎样才能成功地推销自己。
2. 求职信的写作技巧有哪些？

二、实践训练

1. 根据个人所学专业的特点与求职意愿，写一封求职信。
2. 依据求职信的写作要求，修改案例 2.3.3 这篇病文。

案例 2.3.3

我是一名大四学生，我出生于风景秀美的边陲小城，我能有幸同贵公司一起共创明日的辉煌。我希望贵公司就是我成功的起点。

入学以来我翻开了我人生新的篇章。一直担任班级的团支书，积极参加学校组织的各项活动，并鼓励同学参与，繁忙的工作不仅培养和锻炼了我的工作能力，在日常生活中，我能够紧密团结同学，锻炼我解决问题的能力，缜密思考，这一切对我专业的选择都产生了深刻的影响，相信集体的力量是强大的。

社会需要的是具有综合素质的管理人才，学好专业知识的同时，主攻英语和计算机，因此我在英语方面，我加强培养我的听、说、读、写能力；在计算机方面，我从基础知识入手，在选完专业后，为了拓宽自己的知识面，在不断地学习。我希望贵公司能给我一个施展才华的机会，我一定勤奋学习专业知识，不负公司给我的厚望。

3. 根据"求职信和个人简历任务单"的要求，独立完成该任务，而后进行交流。

任务单 2.1

求职信和个人简历任务单

任务名称	求职信、个人简历		完成时间	
姓　　名			班　　级	
布　置　任　务				
任务描述	**敦豪物流有限公司上海分公司招聘启事** 　　DHL Supply China 是德国邮政敦豪集团（DHL）旗下物流分支，是世界级合同物流供应商。全球 50%的福布斯 500 强企业是敦豪的客户。 　　DHL Supply China 从 1984 年开始涉足中国市场。为客户提供特有的供应链解决方案，其中包括：备件物流、温控仓管理、生产支持物流方案、VMI（供应商管理库存）、反向物流、国内派送、供应链解决方案设计、网络优化和咨询服务。优秀的公司欢迎优秀的您加入敦豪集团大家庭！ 　　招聘岗位及人数：配送调度员、仓储管理员、会计各 1 人。 　　招聘要求： 　　1. 具有物流专业大专以上学历，有扎实的物流专业知识或会计专业知识，拥有一定的实践经验； 　　2. 工作认真负责，吃苦耐劳，具有良好的团队合作精神和创新意识； 　　3. 签订合同时即享受公司的相关保险待遇，食宿由公司解决； 　　4. 联系方式： 　　投递简历请发至：×××××× 　　上海地址：上海市浦东新区康桥秀浦路×××号，邮政编码：×××××× 　　联系人：王先生　　　　　　　　　　　　联系电话：×××××××× 　　以班级为单位完成以下任务： 　　（1）选 5～7 人组建德国敦豪跨国物流有限公司招聘团队，制订招聘计划，布置招聘现场，进行招聘工作分工； 　　（2）其他同学完成角色表演； 　　（3）完成自己的求职信或自荐信的写作； 　　（4）感受应聘的基本流程。			

经济应用文写作

知识储备	1. 求职应聘案例以及多媒体课件； 2. 到人才市场亲身体验招聘现场的招聘过程； 3. 求职应聘中应注意哪些问题； 4. 如何搜集求职信息并整理信息？ 5. 求职信的结构形式以及封面设计技巧。
完成形式	一份求职信、一份个人简历。
具体要求	1. 学会倾听，把握交流对象说话的主要内容； 2. 与人交往过程中大方得体，条理清楚地表达自己的想法、观点； 3. 准备自我介绍，充满自信地向别人介绍自己； 4. 积极主动参与招聘的全过程，要有极强的团队合作意识； 5. 理清思路，制订计划，完成任务。
学生评语笔记	
教师评语笔记	
完成任务总结	谈谈招聘过程中及应聘以及撰写求职信时遇到的困惑、感悟、感受。

注：本任务单只用于读者完成任务中做笔记使用，完整任务单见本书配套资料。

第三章 礼仪文书写作

在中国文化史上，"礼"和"仪"是作为两个不同的概念出现的。"礼"是文化的内涵，"仪"是文化的形式，"礼"的内涵借助"仪"的形式有了更为华美的表现。"礼"和"仪"对中国传统文化和民族生活有着深刻的影响，正如《周易》所说："关乎人文以化成天下。"呈现在我们面前的"礼仪"可能是古代宫廷乐宴的祝酒之辞；是"土返其宅，水归其壑，昆虫勿扰，草木归其泽"的对人类命运深层观照的祷祝；更是用生命刻画而成的一种生活方式；是现代舞台流光溢彩的晚会上，让生命瞬间有了共鸣的主持词；是大学校园里莘莘学子叩问生命终极意义的慷慨陈词。这让我们对中华民族"礼仪"的天韵神采更加景仰，在瞬间的肃穆与激动中寻找到了历史感和秩序感，于纷乱中取得协调一致，于井然有序之中感受着欣然与喜悦。这意味着每一形式的礼仪文书背后都会有一场或大或小的人生庆典在等待。礼仪是在用生命雕刻时光，路途虽然遥远，但远方却有一扇窗户，那里有一盏灯，把人的生命　照亮……

烛光导读

第一节 祝 词

【学习目标】

知识目标：了解祝词的特点、种类、结构形式；

能力目标：掌握祝词的写作与表达技巧；拥有与人沟通的能力以及基本礼仪知识。

在酒会、宴会、纪念性活动、节日以及某些特定的日子，到场的人总要对即将或已经到来的日子或开展的活动表示祝贺或问候，说明祝福的理由或原因；进行适当评价或指出其意义，给予被祝者以鼓励与期待，发表祝愿、希望、祝贺之语，这时就需要祝词了。

【案例 3.1.1】

毕业典礼致词

尊敬的各位领导、老师，亲爱的同学们：

大家好！

今天是一个特别的日子，是我们 2013 届学子向母校道别的日子。在这个隆重而热烈的庆典上，我非常荣幸代表 2013 届全体毕业生在这里发言，向我的母校道别，向我们的师长道别，向朝夕相处的同窗道别，也向这段永远不能忘怀的青葱岁月道别！

三年前，我们手捧大学录取通知书，怀揣着梦想，从祖国的大江南北来到职业技术学院。时光有如白驹过隙，三年转瞬即逝。在这三年里，我们学会了分析，学会了思考，学会了竞争，学会了合作，学会了继承，学会了创新，更学会了不断地超越自己。琅琅的读书声似乎还在校园上空缭绕，键盘的敲击声伴随了我们的成长与收获。李白的"天生我才必有用，直挂云帆济沧海"见证着我们年轻的未来！

在此请允许我代表 2013 届全体毕业生，向三年来传授给我们知识，给予我们智慧，赋予我们关怀的老师们表示最诚挚的谢意！一日为师，终生难忘！

"为天地立心，为生民立命，为往圣继绝学，为万世开太平！"这是古代志士仁人的理想，更是我们这代人的伟大抱负。亲爱的同学们，毕业既是一个终点，又是一个新的起点。社会不等待我们成熟，离开了学校就意味着离开了老师和同学的呵护与宽容。我们的前方也许有坎坷、有泥泞，但有老师的嘱托，有同学们的相互鼓励，有我们热切期待的事业，这一切都将成为我们战胜困难的恢弘力量。

同学们，让我们牢记学院领导、老师对我们的殷切期望；让我们牢记母校"铸诚精艺"的校训，带着对美好未来的憧憬，扬帆远航吧！

"雄关漫道真如铁，而今迈步从头越。"请母校放心，我们一定会踏踏实实做人，认认真真做事，无愧于学院对我们多年的培养，为母校争光！为老师们争光！为我们全体 2013 届学生争光！

最后，衷心祝愿我们的母校再写新篇，再书华章！

祝愿学院的领导、老师们身体健康，万事如意！

祝愿所有 2013 届毕业生一帆风顺，事业辉煌！

宋中国

2013 年 6 月 10 日

（旁注）

标题：表明祝词的种类。

称呼、问候语

前言：运用排比句式，直奔主题，表达祝福与激动的心情。

主体：回顾过去的成绩、收获，寻找成长的感觉。展望未来。语言魅力四射，呈现温婉深厚的人文功底。感情真挚、现场感强。

结尾：深化主题，再次表达谢意和祝福之情。

落款：具名、日期。

一、祝词的特点

祝词是泛指对人、对事表示祝贺的言辞或文章。祝词也可以写作祝辞。"词"强调其内容，"辞"除了关注内容，还在乎说的方式。祝词和贺词在某种场合可以互用，但它们所包含的意义并不相同。祝词一般是事情未果，表示祝愿、希望的意思。而贺词一般是事情既果，表示庆祝、道喜的意思。祝词具有如下特点。

（1）真实性。祝词的写作者要将美好祝愿、真挚的感情借助一定表达方式融入祝福之中，自始至终体现对所祝福的对象的美好祝愿。这就决定祝词中所涉及的人和事应该是真实的，写作者表达的情感也应该是真实的。

（2）目的性。祝词是写作者为某人或某一项活动、仪式而写的，其目的是表达写作者对所祝福的对象的祝福、企盼等美好愿望，借助这种形式能增进感情，交流思想，促进事业发展。所以写作者在写作祝词时目的性相当明确。

（3）仪式性。"祝"是中华民族的一种传统礼仪形式，古人祈祷万物齐生就祭天祭地，祈祷光明普照就拜迎日出，祝告子孙多福无疆就祭祖献食。后来由祈"神"转向了"祝"人。每一种祈福都与相应的"祝"的形式相吻合。依据形式不同而决定内容的不同。

> **名言录**
>
> 一句漂亮话之所以漂亮，就在于所说的东西是每个人都想到过的，而所说的方式却是生动的、精妙的、新颖的。
>
> ——布瓦格
>
> 思维的浅薄让我们的语言变得粗俗而有失精准；而语言的随意凌乱，又使我们更易于产生浅薄的思想。
>
> ——乔治•奥威尔

二、祝词的种类

依据所祝福的对象祝词通常包括两大类：一类是祝人的祝词，一类是祝事的祝词。

（一）祝人的祝词

这一类祝词是指对所祝福之人的生日、婚庆活动的直接祝福，它包括如下几种。

（1）祝酒词。祝酒词是指单位或个人在特定意义事件中，借助酒会或宴会表达对某人或某事的美好祝愿之词。

（2）祝寿词。祝寿词是单位或个人为年长者的生日或特定的日子所举行的宴会活动时所表达的祝福健康长寿之词。

（3）节日祝词。节日祝词是指在特定的节日，亲朋好友欢聚一堂表达对过去以及未来美好生活的赞美，祝福节日快乐之词。

（4）婚礼祝词。婚礼祝词是对结婚对象的美好祝愿致辞。

（二）祝事的祝词

所谓"祝事"是指所祝对象不是特指某个人的事情，通常是指单位、集体活动或大型活动等。它包括如下种类。

（1）奠基祝词。奠基祝词是为某一工程开工仪式所发表的讲话，以此来表达该奠基活动的意义以及美好祝福之意。

（2）会议祝词。会议祝词是对某一特定会议表达祝福。祝愿会议胜利召开，祝福会议圆满结束。

（3）庆典祝词。庆典祝词是各行各业为某一活动或某一特别日子所举行的庆祝或纪念性活动时，所表达的祝福、祝愿之词。

三、祝词的结构形式

祝词的写作实际上是要完成"谁祝福""祝福谁""祝福什么"的任务。祝词的结构包括标题、称呼、问候语、正文、落款四个部分。

1. 标题、称呼、问候语

标题可以有单行标题或双行标题，如"祝词""生日祝词""××庆典致辞""××奠基仪式祝词"等就属于单行标题；如《在怀疑的时代更需要信仰——××大学中文系 2013 届毕业典礼致辞》采用的就是双行标题。正题"在怀疑的时代更需要信仰"揭示祝词的主题，副题"××大学中文系 2013 届毕业典礼致辞"，交代了所祝的对象、场合以及文种。

称呼写被祝颂的对象的名称，另起一行顶格写。名称可能是单位或者是个人。可以在称谓之前加上敬语或职务名称，以表示对被祝颂的对象的尊敬，例如"尊敬的王老师""尊敬的××经理以及全体同志们""尊敬的先生们女士们"等。

问候语要根据会议或活动时间来选择，如"早晨好""下午好""晚上好"等。

2. 正文

祝词的正文包括前言、主体和结尾三部分。

祝词的前言要开门见山地交代本次活动（会议等）的名称、表达祝福者的身份、所代表的层面、此时此刻的心情，对与会者表达祝福之意。起到过渡下文的作用。例如："谢谢你们叫我回家，让我有幸再次聆听老师的教诲，分享我亲爱的学弟学妹们的特殊喜悦，为你们即将步入社会表达我衷心地祝福！"

祝词的主体通常包括以下内容：表达对所祝对象或所祝事情、活动的真诚祝愿之情，可以对相关的人或事或活动的深刻意义予以概括，赞美其所取得的成绩、优点，或者行将取得的成就的由衷歌颂。表达对所祝对象学习、关心、仰慕敬重等之情。

案例 3.1.2

我想说的是站在这样高的起点上，由北大中文系出发，你们不少前辈大师的荫蔽，更不少历史文化的熏陶，《诗经》《楚辞》的世界，老庄孔孟的思想，李白、杜甫的诗词构成你们青春激荡的时光。我不需要提醒你们，未来将如何以具体琐碎消磨这份浪漫与绚烂；也不需要提醒你们，人生将以怎样的平庸世故消解你们的万丈雄心；更不需要提醒你们，走入社会需要如何变得务实与现实——因为你们终将以一生浸淫其中，在你们走向社会之际，我想说的只是，请看护好你们曾经的激情和理想。在这个怀疑的时代，我们依然需要信仰。[1]

点评：本例是祝词的主体部分，主题鲜明，内容深邃。写作者在这里表达了对所祝对象的仰慕、

[1] 卢新宁. 2012-07-06.北大中文系 2012 年毕业典礼致辞（节选）[N]. 中国青年报.

敬重以及对过往青春的怀想之情，真实地描述了学弟学妹所处的时代与环境，高度赞美其拥有丰富的知识与内涵；同时表达对莘莘学子的殷切期望。

祝词的结尾用简短的祝颂语对所祝之人或所祝之事再次表达祝颂。莫言在诺贝尔晚宴致辞结尾是这样写的："文学和科学相比确实没有什么用处。但是它的'没有用处'正是它伟大的用处。"结尾扣题"文学因无用而伟大"，莫言用这句话结束了他极其简短的致辞，可谓高屋建瓴。

案例 3.1.3

最后，我想将一位学者的话送给亲爱的学弟学妹——无论中国怎样，请记得：你所站立的地方，就是你的中国，你怎么样，中国便怎么样；你是什么，中国便是什么；你有光明，中国便不再黑暗。

点评：这篇祝词的结尾，以过来人的身份表达对青年学子的嘱托与叮咛。让学弟学妹们懂得个人与国家休戚相关。也可以运用属于自己的富有个性的结尾。

3. 落款

在正文结束的右下角写上名字，在另起一行右下角写日期。如果是发表文章则可以将名字写在标题下中央处。

【案例 3.1.4】

母亲节祝词

亲爱的妈妈：

您好！

今天是母亲节，让我发自心底地为您祝福。世界上只有一位最好的女性，她便是慈爱的母亲；世界上只有一种最美丽的声音，那便是母亲的呼唤。经历过这么多的风风雨雨，您似乎更年轻了，不但是外貌，而且是心灵。透过那额角的皱纹，还有银鬓华丝，我仿佛看见了您一颗水晶般的心。"莫道桑榆晚，微霞尚满天。"您就像一棵绿叶如盖、摇曳多姿的大树，在风中枝蔓一直伸到天边，"苍龙日暮还行雨，老树春深更著花"。"慈母手中线，游子身上衣"，在这样的日子里，您该歇歇了。在这一年中最美好的一天，摘一颗星，采一朵云，装入思念的信封里，献给您！我总相信，一片树叶厚过一本诗集，这就是年轮。我为您祝福，您的痛苦和爱创造了我，使我从此懂得生命和情感。在您的节日里，寄我深深的思念和祝福。

您是我心目中最好的妈妈。也许我很任性、固执、令您操心，惹您生气，也许我总爱自作主张，自作聪明，把您的话当成啰唆；但是在我的心里，妈妈，我其实很爱您！您常在我痛苦的时候给我一个理解的注视，您常不愿我忧伤，您常说快乐是女儿最好的礼物。欢乐就是健康，如果我的祝福能为您带来健康的源泉，我愿日夜为您祈祷！感谢您对我的培育之恩！在您的节日里，我愿意采撷一朵最芬芳的丁香，别在您素雅的衣襟上。愿您无怨无悔的一生更加璀璨、夺目！即使岁月的流逝使您的皮肤逐日布满道道皱纹，而我心目中的您永远年轻、漂亮！

今天，我要送上一个甜甜的笑，温暖您的心！轻轻一声问安，将我心中的祝福化作阳光般的温暖，永恒地留在您眼中，您心中……

此致

敬礼

女儿：兰兰

2013 年 10 月

右侧批注栏：

标题： 表明祝词种类。

称呼、问候语

前言： 直抒胸臆，表达对慈爱母亲的讴歌、赞美。遥寄作者深深的思念和祝福。

主体： 回顾成长的岁月，感谢母亲给予深思明辨、人生信条。感谢母亲的养育之恩、深情的抚爱和谆谆教导。

结尾： 再次表达美好的愿望和祝福。

礼貌用语。

落款： 具名、日期。

四、祝词的写作技巧

语言交际总是双向的，既有说或写的一方，也有听或读的一方。因此，说写者就不能一厢情愿想说什么就说什么，而要从对象的年龄、职业、思想、性格等不同特点出发，说恰当的话，正所谓对什么人、什么事说什么话。

（1）充分了解所祝对象。写作祝词之前首先要充分了解所祝之人和所祝之事，以便于能够恰到好处地表达对所祝对象的祝愿与期望。祝词的称谓也会随着所祝对象的不同而有所变化。例如对机关单位领导和同志们的祝福可以直接称"尊敬的各位领导、各位同志"，但要注意后面不可加"们"，否则会出现重复。

> **名言录**
>
> 不管你走到哪里，是你的朋友构成了你的世界。珍惜你最好的财富。
>
> ——佚名
>
> 发生在成功人物身上的奇迹，至少有一半是由口才创造的。
>
> ——汤姆士

（2）表情达意，重点突出。祝词所祝对象的人或事不是截然分开的。所祝之人，一定有所祝之事；所祝之事中一定有所祝之人。人是做事情的，事是人做的。但是在写作中一定要有所侧重。祝人的祝词要偏重表达对人的祝福和祝愿；祝事的祝词则偏重表达对事情的祝愿与期望。总之要详略得当，重点突出。

（3）语言生动，感情真挚。祝福者与所祝福的对象彼此之间的关系，决定了对所祝之人的情感和态度。祝福者所说的话要把握好分寸。《周易·文言》中说："修辞立其诚。"写祝词就要真诚，但还需恰到好处。例如有一位老先生的生日宴会，一位年轻人特意为他点了一首自认为老同志年轻时候喜欢的歌，以表祝贺之情。掌声响过，歌声骤起，"西边的太阳快要落山了，鬼子的末日就要来到了"，听到此歌词，顿时主人容颜大变，整个现场的气氛已十分尴尬。所以祝福者所表达的态度一定要让被祝福者感到温暖而美好。

【案例 3.1.5】

元 旦 祝 词	**标题**：表明文种。
各位朋友： 　　大家好！	**称呼、问候语**
成绩斐然的 2013 向我们挥手告别了，充满希望的 2014 向我们走来。值此新春到来之际，我谨代表公司董事会，向工作在第一线的全体员工以及你们的家属表示衷心感谢！感谢你们的努力进取和勤奋工作，感谢你们对公司领导的真诚信赖和热情的支持，再次向你们致以深深的谢意！	**前言**：总结、回顾、展望，总领全篇。开宗明义表达感激之情，用语简洁明了。
过去的一年，公司运营状况良好，这都源于每一位员工的认真工作，也源于每一位关系客户的真诚合作。今天我们取得的阶段性成绩是大家共同努力的结果，更是我们所处的伟大的时代、国家和产业所带来的巨大的机遇。我们将带着感恩的心感谢这个伟大的时代！在这里，我更感谢一年来全体员工的不懈努力！我坚信诚信缔造伟业！更坚信创新成就未来！	**主体**：回顾过去，肯定成绩，表达真诚的谢意，递进复句起到了强调主旨的作用。
各位员工，我们前面还有很长的路要走，今天我们所创造的所有市场开发记录还会被我们自己在明天打破！我们的路很长很长，我们始终在路上……机遇与挑战同在，光荣与梦想共存！我们靠着优秀的企业文化，通过实施多元化、国际化的发展战略，定会迎来更加灿烂辉煌的明天！	**结尾**：阐明观点，展望未来，抒情、议论相结合。再次对所祝

永远不要忘记我们的使命——创建国际一流品牌，让我们的产品在国内、国外撑起一片蓝天。

最后祝你们及家人新年快乐，万事如意！

董事长：李程

2013 年 12 月 31 日

对象表达祝福。

落款：具名、日期。

【感悟升华】

一、多项选择

祝词的写作技巧包括（　　）。

A. 充分了解所祝对象　　B. 议论说明相结合

C. 语言生动，感情真挚　　D. 表情达意，重点突出

二、实践训练

1. 为你们班级或学校中秋晚会或元旦晚会写一篇祝词。
2. 为你的外公、外婆或爷爷、奶奶写一篇生日祝词。
3. 请你以学生代表的身份为 2014 届学生做毕业典礼致辞。
4. 修改案例 3.1.6 所示的病文，要求重新组织语言写出合格的祝词。

案例 3.1.6

尊敬的各位朋友、亲友团：

按照邀请函上的程序，用简单的算术算了算，我约有五六分钟左右的讲话，所以我首先得赶紧把握主题。

昨天晚上我明年为我即将出版的两本书熬夜到天亮。至今脑中一片空白。不过基于主办方的委托的职责，我必须代表没有到场的朋友讲几句话。当然我可以井上添花地言不由衷地讲一些赞美之词，但考虑来考虑去，本着良心去还是讲几句实话。这一次的广告大赛的作品，虽然也有极精彩之作，但整体水平上并没有超过上几届，评委们都有些惆怅。期待下一届能有更精彩的作品出现。最后，再度恭喜获奖者！

第二节 主 持 词

【学习目标】

知识目标：了解主持词的内涵；明确主持词的种类；掌握主持词的结构形式。

能力目标：掌握主持词的写作要求以及写作技巧；拥有一定的与人沟通的能力。

主持词是瞬间的艺术。优秀的主持人可以让晚会或活动化平淡为新奇。写作主持词既要

具有一定的写作能力，还要具有一定的策划能力。主持人更需要口语表达能力、控场能力，它是幽默、风趣、智慧的结晶，更是各种能力的综合体现。具有一定的艺术性。

主持词是一门综合性艺术。它是写作者为了主持人主持节目、串联活动环节、调节现场气氛、掌控节目进程而写作的一种应用文。主持词既有书面语言的特点，又具有口语交际语言的特点。主持词能够起到突出主题、丰富活动内容、活跃现场气氛的作用。它具有现场感、组织性、协调性、沟通性、灵活性等特点。

一、主持词的种类

划分标准不同，主持词的种类也不同。

根据活动的形式划分，主持词可以分为舞台晚会主持词、运动会主持词、舞会主持词、宴会主持词、宗教活动主持词等几种。

根据活动的内容划分，主持词可分为如下几类：①演讲论辩活动主持词；②商务活动主持词，如签约活动、开业仪式、剪彩仪式、交接仪式、庆典仪式以及产品促销广告宣传活动、车展活动等；③聚会、会议主持词，如商务会议、洽谈会、新闻发布会、展览会、赞助会、茶话会、同学、朋友聚会等；④婚丧祝寿主持词，如婚礼司仪、祝寿活动、葬礼等。

二、主持词的结构形式

主持词的结构形式包括标题、称谓、正文。

1. 标题

主持词的标题有单行标题和双行标题两种形式。

单行标题一般有以下三种。

（1）时间＋单位（活动）名称＋内容＋文种，如《2013年中央电视台迎新春文艺晚会主持词》《上海世博会开幕式主持词》。

（2）单位（活动）名称＋活动内容＋文种，如《联华超市开业庆典主持词》《中央电视台、总政歌舞团联合举办〈走进雅安〉大型赈灾文艺晚会主持词》。

（3）活动主题＋文种，如《电视纪录片〈舌尖上的中国〉主持词》《中国好声音澳门演唱会主持词》。

双行标题通常由正题＋副题构成。正题揭示活动或节目的主题，副题补充说明活动内容，如《艺术人生——访主持人孟非主持词》《二人转荟萃——本山传媒集团赴三亚演出串联词》。

2. 称谓

称谓是主持人在主持节目开场之前对在场人员的一种称呼，可根据现场活动的参与对象，确定主持词的称谓。

3. 正文

主持词的正文包括前言、主体和结尾。

前言也可以叫开场白，在整篇主持词中起到打开场面，引入正题，建立主持人与听众之间感情桥梁的作用。可以以一个故事、一个人、一项活动，甚至是一道风景、一个比喻引出活动内容，进入主持正题。

主体是该项活动的主要内容或所主持的活动的主要事项，例如运会的进程、婚礼的举行、物流峰会具体会序，要根据所主持活动的具体内容安排主体部分。原则是不要偏离主题，也不要喧宾夺主。

结尾总结该项活动的意义，展望未来，表达美好的祝愿以及对下一次活动或会议的期待，要将活动主题或意义推向高潮，留给听众、观众回味的空间。

要点总结

前言：开场白，统领全篇。
主体：主要内容或主要事项。
结尾：总结活动的意义，展望未来。

名言录

主持词注重的是情感的交流和心灵的沟通。优秀的主持人可以让晚会化平淡为新奇。

——佚名

三、主持词的写作技巧

主持词是主持人拉动与听众或观众心理距离的方法之一。写作者要换位思考，从观众、听众的角度出发，用心去体会、交流、感悟，语气要有现场感，让听众或观众感到亲切自然，与主持人以及活动的主题产生感情共鸣。这样撰写才有可能写出受人欢迎的主持词。

（一）主题突出，营造气氛

主持词的内容要能够体现活动的主题，并且要将这一基调贯穿主持词的始终，营造与之相适应的场景氛围，烘托气氛，表达情感。

案例 3.2.1

男：当朝阳捧出青春的晨光
　　那晨光点燃了心底的梦想
女：四月的原野生机盎然、和风阵阵
　　播撒着学子们火一样的激情
男：四月的天空如此湛蓝，旌旗猎猎
　　鼓荡着师生们群山般的信仰
女：未来在我们的前方频频呼唤
　　绚丽的花环将装点母亲的面庞
男：运动场呵，你深沉的海洋
　　就要扬起出征的橹桨
女：看！接受检阅的运动员队伍走来了
　　他们精神焕发、斗志昂扬

点评：本例是运动会的开幕式主持词。文中以抒情为主，运用描写、叙述、抒情、议论等多种表达方式相结合，烘托出运动会的盛大场面，表达了一种欢乐、团结、进取的精神。现场感很强，有身临其境之感。再现了轻松中带有一些竞技的场景与气氛。好的主持词的开端确实是成功的一半。

（二）情景交融，移情入境

主持人所说的主持词具有引导整个活动进程、调动场内观众或听众情绪的作用。所以无论表达什么样的主题或者说达到什么目的，主持词都要用最真诚的态度、最真实的情感、最动人心的语言与现场观众、听众沟通、互动，形成默契，做到水乳交融，移情入境。

案例 3.2.2

同学们，大学生活是充实美好的，同时又是无比艰辛的，

丰富的学习内容，严格的纪律要求。

健康的体魄、坚定的毅力、执着的追求，

迎难而上的勇气和永不言败的斗志。

领悟一切行动听指挥、团结就是力量的真正意义。

这是充实的大学生活，这是意志力的磨炼，更是自信力的一次洗礼。

这将成为你们人生成长历程中一道最美的彩虹，一处最靓丽的风景。

点评：本例是学生军训动员大会的主持词中的一段内容，主持词将现场观众的情绪调动起来，仿佛引领学生进入到朝气蓬勃、飒爽英姿的军训生活中来。

（三）灵活机智，处变不惊

主持人要能够掌控秩序，把握活动进程，灵活运用主持词，根据具体情境做适当的调整。使场面活跃而不混乱，激情而不颓废，紧凑而不慌忙，温婉而不松散。杨澜有一次主持节目，中途下台时摔了下来，场内一阵哄笑。只见她非常沉着地爬起来，笑着对观众说："真是人有失足，马有失蹄呀，我刚才的狮子滚绣球还不算精彩，但台上的节目会更精彩，不信，你们瞧。"话音刚落，场内爆发一阵掌声。可见杨澜心理素质很好，控场能力强，否则真的"一失足成千古恨"了。

（四）注重环节，过渡自然

主持词要注重环节的安排，过渡要自然流畅，始终围绕活动的主题进行主持，不可偏离主题。

案例 3.2.3

女：15年前上天安排让38位年轻人相聚于师范大学88级一班,从而有了一个个令人难忘的故事……

男：4年后，你我他各自坐上城际列车带着美好的憧憬奔向它方。

女：时光荏苒，岁月如梭，历经风雨之后更觉同学友情的可贵。

男：异地邂逅，街头偶遇！

男：相聚让我们共同感受人生中的完美。

点评：这段主持词始终没有离开回忆、畅想同学情的主题，同时以时间为线索，用情感贯穿始终，衔接过渡非常自然。

（五）升华主题，再现高潮

结尾运用一定的写作技巧，将活动或会议的主题推向高潮。

案例 3.2.4

同学们，漫长的人生长河中，短短的 15 天只是其中一朵小小的浪花，但它将成为你们永恒的记忆！饱满的热情、坚强的意志、认真的态度、刻苦训练，你就是我们军训标兵。15 天后的你、我、他将拥有军人的气质、军人的修养、军人的作风和军人的团队精神。

这是一份满意的答卷：锻炼身体，增强体质，强化本领，陶冶情操，这就是我们的期待。让我们举起双手用掌声，为你们激昂的青春喝彩！

我宣布军训誓师大会到此结束。谢谢各位！

点评：本篇主持词的结尾让军训活动成为同学们的一种期待，富有鼓动、激励的作用，给人以期盼；留给人回味和思考的空间。

【案例 3.2.5】

××学院校园文化艺术节文艺晚会主持词

开场白

扬起你的风帆
放飞你的希望
抒发你的情怀
展现你的风采

尊敬的各位专家、领导、来宾，
亲爱的老师、教官、同学们：
大家晚上好！

我是××
我是×××

又是一年丹桂香，我们在希冀中播种理想；
又是一年枫叶红，我们与学院共同收获荣光；
今夜，我们欢聚一堂，载歌载舞；
今夜，我们激情满怀，心潮澎湃。

让我们唱起美妙的歌曲，跳起欢快的舞蹈，一起融进这欢乐的海洋；
让我们歌唱伟大的祖国，歌唱美丽的校园，歌唱我们共同的大学时代。

1. 《东方红》
滔滔江河水，流不尽浩浩中华魂；
巍巍昆仑山，锁不住阵阵华夏风。
长江、黄河，气势恢宏；

标题：标题表明了活动名称、活动内容、文种。
开场白用排比的句式，营造文化氛围。称呼、问候语表示对来宾的尊重。

前言：主持人自我介绍。运用对偶句，引出活动的主题。用最诗化的语言概括主旨，引出节目。

主体：从不同侧面展现校园文化。体现校园文化的丰富

	性。让主持风格迥异，让主持词的内容丰富多彩。
长城，泰山，谁与争雄； 请欣赏舞蹈《东方红》； 演出单位：信息学院。 2. 《相逢是首歌》 人海茫茫，岁月匆匆，共同的心愿让我们在这里相逢。 相逢是首歌，同行是你和我！ 请欣赏歌伴舞《相逢是首歌》。 演出单位：旅游学院。 3. 《礼仪展示》 商贸分院礼仪队的表演，曾受到国家领导人的好评。 今天，她们将艺术地展现商务礼仪中的鞠躬、坐姿、站姿、手势、递接文件等优雅的姿态与举止。 下面请欣赏商贸学院的礼仪展示。 4. 《模特表演》 踏着青春的节拍， 每一颗驿动的心都焕发出缤纷的色彩。 和着青春的风采， 世界在我们眼前灿烂地舒展。 一路欢歌，一路笑语，走进时尚的动感地带。 请欣赏模特表演。 演出单位：汽车学院。 5. 大合唱《歌唱祖国》 中华大地上经久不息的旋律是歌唱祖国。 这些耳熟能详的歌曲，这些激扬向上的旋律，伴随我们奋斗，伴随我们成长。 请欣赏大合唱《歌唱祖国》。 演出单位：汽车学院。	 用大合唱的串联词将校园文化艺术节推向高潮。
结束语 总有一种激情让我们感动； 总有一种生活令我们向往。 愿今天的晚会和我们的笑脸， 能够成为彼此一份珍贵的回忆。 祝愿新同学在这里收获累累硕果！ 祝愿各位领导、老师身体健康、一切顺利！ 祝愿我们的学院蓬勃发展，走向辉煌！ 祝愿我们的祖国永远繁荣、永远富强！	结尾：用排比句，形成排山倒海之势，将文化艺术节晚会的主题引向深入。

【案例3.2.6】

"昆山杯"全国大学生优秀创业团队大赛吉林省赛区选拔赛主持词

女: 尊敬的各位领导、各位来宾;

男: 亲爱的老师、大学生朋友们。

合: 大家上午好!

女: 我是×××。

男: 我叫×××。非常荣幸主持今天的"昆山杯"全国大学生优秀创业团队吉林省赛区选拔赛。

女: "昆山杯"全国大学生优秀创业团队自2009年11月启动以来得到了我省各高校的积极响应。

男: 截至今天我省已有17所高校的54个团队报名参与比赛。

女: 比赛自有胜负,但我觉得结果并不重要,重要的是选手们参与比赛的过程。

男: 这是一次经历,是一场相逢;

女: 这是一种历练,是一番面对,是一个连通资本与人才的创业舞台。

男: 每一个成功者都有一个开始。勇于开始,才能走向成功的未来。

女: 人生伟业的建立,不在能知,乃在能行。世界会向那些有目标、有远见的人让路的。

男: 生命之灯因热情而点燃,生命之舟因拼搏而前行。

女: 拥有梦想只是一种智力,实现梦想才是一种能力。

男: "I believe I can fly, I believe I can touch the sky…"

女: 俞敏洪说,明白了生命中最重要的是梦想,"如果我能看见梦想,我就能够实现梦想;如果我相信梦想,实现梦想并不遥远……"

男: 把生命比作一片广袤的沙漠,努力在自己的沙漠上打一眼深井,使水源源不断地流出,你就可以把沙漠变成绿洲。

男: 激情成就梦想,努力创造未来。下面我宣布"昆山杯"全国大学生优秀创业团队大赛吉林省赛区选拔赛,

合: 现在开始。

结束语:

女: 扬起你创业的风帆,放飞你创业的希望;

男: 抒发你创业的情怀,展现你创业的风采。

女: 让我们乘着"昆山杯"全国大学生优秀创业团队选拔赛的东风,在"励志、成长、创业"的主题文化中富省强民,发展区域经济,振兴吉林。

男: 长风破浪会有时,直挂云帆济沧海。

女: 江山代有才人出,各领风骚数百年。

男: 没有一番寒彻骨,哪得梅花扑鼻香。

合: 纸上得来终觉浅,绝知此事要躬行。

男: 各位来宾、各位朋友,"昆山杯"全国大学生优秀创业团队吉林省赛区选拔赛圆满结束。

合: 谢谢,朋友们再见!

（右栏批注）

标题: 表明活动名称、具体内容、文种。

称呼、问候语: 表示对来宾的尊重。

前言: 主持人分别作自我介绍。运用对话的形式引出此次活动的主要内容。

主体: 明确并突出大赛活动的主题,介绍参赛的情况。弘扬大赛的意义,用诗化且富有哲理的语言概括本次比赛的深刻寓意,充满文化气息。引经据典丰富主持词的内涵。导入比赛的开始。

升华大赛的主题,将现场气氛推向高潮,让此项活动成为与会人今后的一种期待,鼓舞人心,给人留下难以忘怀的印象。

【感悟升华】

一、情境模拟

1. 模拟主持人主持某一栏目，撰写该栏目某一话题的主持词的开场白和结束语。

2. 完成任务单 3.1 所布置任务，模拟会议主持，做一次大型会议或活动的主持人，写好开场词或中间的串联词。

任务单 3.1

主持词项目任务单

任务名称	物流经理人峰会主持词		完成时间	
学习小组			组　　长	
小组成员			完成时间	

布　置　任　务	
任务描述	一年一度的物流峰会将于 2014 年×月×日在东北××市召开，与会人员有商务部副部长××、中国物流采购联合会会长××、××省商务厅厅长×××、××财经大学校长××、长春欧亚集团董事长×××等。他们分别以不同的身份做不同发言。商务部副部长××做大会祝词；中国物流采购联合会会长××做《中国物流与采购信息化推进大会暨物流企业 CIO 峰会演讲》；××财经大学校长××做《物流信息化的新发展》演讲；长春欧亚集团董事长××做《商务平台的介入仍然需要规范化》的讲话。 　　学生分组完成以下任务： 　　(1) 对与会人员进行人物角色扮演，参加物流经理人峰会； 　　(2) 以所扮演的角色身份准备进行会议发言（祝词或演讲等的情境表演）； 　　(3) 完成所扮演角色讲话内容的写作； 　　(4) 选派某一小组依据上述会议内容进行主持词的写作； 　　(5) 与会发言者提交发言材料； 　　(6) 主持人模拟主持召开"物流经理人峰会"。
知识储备	1. 结合所学专业课内容，寻找会议发言材料； 　　2. 怎样依据所确立的会议讲话主题选定会议材料？ 　　3. 如何依据会议发言人的讲话内容以及会议流程撰写主持词？ 　　4. 主持词如何突出会议活动的主题？ 　　5. 主持人怎样才能营造良好的会议或活动氛围？
完成形式	写一篇主持词，同时结合会议情境进行表演。

具体要求	选定主持活动对象	
	确立主持词主题基调	
	其他要求	1. 了解与会对象，感受物流经理人峰会的基本流程； 2. 掌握会议讲话人所讲主要内容，明确会议主题确定会议基调； 3. 弄清会议的目的和任务，做好写作主持词的准备工作； 4. 积极主动参与模拟会议全过程； 5. 要有极强的团队合作意识； 6. 理清思路，制订写作计划，完成写作任务。

续表

学生 互评 笔记	
教师 评语 笔记	
完成 任务 总结	谈谈准备物流经理人峰会主持词时所遇到的困惑，获得的感悟和感受。

注：本任务单只用于读者完成任务中做笔记使用，完整任务单见本书配套资料。

二、实践训练

1. 为班级的新年联欢晚会或中秋文艺晚会写一份主持词。

2. 请以"月是故乡圆"为题，举办一台中秋文艺晚会，可以选择2～4位主持人，请为本次晚会撰写主持词。

3. 某高职院校准备举办"不忘国耻，振兴中华"的演讲比赛，请你为这次比赛写一份主持词的开场白和结束语。

第三节 演 讲 稿

【学习目标】

知识目标：了解演讲稿的内涵和结构形式。

能力目标：具备演讲稿的选题能力；掌握演讲稿的写作技巧；拥有与听众沟通的能力。

元代文人乔梦符谈到写"乐府"的章法时提出了"凤头""猪肚""豹尾"之说，这是对文章好的开头、主体、结尾的形象生动的比喻。其实演讲稿的写作也一定要具备"凤头""猪肚""豹尾"的特点，成功的演讲除了具备一定的演讲技巧外，更需要一篇好的演讲稿作支撑。

【案例3.3.1】

我的故事以及背后的中国梦[1] ——白岩松在耶鲁大学的演讲	演讲的题目：平中见奇，深刻而有意义。
过去的20年，中国一直在跟美国的三任总统打交道，但是今天到了耶鲁我才知道，其实他只跟一所学校打交道。但是透过这三位总统我也明白了，耶鲁大学的毕业生的水准也并不很平均。	开头：有"凤头"之美丽。语出惊人，提出异乎寻常的问题。拉近与听众的距离。

---

[1] 本文节选自中央电视台主持人白岩松2009年3月31日在美国耶鲁大学的演讲稿，略有改动，见2011年5月6日《人民日报·海外版》，原文在人民网的网址为 http://acftu.people.com.cn/GB/14571165.html。

接下来就进入我们这个主题，或许要起个题目的话应该叫《我的故事以及背后的中国梦》。

我要讲5个年份，第一要讲的年份是1968年。那一年我出生了。那一年世界非常乱，美国总统肯尼迪遇刺；但是那一年我们更应该记住的是马丁·路德·金先生遇刺，虽然那一年他倒下了，但是"我有一个梦想"的这句话却真正地站了起来，不仅在美国站起来，也在全世界站起来。

1978年，10年之后我10岁，我依然生活在我出生的时候那个只有20万人的小城市里。它离北京的距离有两千公里。1978年中国与美国正式建交，中国改革开放开始。

1988年，那一年我20岁。我从边疆的小城市来到了北京，成为一个大学生。这个时候的美国已经不再是一个很遥远的国家，它变得很具体，这个时候我已经尝试过可口可乐，而且喝完可口可乐之后会觉得中美两个国家真的是如此接近，因为它几乎就跟中国的中药是一样的。这一年也就标志着中国离市场经济越来越近了。那一年对于耶鲁大学来说格外重要，因为你们耶鲁的校友又一次成为美国的总统。

1998年，那一年我30岁。我已经成为中央电视台的新闻节目主持人。更重要的是我已经成为一个一岁孩子的父亲。那一年在中美之间发生了一个非常重要的事件，主角就是克林顿。也许在美国你记住的是性丑闻，但是在中国记住的是他那一年访问了中国。

我在直播结束的时候，说了这样的一番话，我说看样子美国需要对中国有更多的了解，有的时候要从语言开始，而对于中美这两个国家来说，面对面永远要好过背对背。

2008这一年，我40岁。很多年大家不再谈论"我有一个梦想"这句话，在这一年我听到太多的美国人在讲。看样子奥巴马的确不想再接受耶鲁占领美国20年这样的事实了。他用"改变"以及"梦想"这样的词汇，让耶鲁大学的师生在为他当选总统之后，举行了游行，甚至庆祝。

这一年也是中国梦非常明显的一年。它就像全世界所有的伟大的梦想都注定要遭受很多的挫折一样显出来。无论是期待了很久的北京奥运会，还是神舟七号中国人第一次在太空当中行走，那都是很多年前我们期待了很久的一个梦想。但是，突如其来的汶川大地震，让这一切都变得没有我们期待中的那么美好。8万多条生命的离开，让整个2008年中国人度日如年。更多的中国人也明白了，梦想很重要，但是生命更重要。

在过去的很多年头里，中国人看美国，似乎用望远镜看。美国所有的美好的东西，都被这个望远镜放大。美国人似乎也在用望远镜在看中国，但是我猜测可能拿反了。因为他们看到的是一个缩小了的、错误不断的、有众多问题的一个中国。他们忽视了13亿非常普通的中国人，改变命运的这种冲动和欲望，使这个国家发生了如此巨大的变化。但是我也一直有一个梦想。为什么要用望远镜来看彼此？

在中国所有的城市里流行着一种面叫加州牛肉面。相当多的中国人都认为，美国来的东西一定非常非常好吃。所以他们都去吃了。直到有越来越多的中国人来到美国知道加州是没有这种牛肉面的。于是这个连锁店在中国，现在处于陆续消失的过程当中。这就是一种差异。但是当人来人往之后，这样的一种误读就会越来越少。

所以最后我只想再说一句。40年前，当马丁·路德·金先生倒下的时候，他的那句话"我有一个梦想"传遍了全世界。但是，一定要知道，不仅仅有一个英文版的"我有一个梦想"。在遥远的东方，在一个几千年延续下来的中国，也有一个梦想。它不是宏大的口号，并不是在政府那里存在，它是属于每一个非常普通的中国人。而它用中文写成"我有一个梦想"。

揭示演讲的主题。

主体：演讲思路明确。以"5个年份"为线索折射了40年中美关系发生的变化。制造悬念，逐步解开悬念，满足听众好奇心。以马丁·路德·金的"我有一个梦想"这句话作为演讲的另一条线索贯穿始终，双线并行，紧扣主题。用"国事、家事、天下事"诠释梦想。语言幽默、风趣，将自己的思想观点不动声色地融入故事中，起到"随风潜入夜，润物细无声"的作用。

进一步阐明观点，揭示主题"对于中美这两个国家来说，面对面永远要好过背对背"，寓意深刻。演讲有声、有势、有情有理。

中国的梦想与挫折揭示了更深刻的主题及意义："梦想很重要，但是生命更重要。"

用"望远镜"做比喻，影射美国人看待中国人不够准确。希望听众去看一个真实的中国。

"猪肚"旁征博引，内容丰富，驰骋中外，语言华美，为演讲增光添彩。

结尾：借助马丁·路德·金的名言，篇末点题，至此将演讲推向高潮。呼应开头，升华主题，发人深省，富有感召力。

演讲稿是演讲人为某次演讲活动事先所准备的稿件，它是演讲者演讲时的依据。写好演讲稿是演讲者演讲成功的关键，也是演讲人所应该具备的基本写作能力。演讲者在演讲之前做好充分准备，有助于演讲时更好地发挥。丰富的内涵是演讲成功的一半。

一、演讲稿的结构形式

演讲稿的基本结构一般由标题、称谓及问候语、正文构成。

（一）标题、称谓和问候语

演讲稿的标题通常要体现演讲的内容或明确演讲的主题。主题鲜活能够立刻起到吸引听众、烘托气氛的作用，为你的演讲打下良好的基础。如张泽群的《春晚是一种精神》、李开复的《做最好的自己》，以及《汶川挺起你的脊梁》等的演讲题目都是非常吸引观众和读者的。

演讲的称谓很重要，要针对不同的演讲对象运用不同的称谓。演讲学家李燕杰去监狱给犯人们演讲，他突然间意识到不能像以往称呼他们为同志们了，因为在中国，"同志"有志同道合之意，所以他临场发挥，称他们为"亲爱的犯了错误的朋友们"，没想到瞬间掌声雷动。

依据演讲要面对的听众，恰当地使用问候语，如"大家好""早晨好""晚上好"等。

（二）正文

演讲稿正文通常包括开头、主体和结尾三部分。

1. 开头

成功的演讲稿的开头要用最少的语言、最短的时间把听众吸引过来。快速编织说者与听者之间的情感纽带。高尔基说："最难的是开场白，就是第一句话，如同在音乐上一样，全曲的音调，都是它给予的。"开场白应达到三大目的：一是拉近距离，二是建立信任，三是引起兴趣，为下面的演讲做好准备。案例 3.3.2 为莫言在诺贝尔颁奖仪式上演讲的开头。

案例 3.3.2

通过电视或网络，我想在座的各位对遥远的高密东北乡，已经有了或多或少的了解。你们也许看到了我的九十岁的老父亲，看到了我的哥哥姐姐、我的妻子女儿，和我的一岁零四个月的外孙子。但是有一个此刻我最想念的人，我的母亲，你们永远无法看到了。我获奖后，很多人分享了我的光荣，但我的母亲却无法分享了。

点评：作者从最能打动人心扉的亲情入手，以"分享"为契机引出故事。这样的开头非常有气场，语言平实，但却具有吸引力，能起到先声夺人的作用。

案例 3.3.3

全国第四次作代会上，萧军应邀上台，第一句话就是："我叫萧军，是一个出土文物。"胡适在一次演讲时这样开头："我今天不是来向诸君作报告的，我是来'胡说'的，因为我姓胡。"

点评：萧军的话包含了辛酸、无奈、自豪、幸福等复杂的感情，同时也是以自嘲之语表达丰富的心声。胡适的演讲话音刚落，听众大笑。这个开场白既巧妙地介绍了自己，又体现了演讲者谦逊的态度，活跃了场上气氛，沟通了演讲者与听众的心理，一石三鸟，堪称一绝。

常见的开场白方法如下。

（1）引经据典法。演讲开场白如果恰到好处地引用富有哲理的名人语录，不失时机地抛出寓意深刻的典故，演讲就会有声势、有威力。莫言在阐述作家的文学创作时"入乡随俗"

经济应用文写作

地引用了《圣经》箴言篇第4章第9节的文字："她必将华冠加在你头上，把荣冕交给你。"这样的引用适合运用在中西文化交流与沟通之中。

案例 3.3.4

生命是有各种活法的，但是哪怕你坐到书斋中间，一辈子也要让自己的生命变得伟大。陈景润一辈子没出过书斋，不也是世界上最伟大的数学家？所以，不管在什么状态下也要像一首诗写的那样"相信未来，热爱生命"。所以只有当我们的生命有了期待以后，才会有进步。有的时候，我们选择前进，不是因为我们有多么坚强。有这么一句话让我很感动，也变成了我的座右铭："坚持下去不是因为我很坚强，而是因为我别无选择。"

点评：本例是俞敏洪在同济大学的演讲，演讲稿中引用了名人故事和座右铭，丰富了演讲稿内涵，吸引了听众。

（2）制造悬念法。如果你想迅速吸引你的听众，那么在演讲开场白中制造悬念，就可以激发听众的强烈兴趣和好奇心。你可以描绘一个异乎寻常的场面，透露一个触目惊心的数据，栩栩如生地描述一个耸人听闻的事情，造成"此言一出，举座皆惊"的艺术效果。这样，听众不仅会蓦然凝神，而且还会侧耳细听，更多地寻求你的讲话内容，探询你演讲的原因。人都有好奇的天性，在适当的时候解开悬念，使听众的好奇心得到满足，也使演讲前后照应，浑然一体。

案例 3.3.5

"大家知道这是什么吗？我可以肯定地说没有人知道。"（停顿了片刻，接着说）"这是我从云南一所农村小学带回来的，我为什么要把这件东西带回来？因为这是我在拍电影时看到过的最让我惊异而且无法释怀的东西。是的，它是一件奇特的东西，它是那所小学唯一的体育器材——足球。你们看过世界上还有这样的足球吗？因为穷，孩子们买不起足球，老师就想了法子，用旧报纸和废塑料制作成了这样一个世界上独一无二的足球。至今为止孩子们已经踢坏了121个这样的足球。"

点评：本例是电影演员佟大为的一段演讲内容。他拿出一个用报纸和废塑料裹成的圆球，借此阐述了让听众无法释怀的情结，观点不言自明。从悬念的制造到揭开悬念，整个故事感人至深，强烈地吸引着听众，让人感慨万千，寄予和表达了一种深刻的思想和强烈的情感。

（3）借助修辞法。精彩的演讲必须有精美的语言包装，要想语言生动活泼，就要发挥修辞的作用。在意境方面，用比喻、夸张、设问、反问、借代等修辞手法，调剂语言韵味，让听众听得有趣；在形式方面，用对偶、排比等整齐的句式来增强演讲的气势，让听众听得振奋。

（4）故事开头法。演讲稿的开头通过故事跌宕起伏的情节，将听众引入一种忘我的境界，并将自己的思想、观点不动声色地融入故事中，起到"随风潜入夜，润物细无声"的作用，真正达到讲故事的目的。

2. 主体

主体部分是演讲稿写作的中心部分，也是决定演讲能否成功的关键部分。写作者要根据演讲对象、环境、主题、演讲者自身的特点来选择材料，确定演讲方式。条理要分明，层次要清晰，注意书面语言与口语的区别，把握好节奏感。例如莫言演讲的中间段就是很好的例证，重点讲述了几个有代表性的故事如"我记忆中最早的一件事""我记忆中最痛苦的一件事""我记得最深刻的一件事""我获奖后发生的很多精彩的故事"，让整篇演讲稿充实而不浮夸。

3. 结尾

演讲稿的结尾，力求做到简洁、明快、精彩，要善于运用感情色彩浓郁的词语，运用排比、反复、比喻等修辞手法，鼓动听众，拥有余音绕梁三日不绝于耳的功效，给人留下深刻的印象。

常见的结尾方式有总结式、展示前景式、借用名言式、哲理升华式、风趣幽默式、激励号召式、余味无穷式等。例如，诗人席慕容在上海所做的关于她的诗歌的演讲结尾就运用了哲理升华式，特别耐人寻味，见案例3.3.6。

案例 3.3.6

曾经，初相遇是怎样的一种情怀？人生若只如初见，岂不是人生最好的写照吗？也许生活就是这样的，有人说的对，得到了往往就不会去珍惜。得不到才是一种境界。或者只如初见，那种淡淡的情怀倒是让人释怀、让人坦然、让人心安。一句心灵的问候，足以让你一生难忘，我想人生这个东西，淡然一点往往会是清风明月，太过执着，则就是迷惘了，因此我情愿对于友情、恩怨、功过、得失、钱财……都看得再淡一点，情愿那初见的情节永远留在自己的梦里。

点评：这篇演讲稿的结尾用了总结式，感悟人生，深化主题，耐人寻味。

案例 3.3.7

我是一个讲故事的人。因为讲故事我获得了诺贝尔文学奖。我获奖后发生了很多精彩的故事，这些故事，让我坚信真理和正义是存在的。今后的岁月里，我将继续讲我的故事。谢谢大家！

点评：本例摘自莫言2012年12月8日赴瑞典领取诺贝尔文学奖发表首次演说的演讲稿的结尾，言简意赅，水到渠成，篇末点题。

二、演讲稿的选题

演讲稿的选题很重要。在准备演讲稿的过程中最好是将自己的生活和经历融入所要演讲的内容中，在你的生活背景中搜寻有意义的、有人生内涵经验的材料，然后汇集由这些经验汲取来的思想、概念等，根据这些准备，然后对你的题目加以深思，使你的演讲选题更为恰当，内容更为丰富和生动。

1. 明白别人想要听什么

演讲是要讲给别人听的，而不是讲给自己。这就要求写作者准备稿件时要揣摩听众心理，研究听众此时、此地最关心什么，演讲者说什么才能够产生与听众一拍即合的效果。抓住听众心理去准备演讲稿才是上策。

2. 要达到的目的是什么

哥伦比亚新闻网站的记者评价莫言说："一个个不同的故事，都彰显着获奖者的性情与傲骨。今天，莫言则用了一种最为平实的方式，叙述了自己成为'讲故事的人'的历程，简简单单，却透彻心扉。"

说话不同于写文章，文章写完可以字斟句酌，再次修改；而说话是"一言既出，驷马难追"，所以演讲要达到什么目的，就要为此目的准备材料。

3. 明白自己适合讲什么

知道自己该讲什么，适合讲什么是非常重要的。也就是说你一定要为自己的演讲做一个定位，坚信自己的特长，自己的方向，全力以赴，不宜讲你不懂的东西。赵本山将二人转推向央视，推向全国。小沈阳突破其他二人转演员的风格， 一鸣惊人，正如李嘉诚说："始终保持创新意识，用自己的眼光关注视世界，而不随波逐流。"

> **名言录**
>
> 演讲的主题犹如人的灵魂。一个人即使是有血有肉、活生生的，如果没了灵魂，也就不过是行尸走肉。
>
> ——邵守义
>
> 相信你成功，你就能成功。从今天开始为你的讲话赋予生命的力量。
>
> ——卡耐基

4. 题材的范围是什么

选好演讲题目后，下一步就是要把题目所包含的范围确定下来，并做到不越雷池一步。千万别妄想讲一个什么都包含的话题，那是徒劳无益的。生活中我们会发现很多演讲，都是因为不确定范围，涵盖了过多论点与内容，头绪烦乱，语无伦次，结果无法吸引听众的注意力而导致失败。

三、演讲稿的写作技巧

作为演讲者要想演讲吸引人，除了要具有一定表达、沟通能力外，还要掌握演讲稿的写作技巧。

1. 立意深刻，主题突出

著名演讲学家邵守义认为演讲讲人也好，叙事也好，论理也好，都不能停留在表面现象，应该挖掘出事物的本质。演讲稿的写作要充分挖掘材料，使演讲的立意达到一个深度，突显演讲的社会意义，主题突出了，立意深刻了，自然就能引发听众反思，实现最佳的演讲效果。

案例 3.3.8

经济学家郎咸平在《最后的橘子》演讲中这样讲道："《最后的晚餐》是达•芬奇的名画。画中人们所吃的晚餐里面有橘子。为什么这些画家们对橘子如此钟爱呢？原来，当时的罗马还没有种植橘子。对于当时的罗马人来说橘子是难得的'洋水果'，在餐桌上摆上一盘橘子，就显得非常有'范'。因此画家们都要把这种难得的'洋水果'画下来。越是没有就越要画，在画中出现的频率越高。现实中这样的事情也很多，越是粗俗的暴发户，就越喜欢把自己的书房填得满满的；越是穷困的地区政府，越是喜欢修建一些华而不实的建筑，以彰显自己的政绩。"

点评：本例中的演讲，郎咸平通过名画中的橘子引申得出人生的大道理，触动听众、读者的心灵，立意深刻，主题突出。

2. 深挖材料，厚重演讲

通过挖掘材料，将听众引入一个意想不到的境界中，给人一种眼前为之一亮的感觉。要注重从横向、纵向、深入地对材料进行挖掘。用智慧的语言碰撞出思想的火花。于丹有一篇演讲稿，题目为《向香港看齐》，案例3.3.8引用了其中一段。

案例 3.3.9

去了一趟香港，感触颇深。你打出租，方向反了，司机待你上车后，一定会调过方向才把计程表打开；你想打车去一处景点，但其实距离很近，出租车司机就会告诉你离这里很近，你走走好了。你去茶餐厅吃早点，服务生会劝你少要点心；买化妆品服务员会劝你如果不是给人带买多了用不完会过期的。

点评：这些材料看似平常，但是让我们与于丹一同感受到国人应该"向香港看齐"，同样的事情在内地可能会有不同的结果。这样的演讲材料看似平常，但挖掘起来就觉得很深，给人一种厚重感。繁华的香港背后是有人文内涵的。

3. 有诗有歌，有情有意

演讲稿的写作其中一个重要的特征就是抒情性。通常采用间接抒情，融情入物，融情入景，融情入事，融情入理，这样才容易被听众接受。

名言录

人际交往没那么复杂。它不需铿锵的慷慨陈词；不需华丽的辞藻堆砌；也不需要太多的信誓旦旦。它只需要一颗纯洁的心。

——罗曼·罗兰

案例 3.3.10

你实际上是在问我，经常读什么书，思考什么问题，究竟是一个怎么样的人。那么，我引用下面的诗章来回答你的问题。一副对联，"身无半亩，心忧天下；读破万卷，神交古人"；屈原《离骚》中的诗句，"长太息以掩涕兮，哀民生之多艰"；郑板桥的《竹》，"衙斋卧听萧萧竹，疑是民间疾苦声"；宋朝张载的座右铭，"为天地立心，为生民立命，为往圣继绝学，为万世开太平"；艾青的诗句，"为什么我的眼里常含泪水？因为我对这土地爱得深沉"。

点评：本例是2006年11月13日下午时任国务院总理的温家宝参加中国文联与作协大会演讲时讲述的一个故事，说英国《泰晤士报》记者曾经采访他，问其晚上经常读什么书？掩卷以后，什么事情让其难以入睡？这个问题回答起来很困难。演讲者引用诗文，有情有意，有理有据地回答了问题，委婉含蓄，演讲效果极佳。

名言录

因为缺少自信而不敢说，那你要对自己说"Yes we can"，要像海子一样敢于"面朝大海"定会"春暖花开"。

——佚名

4. 讲究技巧，表达有方

要使演讲稿的立意深刻就一定要讲究技巧，通常可以采用开宗明义法、一语定旨法、反复申诉法、卒章显志法、正话反说法，等等。

案例 3.3.11

女士们、先生们、领导们、各位首长：

下午好！

站在这儿，比较紧张。我是云南保山市腾冲县和顺镇的代表，我是和顺镇驻北京办事处的副处长，我叫崔永元，谢谢大家！

我们前面介绍的这几个小镇，我看被评为魅力小镇，绝对是名不虚传，特别是北极村、宏村、西递村我都亲自去过，比我们和顺镇确实强很多。来之前我也打退堂鼓，我跟乡亲们说，那些地方我都去过，比我们和顺确实更有魅力，我们就不要参加这个评比了。后来乡亲们说："去说说吧！哪怕说说咱们的缺点，学学别人的经验，这也是一个难得的机会。"那我现在就在这儿直言不讳、实话实说，说说我们和顺的缺点和弱项，希望其他的魅力小镇能给我们帮助。

和顺有很多不足：第一是历史太短。和顺小镇只有 600 多年的历史，比美国的历史才长 400 多年。

第二是开放太早。和顺早在 400 多年前就已经开放了，当时乡里人就走出了国门。

第三是和顺镇的人都不务正业。因为这地方是以农业为主的，大家应该是种田。但是经常是放牛的老人清晨上了山，把牛放在山上吃草，自己却到图书馆去看书。

农民家里最多的可能是农具，但是在我们镇上，家家都有文房四宝。他们不务正业我觉得和他们爱看闲书有关，这已经有几百年的历史了。在 20 世纪 20 年代，我们和顺就有了图书馆，有了集邮社；在 20 世纪 30 年代，就有了音乐社、话剧社、足球队和篮球队；20 世纪 40 年代，他们演出了曹禺先生的《日出》、郭沫若先生的《孔雀胆》，到今天剧照还完整地保留着。

因为读书读得多，就读出了很多奇奇怪怪的人，比如有一个人大家都知道叫艾思奇，他写了一本《大众哲学》，他就是我们和顺人。他把哲学带到了延安，毛泽东主席还写信向他请教，你说有这个时间挣点钱多好呢！还有张宝廷先生，他是翡翠大王，大家见到的翡翠，都是由他在缅甸发现、加工、制作，卖到北京、上海、广州、香港的。

这是我们和顺乡 1946 年自己出的报纸。（边讲边出示实物）这是毛主席任命人民政府委员时发的，这是他的签名，这是他的通知书。这是当年建公路时候的股票。这是在上海和香港住店的发票，到现在还没有报销。这是和顺乡自己办的刊物，1936 年出的第一期，到今天还在出。这是当时的通行证，这是出国必看的一本书，叫《青年宝鉴》，我念四句，结束我的演讲：

百岁光阴有几何，何须苦苦营谋。

莫与儿孙做马牛，以免东失西走。

乡亲们说，我们评不上魅力小镇没有关系，但是希望魅力小镇最后的颁奖仪式在我们和顺举行，乡亲们想看一看，到底中国还有哪个小镇比我们和顺更有魅力。[1]

点评：本例是 2005 年"中国十大魅力古镇"的评选，央视著名主持人崔永元代表云南保山市腾冲县和顺镇出场。按常理，代表们应该极力夸说本小镇绝对有优势，其他魅力小镇的参选者也正是这样做的。而崔永元不同，他上来就说和顺镇不如其他小镇，到这里来主要是说己方的"缺点"和"弱项"、学习别人的经验的。然而实际上，他所说的和顺镇的三个"缺点"，无论是历史太短、开放太早，还是不务正业，恰恰是别的地方所没有的，是和顺镇的宝贵财富，也是和顺镇的巨大魅力。崔永元的演讲《话说和顺》就是一篇成功运用正话反说的技巧写作的演讲稿。

---

[1] 选自《演讲与口才》2007 年第 3 期（有改动）。

5. 幽默智慧，妙趣横生

作家林语堂说："幽默是人类心灵舒展的花朵，它是心灵的放纵或者放纵的心灵。"他自己在一次演讲时就说过这样幽默的话："男人讲话要像少女的裙子，越短越好。"莎士比亚曾说："幽默和风趣是智慧的闪现。"2000 年 10 月 14 日朱镕基接受东京广播公司（TBS）采访时一位女大学生提问："我正在学中文，听说中国人都喜欢唱歌。总理最喜欢什么歌？能不能唱一段？"朱镕基说："我最喜欢的是中国的国歌。如果我现在要唱的话，你们都得起立，我想我还是不唱了。"

要点总结

文	开场白定要精彩	幽
学	中间个性化故事	默
色	结尾要耐人寻味	智
彩	条理清楚趣味浓	慧

指点迷津

怎样的演讲算是成功的演讲

一、追求真、善、美，摒弃假、丑、恶。

二、展现演讲者的人格魅力。

三、演讲观点的共鸣性。

四、悟出哲理，启迪人生。

五、充分调动听众的积极性、强化演讲主题。

六、激励他人，鼓舞自己。

【感悟升华】

一、多项选择

演讲稿常见的开场白方法有（　　　）

A. 引经据典法　　B. 制造悬念法　　C. 故事开头法　　D. 表情达意法

二、判断题（对的打"√"，错的打"×"）

演讲稿的写作技巧包括：

1. 立意深刻，主题突出。（　　　）

2. 深挖材料，厚重演讲。（　　　）

3. 说明为主，注重描写。（　　　）

4. 讲究技巧，表达有方。（　　　）

三、实践训练

1. 概括下面这段讲话稿的主题。

2012 年 12 月 10 日，莫言在瑞典领取了诺贝尔文学奖。他的作品并非鸿篇巨制，但亲人们的故事，童年的影子，天马行空的幻想，都被这一热爱"讲故事的人"写进了小说，他用最平实的方式，进行着"中国式思考"。著作一度售罄，家里的萝卜被拔光，老家要为他建纪念馆……诺贝尔奖使莫言晋升为"名人"。而如今获奖后的莫言拒绝被"符号化"，盼望回归平淡生活，继续文学创作，依然做一个"农民的儿子"。

2. 结合当今社会讨论的热点话题，写一篇课前 3 分钟的演讲稿，在班级进行演讲。

3. 以"实现中国梦，青春勇担当"为话题，做命题演讲，要求主题突出，运用一定的演讲技巧。

第四章 信息文书写作

我们生活在一个咫尺天涯的时代，但空间的距离并没有使彼此感觉遥远。微信鸿雁传书的浪漫，QQ聊天的亲切，网络"围脖"编织的快乐，所有这些都成为传递信息、沟通情感的风筝。这种快餐式的文化正影响着我们的生活、工作和审美情趣。复杂而艰辛的写作过程瞬间简化为"举手之劳"，让我们感受到语言文字特有的魅力，分享着信息时代的快捷。

感谢这个时代，让我们用如此便捷的方式化解心中的情结，放松精神，宣泄情感。在微博中反照自我，提升自我；在"海报""启事"中获得信息。将真切的祝福留给远方的你、我、他，此中的快感相信每个笔走龙蛇的人都深有体会。储存纯真，储存至诚，储存感动，让我们一道编辑世界论语。

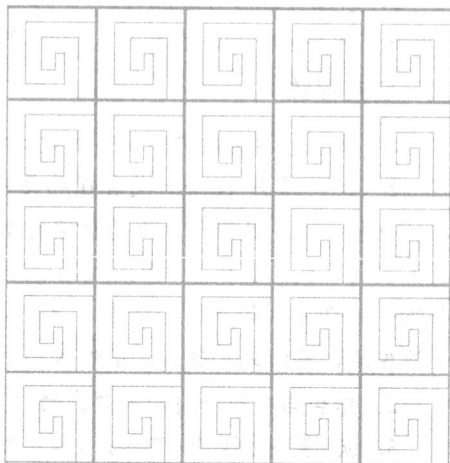

烛光导读

第一节 海　报

【学习目标】

知识目标：了解海报的由来；掌握海报的写作特点。

能力目标：能够设计出图文并茂的、富有创意的海报。

【案例 4.1.1】

城市热读传统文化 **中国美的历程** 主讲嘉宾：张立华（长春市城市热读公益讲座特聘嘉宾） 主讲内容：中国美是一个整体的概念，它不是美在中国的夜郎自大，也不是"中国"加"美"的概念解读。它是一种用独特的形象化的思想语言，带你穿越两千年的历史风尘，一起品味沉鱼落雁的女性之美，一起领略英俊伟岸的兵马俑的男性之美。在中华民族历史风尘中带你一起寻找美丽精神。 主办单位：×××× 时　　间：2013 年 7 月 25 日 地　　点：××××301 室 联系方式：××××××	**标题**：引题交代讲座的意义，正题揭示讲座的主要内容。 **正文**：省略前言。 **主体**：交代主讲人，主讲内容，引发读者的思考，彰显主办方的文化理念。语言精美，富有内涵，充满艺术氛围。这是一篇文化讲座海报。 **省略结尾**。 **落款**：交代讲座主办单位、时间、地点、联系方式。

　　海报是为了达到报道、广告、劝喻、教育的目的，或用来完成一定的宣传、鼓动任务而写作的或配有一定图画的一种应用文体。海报运用普遍，被称为瞬间的街头艺术。海报通常张贴于街道、影剧院、展览会、商业闹区、车站、码头、公园等公共场所。

一、海报的特点

　　从内容和形式来看，海报具有如下几个特点。

　　（1）图文并茂。海报通常张贴在公共场所，具有在众多的画面形式中比较突出的视觉感受。写作者以及设计者，通常会根据实际需要，确定海报画面形式大小、色彩浓重，满足人们在公共场合远视的需要，而且要清晰可见，同时添加适合突出主题的语句或语段。

　　（2）创意独特。海报是以在公众场合曝光为目的。这就要求写作者以及设计者在制作海报时，要富有个人的见解与创意，能够用最经济的版面、最有宣传效果的画面、最少的语言，实现突出海报主题，扩大海报宣传的目的。

　　（3）艺术升华。海报的画面以及文字的艺术性非常重要。因为海报要靠画面、文字吸引顾客或观众，如何才能给人留下深刻的印象，达到突出表达海报主题的作用就显得尤为重要了。无论是简练的视觉流程设计，还是留白的艺术手法的处理，以及强烈反差色彩或者和谐色彩的运用，都能使海报作品的艺术性得到升华。

二、海报的分类

依据内容的不同，海报包括如下种类。

（1）公益海报。通过画面和文字表现海报的主题，丰富人们的生活和精神领域的海报就叫公益海报，如"尊重生命，吸烟有害"。

（2）政治海报，传播政治思想，提高人们的思想觉悟的海报就叫政治海报，如"红色记忆，喜迎国庆"。

（3）文体海报，传递文化、体育信息的海报就叫文体海报，如运动会海报、音乐节海报、电影海报等，如"2013首都剧场精品剧目邀请展演"。

（4）商业海报，通过宣传商品或商业活动信息，获取经济利益而制作的海报就叫商业海报，如"正宗烤鸭在哪里，请您快去全聚德"。

三、海报的设计要素

海报的设计通常包括以下三个要素。

（1）文字要素。文字要素能够起到说明的作用。

（2）图案要素。海报是视觉艺术，可以通过图案产生强烈的视觉效果。

（3）色彩要素。海报的色彩要素非常重要，颜色的使用有时还会让海报具有象征性。

四、海报的写作

海报的写作通常包括如下内容。

（一）标题

依据海报内容、画面形式特点，海报的标题可以灵活拟定。

单行标题。①以文种作为海报的标题，居中直接写"海报"两个字；②以活动信息作为海报标题，如"刘欢五棵松体育场个人演唱会"；③海报内容＋描述活动内容语句，以此作为海报标题，如"幽默戏谑的《新编辑部的故事》东方卫视即将播出"。

双行标题。①正题＋副题。正题揭示海报的主题，副题是海报内容的提要，如"韩红用歌声叙写生命——《天路》唱响人民大会堂"；②引题＋正题。引题交代活动的意义，是为引出海报的正题服务的。正题揭示海报的主题或主要内容。例如"纯正英式法庭，舞台激辩震撼人心——上海话剧艺术中心《原告证人》"。

（二）正文

海报的正文包括前言、主体和结尾三部分。

1．前言

前言概括说明海报活动的主要内容、背景、依据以及意义，如"根据当年留苏学生的要求，中国美术馆举办了《难忘的岁月，珍贵的记忆——留苏学生美术作品展》"。但不是所有的海报都必须有前言。

2. 主体

海报的主体部分要突出海报相关活动的主题、主要内容，还要交代活动要素，活动参加办法、主办单位名称等。主体部分写作比较灵活，依据内容确定形式。不论采取哪一种形式，都要求海报所写文字、所涉及的内容应该是真实的。

通常有如下几种写作形式。

（1）概括式。概括式是以简短的语言，高度概括海报的主要内容，例如话剧《资本论》的海报的主体部分就采用了概括式。

案例 4.1.2

资本是天使，资本是魔鬼。资本能让我们一步登天，也能让我们落入万丈深渊。灵感来自马克思《资本论》，现实源于美国华尔街金融危机。

点评： 本例正文的主体部分，用最少的语言，高度概括了话剧《资本论》的主要内容，揭示该海报的主题。

（2）条文式。条文式是指条理清晰地介绍海报活动内容、时间、地点、活动方式、注意事项。

案例 4.1.3

《王府井》演出出品：人艺实验剧场。制作人：×××。主演：×××。演出时间：××××。演出地点：北京人民艺术剧院。

点评： 这一案例条分缕析地交代了海报的主要内容，同时写清了与该海报内容相关的具体活动时间、地点等相关内容，让人一目了然。

（3）短语式。短语式是指用最简短的语句突出海报的主题或主要内容。

案例 4.1.4

话剧《活性炭》温馨四溢，感人至深，真诚面对，抚慰心灵，像活性炭一般"净化心灵"。

点评： 本例用最简短的语言交代了海报的主要内容，揭示了海报的主题，语言简洁，让人过目不忘。

3. 结尾

结尾处要写明海报所涉及的相关活动的具体时间或特别的要求如"活动仅限三天"等。如果在开头有活动时间等内容了，结尾处就可以不写。

> **要点总结**
>
> 前言：活动背景、意义、依据；
> 主体：活动的主题或主要内容；
> 结尾：活动的具体时间、地点、联系方式等。

（三）落款

海报的落款包括海报活动的主办单位的联系方式、网址，活动地点等。

经济应用文写作

【案例4.1.5】

圣诞童话《胡桃夹子》
中国芭蕾舞剧团演出

原创：德国霍夫曼《胡桃夹子和鼠王》

编导：马里乌斯·彼季帕、列夫·伊万诺夫

作曲：柴可夫斯基

改编：赵明

剧情梗概：每年圣诞节来临之际，世界上所有的芭蕾舞团几乎都要演出几十场著名的芭蕾舞剧，《胡桃夹子》是世界最优秀的芭蕾舞剧之一。圣诞节，女孩玛丽得到一只胡桃夹子。夜晚她梦见这只胡桃夹子变成了一位王子，领着她的一群玩具同老鼠兵作战，后来又把她带到果酱山，受到糖果仙子的欢迎，享受了一次玩具、舞蹈和盛宴的快乐。《胡桃夹子》表现的是无忧无虑的儿童世界。中国芭蕾舞剧团总导演赵明把故事的发生地改成北京胡同内，一位西方客人到中国古董商家中做客，送给主人家孩子一个胡桃夹子，由此引出一段富有童话色彩的故事。剧中将会出现扇子舞、丝绸舞等具有中国特色的舞蹈段落。欢迎前来观看演出。

演出时间：2010年12月25日——晚7:30

演出地点：北大百年讲堂

票价：500元、100元，学生票50元

订票电话：××××××

标题： 正题揭示海报的主要内容，副题交代演出单位。

主体： 这是一篇演出海报。交代与本剧相关的内容：原创、改编、作曲，剧情梗概，以此来吸引观众、读者。海报活动内容具体而清晰。凸显文化品位，可谓视觉盛宴。

结尾： 以"欢迎前来观看演出"做结语。

落款： 明确交代演出时间、地点以及票价、联系方式，收束全文。

【案例4.1.6】

女人佳节给佳人最贴心最贴胃的美丽
南方女人黑芝麻糊

这是一篇成功的商业海报。海报的主题突出，商业目的明确，海报的短语以及整个画面给人一种温馨的感觉，不像在做广告，好像是在关心女性的美丽与健康。海报中所能看到的字数有限，"南方女人黑芝麻糊"表明了商品的品牌，"根据女性营养需求设计"突出了该产品的性能特点。"女人佳节给佳人最贴心最贴胃的美丽"，这些语句在整个画面中具有扩大商品宣传、渲染气氛的作用，达到了商业海报的目的。"广西容县南方食品股份有限公司"这句话起到了强调生产厂家的作用。

【感悟升华】

一、填空题

1. 海报主体部分的写作方法有（　　　）、（　　　）、（　　　）。
2. 海报的设计要素通常包括（　　　）、（　　　）、（　　　）。
3. 常见的海报种类包括（　　　）、（　　　）、（　　　）。

二、实践训练

1. 完成任务单 4.1 所给的任务。
2. 结合校园生活开展系列海报制作，要求自己独立完成，作品完成后讲评自己设计的海报。在图书馆展览厅展出优秀作品，并评奖。

任务单 4.1

海报项目任务单

项目名称	商业海报创意设计公司		班　级	
学习小组			组　长	
小组成员			完成时间	
布　置　任　务				
任务描述	海报已经成为当下人们从事商业文体活动所不可缺少的传递信息的工具。它也成为了商家更好的促销方式及手段。这其中一定有许多成功的经验，也必定存在许多问题。为了同学们能更好地了解市场，为商家提供扩大销售、影响舆论的媒介，也为未来在市场营销中有更好的业绩，特委托同学们与本专业所学知识联系在一起，为你所熟悉的某一商品或某一商业活动设计一份海报。组建商业海报设计与创意公司，设经理 1 人，秘书 1 人，文员 3～4 人。公司经理组织完成如下工作： 　　1. 确定并深入研究海报对象； 　　2. 进行写作与设计前的准备，对本次活动做出详尽安排； 　　3. 进行网络信息的搜集与整理； 　　4. 进入海报的撰写设计阶段。			
完成形式	制作一份商业海报、选派公司秘书用 PPT 以演讲的方式讲述作品。			
具体要求	选定商业对象			
	海报主题基调			
	其他要求	1. 能明确提供生活中的商业信息； 2. 涉及的活动时间、地点、联系方式要清晰、准确； 3. 能准确生动形象地使用一定的文字揭示海报的主题或意义； 4. 色彩、图画要根据海报主题来选择，插图要温馨、吸引人。		
资讯引导	1. 观看张艺谋电影，学习色彩搭配知识； 2. 用网络搜索引擎查找并欣赏电影《非诚勿扰》的海报，借鉴成功的经验； 3. 用网络搜索引擎查找欣赏《黑芝麻糊》系列海报，为写作海报提供灵感； 4. 用网络搜索引擎查找了解生活中的色彩知识。			
学生互评笔记				

教师评语笔记	
完成任务总结	谈谈商业海报制作过程中遇到的困惑以及感悟。

注：本任务单只用于读者完成任务中做笔记使用，完整任务单见本书配套资料。

第二节　启　事

【学习目标】

知识目标：了解启事小文种的大作用；明确启事的种类。

能力目标：掌握启事的写作技巧；学会运用启事为生活、学习、工作服务。

启事，拥有悠久的历史，现代意义的启事是公开向人告白事情的一种应用文体。社会的进步和发展，工作节奏的加快，人们交往越来越频繁，启事也成为人们沟通交流常用的一种应用文体。把"应启之事"告之于众。人们非常形象地把启事比喻为现实生活中传递与交流信息的"轻骑兵"。

【案例 4.2.1】

××银行××省分行 2014 校园招聘启事

××银行××省分行是××省的一级分行，各项存款、贷款、中间业务收入、利润均居省内同业第一，连续多年获全国金融系统文明建设先进单位等荣誉称号。××省分行竭诚欢迎优秀青年加盟，携手共创美好未来！

一、招聘条件

（一）具备良好的政治素质、优秀的思想品德、较好的仪表气质，身体健康。具有较强的学习与沟通能力及良好的团队协作精神。

（二）全日制普通高等院校 2014 年应届本科及以上学历毕业生，并获得国家认可的就业报到证、毕业证和学位证。

（三）具有良好的英语沟通能力。熟练使用计算机办公系统软件。

（四）以经济、金融、管理专业为主，适当招收理工科等专业学生。

二、招聘岗位及程序

银行前台工作人员若干名。

（一）报名。统一采取网上报名方式。具体报名时间为××××年×月×日。

（二）简历筛选。根据招聘条件、报名人数等对应聘者简历进行筛选。

（三）笔试。总行将组织统一笔试。

（四）由我行统一组织实施面试、体检及录用。

标题：发布启事的单位、启事的具体内容、种类。

开头：概括地介绍招聘单位。

主体：明确招聘条件、招聘岗位、程序。

结尾：联系方式。

三、联系方式

电子邮箱：×××××× 联系电话：××××××

启事的公开告白有两方面的意义。一是在告白对象无法确定具体人，或已确定具体人但不知此人身在何处的情况下，可通过公开告白形式使告白对象闻讯；二是有些事情的告白虽有具体对象，但告白人有意将告白的内容广泛地面向社会大众。

"启"即告知、陈述的意思。启事是十分常见的告知性应用文，是国家机关、社会团体、企事业单位或个人，有事情需要公开说明，或请求大家援助、支持或协助办理与参与，用简明的文字公之于众的一种应用文体。简言之，即公开地陈述事情。

一、启事的种类

启事的种类繁多，划分的标准不同，种类就不同。

（1）征招类启事，包括招聘、招生、招标、招商、征集、征婚、换房启事。

（2）寻找类启事，包括寻人启事、寻物启事等。

（3）声明类启事，包括遗失证件、支票，发启事告白社会有关方面，声明作废。这类启事包括作废、迁移、更名、更期、更正、开业启事。

（4）公布类启事，包括张贴启事、报刊启事、广播启事、电视启事。

（5）鸣谢类启事，是指受别人祝贺、援助、恩惠之后，往往要表示谢意，用启事公开道谢，也兼有表彰之意。

二、启事的结构形式

启事的结构一般包括标题、正文和落款三部分。

1. 标题

标题一般标明启事内容，如"征婚启事""遗失启事"等；也可只写文种"启事"或只写"招工""换房"等。

2. 正文

正文包括前言、主体、结尾。标题下一行空两格开始写正文。

前言主要交代写作启事的目的、缘由。

正文的内容一般包括目的、意义、原因、要求、特征、待遇和条件等。如果内容较多，可分项逐一写明，有些关键的地方连细节都应写清楚。

结尾通常表明写作者的希望或态度。可根据启事内容的需要，决定是否写结尾。

3. 落款

正文右下角处具名，写日期。

三、启事的写作技巧

启事的种类繁多，但每一种类都有自己的写作技巧与方法，具体如下。

招工招生启事。这类启事应重点写招工、招生的原因、地点，应带上相关的证件以及招收的方法（面试、笔试）等。招聘启事与这类启事并无大的区别，只是对象不同，大多为专业技术人员，条件相对高一些，待遇较优厚。

经济应用文写作

征文征订启事。这类启事应写清征文的目的、主要内容、具体要求、截稿时间、投寄方式、出版形式、如何奖励等。征订启事要写明征订报刊书籍的性质、内容、特点、价目、征订单位及截止时间等。

寻人寻物启事。这类启事主要写明要寻找的人或物的基本特征、丢失的时间与地点、联系的地点与电话号码、对协助寻找者的酬谢等。

更名权利启事。这类启事主要说明更改名称的原因、更改名的全称、更改名称后的服务宗旨及业务范围等。若是经济实体，还要写明更改名称单位对债权和债务的权利与义务等。

【案例 4.2.2】

招商启事

由××商业大厦与××贸易公司联合成立的中东商城，位于××市繁华的商业黄金地段——台北大街 27 号。

中东商城，是我市唯一一家经省工商行政管理部门批准的以"无假货"注册命名的商城，在整个经营管理过程中以贯穿"货真价实，真诚服务"为理念，勇于创设新型商业企业。首批招商将各挑选 10 家生产金银珠宝、真皮制品、国际名牌化妆品、羊绒制品、真丝制品、烟酒食品、家用电器的企业入驻，真诚地希望各商家与我们联系。

地址：×××××　　　　　邮编：××××××

联系电话：××××××　　　联系人：××

> 这是征招类启事中的招商启事。
>
> 本文重点突出，目标明确。启事的前言明确交代招商单位的具体位置，正文部分交代招商启事的具体事项，以"欢迎联系"为结尾，表明态度。
>
> 落款处表明了具体的联系方式、联系人等。

【案例 4.2.3】

毕业生就业洽谈会启事

××市定于××年×月×日，在××市棉城小学举办集体大型人才市场大、中专毕业生就业洽谈会，欢迎国内外有志于××建设的各类专业技术人才和大、中专毕业生及科研成果拥有者等到人才市场应聘、择业。

邮　编：××××××　　　联系人：××××××

联系电话：××××

> 这是一个公布招聘信息会的公布类启事。
>
> 开门见山交代什么单位、在什么时间、地点，举办什么活动。内容明了，格式规范。
>
> **落款：** 交代联系方式、联系人。

【案例 4.2.4】

服装设计大赛征稿启事

为了提高服装设计水平，自即日起向全国征集服装设计稿。

（一）参赛内容：服装（包括针织、梭织服装，裘衣服装等）。

（二）征稿要求：个人参赛最少四款一系列服装；团体三个以上集体参赛，数量不限。

（三）作品要求：简洁、高雅、庄重。来稿交 8 开彩色效果及 1：5 比例裁剪图（附设计思想，面料小样）。

（四）投稿办法

（1）投稿截止日期：2013 年 12 月 30 日（以邮戳为凭）。

> **标题：** 征稿启事，表明内容、种类、文种。
>
> **前言：** 交代征稿目的，引出下文。
>
> **主体：** 这部分明确征稿具体要求，以及投稿方式。

（2）注明姓名、单位、详细通讯地址、邮政编码。

（3）报名和收稿地址：×××服装协会转××国际时装节服装设计大奖赛办公室。

邮政编码，××××　　　　　　联系人：×××　　　　　　结尾：交代联系人、联系电话。

电　话：××××××

文化长廊

博士夫妇报纸登结婚启事　称传统婚礼像演戏

　　据 2010 年 10 月 2 日《华西都市报》报道（记者罗琴、陈黎）　在相亲节目红火的今天，"征婚启事"遍布报纸杂志，但您在报纸上看到过"结婚启事"吗？昨日，一则用文言文写就的"结婚启事"刊登在 2010 年 10 月 1 日的《华西都市报》第 9 版上，引人注目，全文如下：

　　"胡国宁与孟非业已在蓉登记结婚。频年奔于理想，未遑家室。今携手共奠事业之基，同享人生之味。谨此敬告，并谢众亲友挂念。宴省不柬，尚希曲谅。"

　　"好多年没见过报纸上印的结婚启事了！"有读者打来电话表示佩服，赞赏这种有个性的"裸婚"行为，也有读者直接打电话询问登报价格和流程，想要效仿。

　　其实早在 1924 年 11 月 17 日，上海某报刊就曾经刊登了一则类似的启事。"自一九二四年十一月十八日起，我们正式结合，确定恋爱关系。"这是《瞿秋白与杨之华结婚启事》。

【感悟升华】

一、单项选择

"启事"当中的"启"和"事"的意思就是（　　　）。

A. 启，即"启发"；事，"事情"之意。意思就是受启发于人。

B. 启，即"开启"；事，"事情"。意思就是因事受启发而告诉他人。

C. 启，即"启告"；事，"事情"之意。"启事"的意思就是有事要启告于人。

D. 启，即"启动"；事，"事情"。"启事"的意思就是有事要开始做。

二、实践训练

1. 屈臣氏酒窖有限公司财务部最近业务繁忙，大量的财务凭证、公司各种发票需要整理，财务部各种工作需要审核协调，目前需要招聘工作细致、条理清晰、沟通协调能力好、责任心强的大专或本科会计专业的学生前来实习或工作。工作地点在××市××区××路××号万达国际广场。

请你根据上述内容为该公司写一份招聘启事。时间为 2014 年 3 月 16 日。要求启事内容完整，条件具体明确，格式规范。

2. 为某公司更名，写一份刊登在报纸上的"更名启事"。

3. 病文修改。修改下面这则启事，并说明理由。

广州××音像诚聘业务助理：数名，大专文化，懂电脑操作，能熟练运用 OFFICE 办公软件（限女性）。业务代表：数名，熟悉音像市场，有音像业工作经验者优先。有意者请带个人简历亲临面试。联系人：××电话：××××××

第三节 手机短信

【学习目标】

知识目标：了解什么是短信文化；理解手机短信的内涵、特征。

能力目标：掌握手机短信写作艺术；学会依主题编写短信；培养学生与人沟通的能力。

案例 4.3.1

不知何时手机短信帮了爱情的大忙，爱情短信在手机短信中占有相当的比例。人们想尽一切办法让爱的宣言变得品位十足，于是中国古代诗词曲赋都成为爱情短信的写作素材。如南唐后主李煜的《相见欢》被人改成"夜深关了霓虹，太匆匆，怎堪朝来寒雪晚来风。无奈泪，相留醉。几重时？自是人生长恨水长东！"这首词成了爱情短信的典范。南宋诗人林升的《题临安邸》也被人修改为爱情短信："山外青山楼外楼，爱你永远没尽头；秋风吹得我陶醉，想你念你真受罪；对你情深意似海，真情永远放光彩；只盼牵着你的手，幸福甜蜜永相守。"

这样的改用确实增添了短信的文学色彩，但要考虑对古代文人和古代文化的尊重，一定不要让高雅的文化变得低俗。所以短信的写作要讲究写作的艺术与技巧。

写作史上并不缺少表情达意的媒介，但是短信写作还是应运而生了。唐代诗人李中在《碧云集·暮春怀故人》中写道"梦断美人沉信息，日穿长路倚楼台"。那个时代没有手机，不知这一信息要等到何年。如今人们常说"有空发短信给我"，已成为司空见惯的一句话，短信被称为"第五媒体"，成为人们传情达意的工具。短信文化也被人们称为"拇指文化""拇指经济"。

自 1992 年世界上第一条短信在英国诞生，手机短信以迅雷不及掩耳之势在全球快速发展。2000 年短信业务在中国也获得了始料未及的成功。手机短信的互动，促生了一种新型的语言交际形式，彻底改变了人们日常生活中的联络方式，使得人与人之间的信息交流变得更直接、更简便、更开放。网上交友、阅读、点歌、购物、传递祝福、分享趣事、查询资讯已成为百姓生活的一种习惯，成为人与人沟通情感的重要手段之一。小文种却孕育着大内涵。

一、手机短信的写作特点

手机短信的写作成为呈现现代人生活的一种方式，通过它来传递信息、释放情感。它被人们誉为"空中语言"。手机短信具有如下特点。

1. 言简意赅

现代人时间和精力都十分有限，人们不可能有太大的兴趣去阅读长篇大论式的手机短信。无形中树立起一个潜规则，要求短信传播者要精心组织文字，追求只著数字而尽得风流的审美境界。哪怕用一词一字，用几个标点符号，只言片语，只要能充分地表情达意，能完成交流和沟通任务就可以了。

案例 4.3.2

以粗茶淡饭养养胃，用清新空气洗洗肺，让灿烂阳光晒晒背，找群朋友喝个小醉，像猫咪那样睡一睡，忘却辗转尘世的累，祝你天天快乐！

点评：这条短信包括标点在内一共 60 个字，奉劝朋友好好休息，别再为工作拼命。文字不多，却充分地表达了情意，满足了人们的感情需求，文字优美。真可谓方寸之间尽得风流。

2. 幽默风趣

短信是作为一种娱乐休闲的沟通方式出现的，幽默风趣是短信语体的突出特点。现代人生存压力越来越大，这种压力郁结于心，需要释放，需要发泄。借助短信开怀大笑，表达对未来的美好设想，对轻松生活状态的期盼，促使中国人的幽默感与日俱增，并且在充满个性化的短消息中得以体现。因此，幽默短信成为人们的"新宠"。

案例 4.3.3

亲情——连环短信六则（台湾）

一、儿子写给妈妈

妈！我今天不回家吃晚饭，明天也不会，后天更不会。我一次说完，你就不用每天打电话到公司来问了。别忘了！我已经三十岁了。

二、妈妈回给儿子

我保证从今以后不再啰唆，今天明天跟后天都不再问。但是，大后天呢？难道大后天也不回来吃饭？三十岁又怎样！三十岁以后就成仙不用吃饭吗？

三、女儿写给妈妈

妈！面条下锅前，要不要等水滚开？请到台中来示范一下吧。

四、妈妈回给女儿

你哥哥说他已经三十岁，不再回家吃晚饭。你快二十八岁了，却为了下面条，叫我千里迢迢南下台中去示范！我命苦啊！怎么生出两个这样奇怪的小孩？

五、妈妈写给爸爸

亲爱的！儿子无情，不肯回家吃饭。女儿无能，连下个面条都不会，看来今后只能和老伴你相依为命了。早上买了一条黄鱼，你想怎么吃？红烧？还是干煎？

六、爸爸回给妈妈

别无聊了！自己做决定吧！我五分钟后得开会，这可是关系到几千万的生意！万一生意泡汤，到时候，我们就真的只能吃炒鱿鱼了。

（节选自《写给语文老师的书》，中国青年出版社，2007 年，廖玉蕙）

点评：这是一篇充满个性化的短消息。儿子与母亲的对话形成第一层趣味；女儿与母亲的对话形成第二层趣味；母亲发给父亲的短信，不料父亲的回复让人啼笑皆非，语带双关，妙趣横生，形成第三层趣味。

3. 灵动创意性

短信的语言是灵动的思绪，它创意丰富，联想翩跹。语言的自由随意性，材料的丰富性，使得短信轻舞飞扬。短信语言形式的"新"与"奇"是"拇指一族"刻意追求的表达效果。

短信由于减少了外来的束缚，发挥了作者的自主性，构思上更精巧，行文上更活泼，个体语言更富创造力。与其他语言相比在语音、词汇、语法和修辞上具有创新之处。例如台湾手机短信大赛获奖作品"想我，响我"，两个标点四个字，获得情书短信大赛头等奖。"妈，我去相亲，你去体验，当作交换条件，公平吧"，这条获奖短信作品极富创意，短短不到 20 个字的家书短信获得 7 万元的奖金。

4. 迅捷即时性

传统文学从创作到发表，每每伴随着一个长而复杂的过程和周期，而手机短信的写作者需要迅速抓住对方需求，并使其快捷地获取自己想表达的信息，同时还要给对方做出及时回馈的机会和可能性。正是由于对快捷的追求，手机短信才变得如此简约和通俗浅显，形成了迅捷即时性的特点。

5. 广泛实用性

收发手机短信，就图它方便、实惠。这可能是手机短信爱好者对其宠爱的主要原因。当某人不好意思当面求人办事时，他可以叫手机短信"出面"；当某人不好意思当面赔礼道歉时，他也可以借助手机短信随时随地地进行。为了达到实用性的目的，手机短信力求方便、快捷、短小精悍，不说废话，同时也要言之有物，目的明确。受众主体回答问题也要干脆利落，精简、实用。

案例 4.3.4

深深的一句祝福，道声晚安，您辛苦了。愿您忘记一周以来所有的辛苦劳累，用舒缓的音乐，轻松的郊游来修复自己，过一个清闲、愉快的周末。

点评：这条短信比较大众化，适用的范围相当广泛。立意高深，思想内涵丰富，适合更多的阅读者阅读。

6. 消遣娱乐性

短信已经成为人们的精神生活所需。现代人精神压力大，短信的隐秘性使得人们摆脱了平时社会角色的束缚，敢于无所顾忌地开自己、他人或社会的玩笑，幽默调侃、自嘲挖苦、讽刺、恶作剧，故意制造前言不搭后语的语言片段，使读者的期待落空，造成正反跌宕、不伦不类、滑稽可笑的幽默效果。在轻松滑稽和游戏调笑的短信中享受快乐瞬间，寻求开心瞬间。这种招之即来的快乐和安慰，在一定程度上满足了人们娱乐的精神需求。

二、手机短信的作用

当代文化是一种典型的快餐式文化，现代人的生活习惯和审美活动也随之变快。追求时效性和快捷性已经成为人们的一种方式生活，也在很大程度上满足了人们对即时性文学消费的追求。手机短信弹指间便可以传递到收信人手中，概括起来其有如下作用：

（1）沟通联系作用。有很多短信是无功利性的，完全出于沟通朋友感情、表达美好祝福之意。

案例 4.3.5

在你生日来临之即，祝你百事可乐，万事芬达，天天娃哈哈，月月乐百事，年年高乐高，心情似雪碧，永远都醒目。

点评： "百事可乐" "芬达" "娃哈哈" "高乐高" "雪碧" "醒目" 都是知名品牌饮料的名字，利用这些品牌名称手段，有意把这些饮料解释为只可意会，不可言传的美好祝愿，表达生日的祝福，沟通了情感，保持了朋友之间的联系，独辟蹊径，形成了独特的表达效果。

（2）传递信息作用。在这个信息爆炸的时代，每个人的生活都深深地被知识浪潮所影响。而手机、互联网则是永不过时的课堂。只言片语的"语录体"的即时表述，更加符合现代人的生活节奏和习惯。不管是商家还是个人在工作和生活中已经特别依赖于手机短信来传递信息，节省时间的同时节省费用。

（3）广告宣传作用。借助手机短信达到扩大销售，影响舆论的广告宣传作用，已经成为商家必用的广告手段之一，而且能够起到了小投入大收获的作用。大型商场以手机短信的方式留住客户，及时发布打折商业活动信息，也可以将个别客户所需要的信息及时传递给对方。该手段已经成为商家的营销策略之一。如房地产商借助短信发布售楼信息，迎合更多购房者的需求。当然有时也会有扰民的一面。

（4）愉悦心灵作用。短信不可避免地成为商家的获利手段，但是从使用以及写作角度来说，更多的人是以传情达意、愉悦心灵为目的。文学色彩乘虚而入，使得短信写作有别于其他应用文文种。它带来了一个真正全民狂欢的时代。作为一种交流工具，走进了普通民众的生活，个人的言论自由权利得到了极大的发挥，所以在各种节庆之日，在个人重要的生活日子里，短信在发挥着愉悦心灵的作用。

名言录

潜近的语言，深远的寄托。

——鼎钧

人有未尽之处，文有未言之意。

——佚名

三、手机短信的写作技巧

短信不同于一般的口语交际语体和其他传媒语体。要想给收信人以新鲜感并且使其牢记，发信者往往需要使用非同寻常的表达方式和技巧。如对固有的、习以为常的、规范的言语表达进行某种程度的改变乃至破坏，从而形成言语形式的特殊化，产生更好的表达效果。

1. 音调和谐有新意

音调和谐有新意是说在写作短信的时候，通过谐音构成特殊的表达方式，表达特定的语义内容，给人一种耳目一新的感觉。

案例 4.3.6

"送你个甜点！主料：我爱你。配料：思念。辅料：煎熬加孤单少许。生产日期：从见到你的那天起。保存日期：无限期。产品标准号：5201314。""5201314"即"我爱你一生一世"。

点评：本例把毫无感情的干巴巴的数字"5201314"利用起来，顿生活泼之感，含蓄地表达了"我爱你一生一世"的浓烈之情，爱之深沉。

2. 巧搭词汇有深意

巧搭词汇有深意是指写作短信时，不论是形式还是内容或是具体语言的再运用，打破通常的用语习惯，巧搭词汇，使其寓意深刻。

案例 4.3.7

遇见你是无意，认识你是天意，想着你是情意；不见你时三心二意，见到你便一心一意；如果某天有了退意，至少还有回忆！

点评："无意""天意""情意""三心二意""一心一意""退意"中的"意"就是相同词素的词语，为了追求语言的外在形式美，"退意"应运而生了，打破了人们通常用语习惯，形成一种焕然一新的陌生感，从而达到了耳目一新的效果。

3. 词义新解有创意

词义新解有创意是说写作者在构建短信时打破原有词义的内涵，重新赋予旧词以新意。

勇于创新已经成为现代人的特点之一。他们以自身的视角对手机短信的写作内容作了一番全新的解释，经过新的解释词义则迥然不同。

案例 4.3.8

春节到，我的祝福先送到，送上一份"舒、肤、佳"：一祝"舒"服过大年；二祝"肤"色永健康；三祝"佳"人携手爱美满！

点评："舒肤佳"在人们的心目中就是日常用品香皂，是大家耳熟能详的。短信编辑者们别出心裁，另辟新意。通过联想"舒"同"舒舒服服"、"肤"和"肤色"、"佳"和"佳人"联系在一起，给朋友送出了一份特别的祝福，词义作了全新的解释，很有创意。

4. 巧用人名有别意

通常情况下人名、地名都是专有词语，含义和指称范围都非常固定，不能乱用。但是，在手机短信语言中，却有短信高手将一连串的人名、地名妙用，改变了它们特定的含义，让人感到别有一番滋味在心头。

案例 4.3.9

听说你最近很牛，普京扶你下飞机，奥巴马给你当司机，麦当娜陪你上楼梯，金喜善给你烤烧鸡，刘德华帮你倒垃圾，连我都要给你发短信息！

点评：案例中提到的"普京""奥巴马""麦当娜""金喜善""刘德华"这几个人都是世界名人，含义和指称范围都是固定的，一般不随意用。而在这则短信里，作者把这些名人的名字用于短信中，突显了收信人的"身价"不一般，可谓"语重新尝"。

5. 省略符号有情意

有意省略标点符号，一气呵成，表达对收信息者的真挚祝福。

案例 4.3.10

前前后后分分秒秒平平安安朝朝暮暮恩恩爱爱日日夜夜健健康康岁岁年年潇潇洒洒永永远远快快乐乐时时刻刻风风光光生生世世顺顺畅畅

点评：本例中没有任何一个标点符号，作者将所有的祝福用了 60 个字连缀起来，一气呵成，表达祝福，读起来并没有累赘之感。

6. 巧用修辞有真意

手机短信语言在语法上的突破常规的用法，为我们带来焕然一新的表达方法。从修辞的角度来说，各种辞格在手机短信中的运用，充分体现了修辞的魅力，产生谐趣，拓宽了视野，丰富了意义。

（1）比喻。台湾作家余光中，从来不用手机，但是他连续做了三届手机短信大赛的评委。大赛组委会邀请他创作一条短信做示范，他欣然应允了。他的短信这样写道："私德有如内衣，脏不脏自己知道；声名有如外套，美不美他人评定。"余光中运用的是通俗的白话，但俗中见雅。将"私德"比作"内衣"，"声名"比作"外套"，化抽象为具体，浅中见深，耐人咀嚼。这条短信广为流传。

（2）对偶，是用语法结构基本相同或者近似、音节数目完全相等的一对句子，来表达一个相对立或者相对称的意思。对偶可以使语言简练，形式匀称，结构整齐，音节和谐，易于记忆，具有增强语言感染力的效果。

案例 4.3.11

上联：我爱的人名花有主；下联：爱我的人惨不忍睹；横批：命苦

点评：这条短信息整句运用对偶句，形式对称，音节整齐，语言精练，便于吟诵，便于记忆。内容又让人忍俊不禁，不免发出同样的慨叹，真是"命苦"啊！

（3）排比。运用排比的修辞手法构成一种气势，语意贯通，表达酣畅淋漓，富于节奏感，效果突出。

案例 4.3.12

茶，要喝浓的，直到淡而无味；酒，要喝醉的，永远不想醒来；人，要深爱的，下辈子还想接着爱的；朋友，要永远的，就是看手机的这一个！

点评：这条短信一共四句话，运用了排比的修辞方法，句式匀称，语意贯通，潜移默化中表达了发短信者的心声，最后一句"朋友，要永远的，就是看手机的这一个"，升华情感，表达真意。

（4）对比。在短信写作中，运用对比更能形成鲜明的表达效果。

案例 4.3.13

你是天上的太阳，我是地上的高山；你是天上的月亮，我是地上的海洋；你是天上的乌鸦飞啊飞，我是地上的土狗追啊追。

点评：这一短信中的"天上"和"地上"在方位上形成对比，人称上"我"和"你"形成对比，目的是强调"你"的伟大，"我"的渺小，感情色彩强烈，主题突出，语言风趣幽默。

（5）反语。运用反语，能够达到了幽默风趣的效果，舒缓了紧张的工作压力。

案例 4.3.14

你是我心中的太阳，可惜下雨了；你是我梦中的月亮，可惜被云遮住了；你是我心中最美的花朵，可惜开过了；你是天上的嫦娥降临人间，可惜脸先着地了……

点评：这一案例运用了非讽刺性反语，借助反语形成了语意转折，文中的"你"成了"我"调侃的对象。但这些"愉快的反语"收到短信的人不但不会生气，而且嘴角还会挂着笑容，这样的反语短信别有一番滋味。

（6）顶真。将顶真的修辞格运用到手机短信的写作中，其效果就是给人一种情意绵绵的感觉，特别适合表达发短信者向对方表达美好的祝福之情。

案例 4.3.15

幽幽的云里有淡淡的诗，淡淡的诗里有绵绵的喜悦，绵绵的喜悦里有我轻轻的问候，祝元旦快乐，新年大吉！

点评："淡淡的诗""绵绵的喜悦"分别蝉联，有如诗经中"兴"的笔法的运用。"幽幽的云""淡淡的诗"都不是写作者的真实用意，最终要道破的天机是"我"对"你"深情的问候以及深深的祝愿。

（7）双关。一语双关向来是中国人比较喜欢的委婉的说话方式，如"儿子，既然上网吃得饱，晚餐我就不煮了"。说者有心，听者有意。双关用于短信写作中更有韵味。

案例 4.3.16

　　鸡年到了，给你鸡情的祝福，愿你的生活鸡鸡向上，能把握每个发财的鸡会，把鸡肤保养的青春焕发，事业生鸡勃勃，要鸡得常联系，可不要总关鸡!

　　点评：这一案例运用的是谐音双关。曾经获得台湾短信大赛家书组一等奖。行文中的"鸡"与"激、积、极、机、肌、记"构成谐音双关语，表达美好祝福的同时，更显写作者语言之幽默。

【感悟升华】

一、多项选择

　　手机短信的写作特点包括（　　　）。

　　A. 言简意赅　　　　B. 幽默风趣　　　　C. 消遣娱乐　　　　D. 议论说明

二、简答题

　　1. 手机短信的写作有哪些特点？

　　2. 结合案例说说手机短信的写作技巧有哪些。

　　3. 通过小组讨论，谈谈如何提高发短信者的写作修养以及道德修养。

三、实践训练

　　新春祝福短信大赛。具体要求如下。

　　（1）以辞旧迎新、祝福祈愿为创作基本立意和主题，倡导文明风尚、社会和谐；表达亲情、友情、爱情等人间最真挚的情感；抒发美好祝愿和对新年的美好希冀；

　　（2）拜年对象明确；内容健康有益、积极向上；语言真挚生动、活泼诙谐、节奏明快、感染力强；形式喜闻乐见、适合传播；

　　（3）微博参赛方式：以中文文字为主，形式不限，70字以内（不含空格及标点符号），超过70字不能参与奖项评选。

第四节　微　　博

【学习目标】

　　知识目标：了解微博文化；理解微博的内涵、特点。

　　能力目标：掌握微博的写作技巧；学会编写、策划微博；培养学生与人沟通的能力。

　　微博的产生源于信息爆炸。人类记录文明的载体从洞穴、甲骨、竹片、纸张、胶带到CD碟片，再到数据库、云端信息工厂；书写传送工具从自然颜料、印刷机、打字机、电话、电视到个人电脑以及手机，一切还在演变中。而今人们更需要简单、快速的沟通方式和获取信息的捷径，从 2007 年中国第一家带有微博色彩的饭否网开张，到 2009 年"微博"这个全新的名词就应运而生了。微博以摧枯拉朽的姿态扫荡世界。

微博是微博客（microblog）的简称，是一种通过关注机制，借助一定的平台，分享简短的实时信息，记录个人生活琐事，表达人生感悟，抒发某种情感，表明某一观点，交流某种思想的一种应用性很强的文体。微博内容简单，由只言片语组成，140 字的限制。

名言录

> 微博是一个可以摆放思想的地方。
> ——佚名
> 或许我们缺少的是一点意趣，一点闲情，缺少了与家人共处的那些零碎时间。从这个角度说，许多成功者不免苍凉荒芜。
> ——于丹

微博最早源自于美国的 Twitter。根据相关公开数据，截至 2010 年 1 月，全球已经拥有 7500 万微博注册用户。至 2011 年 10 月，中国微博用户总数达到 2.498 亿，成为世界上使用微博的第一大国。

微博的出现，让网民拥有了一个可以独立自主且相对自由地发表言论的渠道，许多一手新闻甚至猛料均来自草根。美国的微博 Twitter 的产品初衷正如单词 Twitter 的本义——鸟儿叽叽喳喳的叫声。它抓住了美国人爱唠叨的个性、渴望表达和分享信息的特征，正如一个窗口，一个充斥了个人琐碎的思索、片段化的情感的窗口。它的碎片化信息不断地在回答着"你在做什么"以及"到底发生了什么"的问题。

一、微博的特点

微博的最大特点在于这个"微"字。语言的编排组织只需要反映自己的心情即可，不需要长篇大论，更新起来也方便。其特点具体如下。

（1）公开性。微博和日记不同，日记具有保密性；而微博因为互联网的发展，个人隐私难以保密，当你决定在网络上写微博时，就决定了让自己更开放地融入互联网中了。微博提供了这样一个平台，你既可以作为受众，在微博上浏览你感兴趣的信息；也可以作为发布者，在微博上发布内容供别人浏览。所以不论是内容还是形式其都有公开性的一面。

（2）时效性。微博最大的特点就是发布信息快，传播信息更快。一些重大的突发事件或引起全球关注的大事如体育盛事或灾难性事件等，如果有微博客在场，就会被迅速传播。而且其实时性、现场感极强，甚至超过其他所有媒体。从个人的生活琐事到世间的大事，微博已经成为全世界的网民们表达意愿、分享心情、发布信息的重要手段之一。

（3）交流性。微博的写作行为看似个人行为，实则是一种双方甚至是多方的互动。传达信息，同时接收信息，表达自己的喜好，关注他人的话题。假如你有 200 万粉丝，你发布的信息就会在瞬间传播给 200 万人。这本身就是最好的交流。

（4）简洁性。微博的内容短小精悍，其字数限定为 140 字，内容简短，不需长篇大论，门槛较低；用最少的语言表达最想沟通、交流、分享的信息，体现微博的简洁性。例如一个企业可以以 140 个字左右的文字更新企业信息，并实现即时商业分享。

（5）原创性。微博的草根性更强，这也就意味着原创性很强。博主所发表的言论、思想、观点通常仅仅代表个人或发表言论的主体，无论是商业信息还是政治言论以及野史杂谈等，一经发表就需要对所发表的言论负责。大量原创内容爆发性地被生产出来，真正标志着借助互联网表达个人意愿的时代到来。

（6）自主性。微博信息获取具有很强的自主性、选择性，用户可以根据自己的兴趣、偏好，依据对方发布内容的类别与质量，来选择是否"关注"某用户，并可以对所有"关注"的用户群进行分类，可以通过各种链接网络的平台，在任何时间、任何地点即时发布信息，更新内容。

二、微博的分类

微博的分类，从写作者的角度出发可以分为个人微博、企业微博、专业微博；从所提供的信息平台的角度划分，微博可以分为 Twitter、腾讯微博、新浪微博、网易微博、搜狐微博。

1．个人微博

个人微博是指以个人的生活、工作感受作为微博的主体内容，交流内容灵活广泛，不受时间、内容等的约束。更强调个人交流平台的建构。可以是用一句话随意记录生活，可以是针对一件事的议论，也可以是针对某种现象反复阐述。

2．企业微博

企业微博是个新概念，它是一个基于客户关系的信息分享、传播以及获取的平台，成为商业化的网络工具。企业可以通过 Web、WAP 以及各种客户端组建个人社区，时时更新企业信息，并实现即时商业分享。星巴克、肯德基、可口可乐等国际知名企业都纷纷在 Twitter 上开辟营销通道。微博以更加独特的传播优势，成为极具潜力的网络营销工具。

企业微博可以发起各种话题，吸引公众参与讨论，也可以开展丰富多样的活动，实现与用户的互动以及"面对面"的沟通。概括起来企业微博有如下作用：

（1）传播企业品牌，及时发布产品最新信息；把握信息的主动性和时效性；

（2）更贴近消费者的生活方式，让信息传播更到位；

（3）能够获得与消费者进行更多的直接沟通的机会；

（4）可以开发新客户，同时增强旧客户的忠诚度，促进销售。

3．专业微博

专业微博是为某一企业或某一机构专门定制的微博。功能全面，注重展示企业或机构丰富而独特的个性化内容；注重精准的数据分析，为企业或机构提供相关的服务，搭建高效的管理以及沟通平台，有专门人员负责管理和写作专业微博。

三、微博的写作技巧

李开复在他的新书《微博，改变一切》中说："微博要多发大家想读的内容。"李开复对自己的女儿说："不要只是用微博来看八卦，社交、游戏。微博是一个很好的学习工具，而且让你只要点击'关注'就可以加一个老师。不要只潜水，这是沉默的大众发出声音的大好机会。甚至一个'转发'也是

名言录

深窥自己的心，而后发觉一切的奇迹在你自己。

——培根

最低微的鲜花都有思想，但深藏在眼泪达不到的地方。

——华兹华斯

群众智慧的机制之一。学会好好写，学会沟通的技巧很有用，正面影响他人是神圣的事情。"

1. 准确定位

要想建一个有影响力的微博，一定要给自己微博准确定位。首先考虑为谁写微博，是为亲友写，为自己写，还是为某个特定人群写，如旅游爱好者、投资界朋友等。其次考虑写微博主要为了什么？是为了记录生活，为了交友，为了学习，为了分享思想、经验，为了影响别人，为了展示自己，还是为了休闲、娱乐？准确定位后就可以找到写作微博的思路了。

2. 虚心学习

刚刚加入微博的大军，要多看看写得好的微博，学习别人的写作经验。你最少把排名前500的微博仔细研究一遍，看看博主们是如何写的。为什么能有这样高的关注度，当然不少微博是由于名人推荐，或自身是名人而被关注。多找些高转发、高评论的微博来分析，才能明白什么是热门，大家喜欢讨论什么内容。看别人的微博是有技巧的，不要一股脑地乱看一气，找那些活跃度高的，经常发布内容的人去看。

3. 关注热点

你关注什么人就决定了你能获取什么。首先，你必须主动去关注别人，别人才有可能反过来关注你。其次，你要有意地去寻找那些最活跃、最愿意关注别人并与别人交流的博主。有一个方法是在热门微博、热门评论中，找那些经常主动评论、主动转发的人。这些人在微博上最活跃。你可以将关注的用户分类，建立热门标签。

4. 写你所想

写微博不要写你"正在做什么"，而要写你"正在想什么"。李开复说写微博时要平衡"你想要大家看的"和"大家想看的"内容。既不要把微博变成纯粹的个人流水账，尽写些别人不感兴趣的内容；也不要纯粹依照大家的喜好来写，丢掉了自己的个性特点，这样的微博也不具有生命力。一个有效的做法是，在符合自己个性特点的前提下，多发些大家想读的内容，同时里面穿插一些你想让他们读的内容。

5. 寻找话题

发布微博内容有一定的技巧，不要话语零散，东拉西扯；而是要找个话题发布，继而引起别人的关注，提升自己，愉悦他人。

发布微博可以谈论的话题很多，比如可以谈论《非诚勿扰》节目关于爱情、婚姻观的看法；可以畅谈星座与爱情关系的问题；还可以表达对保钓问题的看法；也可以谈论以何种方式提升国民素质等问题。发布这样的话题，即使别人不是你的粉丝，而只是对这些话题感兴趣的粉丝，看到你的这些内容也很容易引起他们对你的关注。

6. 扩大粉丝

扩大粉丝的方法有很多。一方面受众目标要准确，这样长时间关注你的粉丝就会很多；另一方面，在话题中要经常发布你的观点，引起粉丝对你的不间断关注；此外还要多找精彩的内容，独树一帜，让更多的粉丝转发，你的关注度就会进一步提高，粉丝由此将不断扩大。当然也不必太理会别人的看法和评论，可以按照自己的想法和心得来发挥，只要看问题客观而不过于自我即可。

四、微博的策划

微博是希望得到关注的人或企业的一种表达方式。微博的策划包括如下内容：

（1）给微博定位。你的微博可以关注体育新闻、娱乐新闻或财经新闻等，同时也可以转发一些幽默搞笑的文段，它可以是使人快乐、放松心情的旅游趣事。例如，如果你对 NBA、中国好声音或中国梦之声特别关注的话，就可以转发有关美国职业篮球联赛（NBA）、好声音、梦之声等特别火的微博，如果你是某一歌星或影星的粉丝的话，你就可以多多关注他们的一举一动。

（2）设置微博页面。微博的页面设置既可以彰显个性，设计属于自己空间特色的页面，也可以从众。例如有博主将自己的页面设置为《秀出自己的江南 style》。做自己喜欢的事情，活出自己，走自己的路，创设自己的微博。

（3）丰富微博内容。微博平台可根据社会发展需要和个人发展志向，做出预先的策划和设计。感悟生命，规划人生蓝图，调整人生目标，互动交流，建立与博友共享的空间。微博的内容也可以是动态消息或幽默搞笑内容，但必须真实，不可以制造假信息。对于你所喜欢关注的内容可以参考相关网站，也可以来自摘录。同时还可以写一点自己的心情或想法，让别人关注自己，了解自己。

【案例 4.4.1】

名人经典微博

2012 年 10 月 12 日俞敏洪的微博（腾讯）

今天看到一群大雁南飞，就想起了八十年代初《雁南飞》的歌曲："雁南飞，雁南飞，雁叫声声心欲碎……"大雁和我的名字还有关系，我的名字最初叫"鸣鸿"，就是鸣叫的大雁的意思吧？不知道我的父母为我起这个名字，是不是希望我展翅远飞？也不知道他们后来为什么又改成了"敏洪"，一个没有厘头的名字。

> 以"《雁南飞》歌曲勾起对往事的回忆"为话题，表达个人对名字趣事的解读。

2012 年 10 月 13 日莫言转播（腾讯）

《红高粱》是我年轻时候的作品，现在重读既能读出很多的不足之处，也能读出我现在无法写出的章节。当时在拍这个电影的时候从导演到演员包括我都没想到这个电影会获得这么多的荣誉、造成那么大的影响。

> 以回顾创作《红高粱》为话题，表达获奖的惊喜、感慨。

2012 年 12 月 11 日宋丹丹的微博（新浪）

小时候，如果我有三分钱，会买一根红果冰棍和我的好朋友一路你一口我一口噙着回家。第二天，她有五分钱，买一根奶油冰棍只是自己噙，一口都不给我。我会哭着回家，我妈会对我说："丹丹，别计较，好朋友有时候也犯错。"瞧，我妈就是这样大气，她教会我不怕吃亏，只记住别人的好。我妈真的了不起！

> 以"童年的回忆"为话题，表达对母亲的赞美之情。

2012 年 12 月 11 日崔永元的微博（腾讯）

读莫言获奖感言有感。中国农民儿子领奖看似童话，但是事实，表明中国文学达到世界巅峰。然获奖前提之一是有翻译家把中国作品介绍给了世界。而在作品里闪耀光芒的则是亲人、朋友们及他们的友谊、智慧。最后那句"文学的最大用处，也许就是它没有用处"，给人以太多寻味。欣赏莫言的风格。

> 以"莫言获奖"为话题，发表感言。

2012 年 12 月 11 日孟非的微博（腾讯）

从旧金山回洛杉矶，在一个非常安静的海边小镇住了一晚。旅店房间很小，陈设也极其

> 以美国人的爱情生活及爱国精神为话题。

经济应用文写作

简单，但却温暖舒服。百叶窗下是一个小酒吧，一个晚上都能听到男男女女在调情。虽然听不懂，但女人们奔放的笑声解释了谈话的内容。大清早小镇上遛狗的人很多，美国人热爱他们的国家表现形式之一就是很多家庭都挂国旗。

2012 年 12 月 13 日乐嘉微博（腾讯）

世间各行各业诸多高手英才，敬业一生，未必善终，由鸠摩智的一生可知真谛。老和尚有语，佛门弟子学武乃在强身健体护法伏魔，修习武功时需心存慈悲念，若不以佛学为基，则练时必伤及自身，终究不能消除武功越高戾气越重的必然趋势。故而一味强求只进不退，只向外求不修内心，必无安宁。

> 以"敬业一生，未必善终"为话题，表达"只向外求不修内心，必无安宁"的感慨。

文化长廊

微博新潮用语

1. 微生物：网易微博独创概念，微博玩家都被称为微生物。

2. 脖领儿："脖（博）领儿"，微博一族中的"领袖人物"，微博关注率、点击率双高，粉丝众多。

3. 微波炉："微波（博）炉"，如微波炉般把一些"半成品"放在炉里"加热"一番，便有"翻新猛料"爆出。微博标题及文字吸引眼球，颇具煽动力。言辞哗众，语不"雷"人死不休。

4. 脖梗儿："脖（博）梗儿"，微博一族中的"刺儿头"，微博文字以讥讽、拍砖、恶搞为主。

5. 铂金："铂（博）金"，含金量颇高、很有名望的微博客。

6. 长脖鹿："长脖（博）鹿"，微博文字言简意赅，高屋建瓴；着眼点高，观点独到。亦指自命清高、俯视其他博主。同时有"脖子伸得很长，专窥探别人隐私"的意思。

7. 伯爵："伯（博）爵"，微博一族中的"贵族"，多为知名人士以及各行业里的"专家"等。

8. 老伯："老伯（博士、博导）"，微博的先行者。

9. 漂泊："漂泊（博）"，微博一族中的"散户"，三天打鱼两天晒网，飘忽不定。也指以"转载"他人文章为主的微博，博客内容多为"舶来品"。另：也指外观漂亮的微博。

10. 泊位："泊（博）位"，在微博一族中虽够不上老伯、伯爵、脖领儿式的人物，但在微博中也算有一号的，在微博一族中占有独特的一席之位。

11. 薄荷糖："薄（博）荷糖"，微博一族里，语言特色、内容形式都很具个性的微博。

【感悟升华】

一、填空题

1. 微博具有（　　　）、时效性、（　　　　）、（　　　）、（　　　　）、简洁性特点。

2. 微博的种类包括（　　　）、（　　　）、（　　　）。

3. 微博的写作技巧包括（　　　）、虚心学习、（　　　）、（　　　）、（　　　）、扩大粉丝。

二、实践训练

1. 概括下面几条微博的主要内容。

（1）2012年12月5日俞敏洪的微博。（腾讯）

上个星期因北大国际MBA的邀请，去和同学们进行了一下交流，谈了一些有关创业的观点，主题是创业要有良好心态，要有底线，要有英雄情结，同时需要具备冒险精神、愈挫愈勇的精神、团队精神和创新精神。要点整理成了博文，请大家指正。

（2）2012年12月9日乐嘉的微博。（腾讯）

有人工作只为自己，有人工作还为别人。前者未必都自私，后者未必都高尚，只因每个人选择的活法和各自得到快乐的方式不同。前者从个人自由中得到幸福，后者从帮助他人成长中得到价值感，无所谓谁对谁错，不存在谁好谁坏。要小心一刀切的思维模式让我们一叶遮目，更要清楚自己一生要走怎样的路。

2. 结合校园文化生活，举办一次微博创作大赛。

主题：关于生活、婚姻、健康、过去、未来，关于最想说却无法开口的内容等。

要求：原创，真情，引起共鸣。每条参赛微博限定在70字以内。形式不限，如祝福语、对联、诗歌、顺口溜、新格言等均可。

第五章 事务文书写作

烛光导读

美国教育学家小威廉姆•E•多尔说："未来不是我们要去的地方，而是一个我们要创造的地方。通向它的道路不是人找到的，而是人走出来的。走出这条道路的过程既改变着走出道路的人，又改变着目的地本身。只是双眼望着前方，而不抬起双脚行动起来，前方就永远是可望而不可即。实干就是能力，落实就是水平。想得好是聪明，计划得好是更聪明，做得好是最聪明又最好！我说我做的，我做我说的！认识决定想不想抓落实，方法决定会不会抓落实，勇气决定敢不敢抓落实。落实是一种态度，讲求坚决和彻底；落实是一座桥梁，连接理想与现实；落实是一个过程，见证艰辛到成功。"

也许正是无数人内心相同的感悟，警示我们凡事要计划，更要总结。

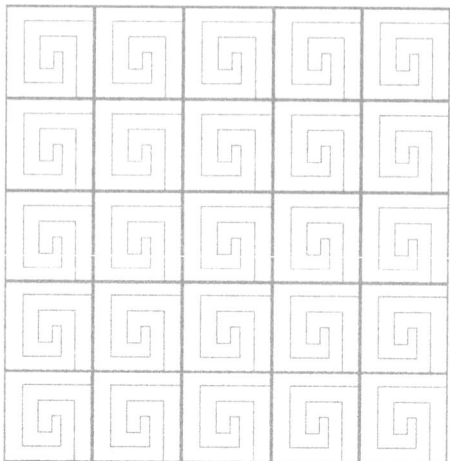

第一节 计　划

【学习目标】

知识目标：了解计划的种类和特点；掌握计划的内容与结构形式。

能力目标：掌握计划的写作模式与技巧；学会有计划地安排工作与生活。

人们赞扬诸葛亮运筹于帷幄之中、决胜于千里之外是因为其做事有计划性。计划固然好，但更重要的在于其具体实践并取得成效。有一句话是这样说的："只在河滩上深思，永远得不到珍珠。"这告诉我们不能时时在想着自己的未来，更重要的是抓紧时间用行动来证明自己，那样你才能够将手触摸到珍珠，那时你才能够感受到成功的喜悦。

【案例5.1.1】

大学四年个人培养计划

莎士比亚说："人生就是一部作品，谁有生活理想和实现的计划，谁就有好的情节和结尾，谁便能写得十分精彩和引人注目。"

我是一名刚刚入校的大学生，为了今后能够找到一份理想的工作，做一个对社会有用的人，有必要认真地规划一下自己的学习与生活，未来成为职场胜出的一把利剑。把握未来，把握人生。

一、积极参加军训活动，上好大学生活的第一课

军训是我们刚刚步入大学校门的第一课，学院将为我们请来最好的教官训练我们，为的是提高我们的身体素质，锻炼我们的体能。在军训中一定会遇到许多困难，借此机会我要培养自己吃苦耐劳的精神。我有信心和同学们一起上好这一课。

二、制订明确的读书、学习、社会实践计划，为实现理想目标打下坚实基础

"宝剑锋从磨砺出，梅花香自苦寒来。"目标的实现需要有执著、坚韧和刻苦努力的精神才能实现。所以我要努力学习，积极参与社会实践活动，顺利过渡到工作岗位。具体安排如下。

2012—2013年：努力学习期。积累深厚的基础知识，掌握扎实的专业知识。努力提升自身的职业素养，将自己的专业优势无限放大，培养自己的职业技能！

2013—2014年：社会实践期。社会是一个大舞台，充满了机遇与挑战，社会是一本深邃的书，要学会读懂它。将知识转化为能力，在实践中继续丰富、巩固专业知识，提升参与意识，为求职就业做充分的准备。

2014—2015年：步入社会工作期。顺利实现从校门到社会的过渡，短时间快速适应新的工作，能够较好地完成所从事的工作。为此，在校期间我决定利用周末休息时间，找一份工作，锻炼自己，积累人脉资源，经受社会的考验。

三、用科学的方法规划自己未来的职业

（一）运用自我规划"五步法"，充分了解认识自己

我是谁？我想做什么？我会做什么？环境允许我做什么？我的职业生活规划是什么？

标题：这是一份综合计划，交代了计划的内容、文种。

前言：阐述计划的指导思想、目的、意义、总体目标。用过渡句引出下文。

主体：明确回答了"做什么""怎么做""分几步完成"的问题，即计划的具体目标、完成措施，并科学细致地分析了实现目标的具体步骤。

（二）运用SWOT分析法为自己做未来职业定位

1. 优势分析。分析自己的人生经历和体验，分析自己学到的知识，分析自己的成功点。例如兴趣分析、学习能力分析、沟通能力分析；

2. 劣势分析。分析自己的性格弱点以及自己成长经历中欠缺的方面；

3. 社会环境分析。分析社会求职环境，做科学的职业取向分析。

任何一个伟大的目标都是由一个个小的目标构成的，想要实现自己的人生目标，就要很好地执行计划，踏踏实实地走好每一步，并将其付诸实践才能取得成效。我相信有了这份计划，我会做得更好。一个人要想获得成功必须拿出勇气，付出努力，拼搏、奋斗。成功不相信眼泪，成功不相信幻想。未来要靠自己打拼。在努力中实现我的人生规划。

张娜

2012年10月29日

> 结尾：展望实现计划的前景，提出奋斗的方向，鼓励自己，勇于实现计划。
>
> 落款：具名、日期。

计划是根据党和国家的有关方针、政策以及上级的指示要求，依据本部门和个人的实际情况，对未来一定时期内的工作、生产、科研和学习等拟定目标、内容、步骤、措施和完成期限的一种事务文书。会做计划是人与动物的主要差别。路不行不到，事不为不成。所以做事情要未雨绸缪。计划只有实施才有成果，做事有计划的人才会赢。计划包括以下不同种类：

规划：规划是具有全局性的、较长时期的长远设想。

方案：方案是从目的、要求、工作方式方法、工作步骤等方面着手，对专项工作作出全面部署与安排的计划。

安排：安排是对短期内工作进行具体布置的计划。

设想：设想是初步的草案性的计划。

打算：打算是短期内工作的要点式计划。

要点：要点是列出工作主要目标的计划。

一、计划的种类

计划的种类很多，常见的有以下几种。

（1）按性质分，有生产计划、工作计划、经济业务计划、学习计划、科研计划、教学计划、文体活动计划等。

（2）按内容分，有综合计划和专题计划。

1）综合计划。这类计划是对各项任务作全面打算、安排的计划。比如某学校某个学期的全面计划，就可以从教学与科研工作、后勤工作等方面来制订。它要求从全面出发，对各项任务作统筹安排，使执行者心中有数，便于大家同心协办地把工作做好。

2）专项计划。这类计划是针对某项任务所作的打算和安排。专项计划往往只就上级交给的某一具体任务，或本单位（个人）所要解决的某一问题来制订。比如，只就科研、生产任务或体育锻炼制订的计划。专项计划可以比全面计划（综合计划）设想得更为周密、具体，便于操作、执行，对工作实际起指导作用。

（3）按时间分，有长期计划、中期计划和短期计划等。

（4）按效率分，有指令性计划、指导性计划、一般性计划。

（5）按形式分，有表格式、条文式和文件式。①表格式计划在生产中运用较多，大多将生产的目的、指标、措施、任务、进度等内容填入表格，形成生产计划，一目了然，十分清楚。②条文式计划是分项阐述计划的目标、任务、指标、措施等，大多采用序数或小标题的形式，层次鲜明、眉目清晰。③文表结合式计划就是制订计划时可以根据内容的需要把条文式计划与表格式计划结合起来，以便更好地突出计划的内容。

二、计划的特点

计划的内容决定计划具有如下特点。

（1）预见性。计划的预见性说明计划不是空穴来风，要依据过去的经验、教训作出决定。预见是否准确，决定了计划的成败。《三国演义》诸葛亮"草船借箭"的故事，其高明之处在于他预料到了三天后江上会起雾，而曹军又不习水性，不敢迎战，战略目标神奇般地实现了。这一案例体现了计划的预见性。

（2）可行性。可行性是指制订计划要对未来一段时间或一个时期作出科学的预见，如基础条件如何，前景如何，目标高低怎样，措施怎样等，对各种可能出现的情况，必须有一个清醒的认识和正确的估量。如诸葛亮决定实施"空城计"，是因为他充分了解司马懿谨慎多疑的性格特点，结果也如其所料。计划可行与否，应建立在对客观事实的科学分析的基础上，切忌盲目地、无根据地制订计划。

（3）针对性。针对性是指计划的目标明确了，才有可能按部就班地去解决工作中的实际问题。党中央计划逐步解决"三农"问题，针对性很强。农村问题、农民问题、农业问题是关系到国民素质、经济发展，关系到社会稳定、国家富强的大问题。这是一个居住地域、从事行业和主体身份三位一体的问题。

（4）约束性。约束性是说计划是工作与生活的保障，对完成工作任务，实现远大目标有促进和约束作用。《礼记·大学》中说"修身、齐家、治国、平天下"，这句话成为众多中国人的人生计划的蓝本。创建和谐社会、倡导民主法治、公平正义、诚信友爱、充满活力、安定有序、人与自然和谐相处，就成了我们共奋斗的目标，从某种角度来说所有这些都在约束着人们的行为、举止。

三、计划的结构形式

计划一般由标题、正文和落款三部分构成。

（一）标题

常见的计划标题包括四项内容：计划的单位、时限、内容、文种。例如《××银行2014年新入职员工培训计划》。有些计划的标题省略单位、时限，但任何一份计划不能没有计划的内容和文种。

（二）正文

计划的正文由前言、主体和结尾三部分组成，具体包括如下内容。

1. 前言

前言就是导言，是计划的开头部分。这部分要求简要概括计划的基本情况，说明制订计划的依据和理由，或分析前段时间工作的实际情况，分析目前的工作现状、经验和存在的问题，宏观地提出下一阶段完成计划的总目标。通常以"为此，特制订如下计划"或"为此，我们要做好如下几方面的工作"的句式引出下文，过渡到主体部分。

2. 主体

主体部分由目标和任务、措施和办法、步骤与期限构成。

（1）目标和任务就是要阐明"做什么"的问题，即具体明确地提出在一段时间内要完成的任务，要达到的目标。目标要明确，任务要具体，实事求是，量力而行。

（2）措施和办法就是阐明"怎么做"的问题，即达到既定的目标要创造什么条件、采取什么办法、调动哪些力量、解决哪些问题才能实现。措施要具体，办法要科学，分工要明确。

（3）步骤与期限就是阐明计划"分几步做"的问题，是计划执行过程中的程序的安排、期限的界定。步骤要有序，层次要分明，条理要清晰，时间安排要得当。

名言录

深计远虑，所以无穷。
——佚名
眼睛所看到的地方就是你会到达的地方。
——戴高乐

3. 结尾

结尾主要交代执行计划需要注意的问题，再次表明计划的意义，提出希望，发出号召。

（三）落款

计划的落款要求在正文的右下方，注明制订计划的单位名称和日期。如果在计划标题上已标明了单位名称，这里就不必重复。机关团体、企事业单位上报或下达的计划，要在落款处加盖本单位公章。

四、计划的写作技巧

计划是前进方向上的"路标"，是一切行动的指南，也是实现目标的手段。了解、把握计划的写作技巧有利于更好地制订计划，为更好地开展工作打下坚实的基础。

1. 目的明确

制订任何一项计划，必须有明确的目的，即在一定的时间内完成什么任务，获得什么效益。这也就成了工作的方向和依据，并具有很强的指导性、规范性和约束性。社会在不断发展，情况在不断变化，这对事先制订的计划来说，很难准确无误地进行预测，所以可依据实际情况作适当的调整。

2. 措施合理

为了更好地完成计划目标，写作以及制订计划时一定要考虑制订与工作实际和个人能力相适应、相吻合的实施措施和办法。因为计划能不能完成，办法和措施很重要。如果在计划执行过程中，客观情况发生了变化，就要适时地予以修订、补充。

3. 讲究技巧

写作计划时要注意方法和技巧，掌握政策，审时度势，以党和国家的有关方针、政策为依据；从实际出发，正确估计客观条件；协调工作，统筹安排，抓住关键，突出重点。目标的制订既不要过高，

要点总结

前言：概述计划的依据、理由、基本情况、总体目标。
主体：具体目标（做什么）、措施（怎么做）、步骤（分几步做完）。
结尾：展望前景，提出希望、号召。

也不要过低。要像篮球球框的高度，运动员跑三步，跳一下，球就有可能被投进去。这样制订计划就是恰到好处。

【案例5.1.2】

××2014年财务工作计划

2013年即将过去，我们在财务工作中有成绩也有很多不足。新的一年即将来临，为了进一步深化改革会计基础工作，完善财务管理体制，依据国家有关财务工作的要求，现将2014年的财务工作做如下安排。

一、财经整顿贯彻一个"实"字

按照国家要求，针对去年财经秩序专项整顿自查出来的薄弱环节，如轧账时间不规范、原始凭证不合法、资产管理不科学、财务收支不合规等问题，积极进行整改，进一步深化会计基础工作，完善财务管理体制，确保以后在国家财经工作重点检查中全面过关。

二、财务集中实现一个"流"字

"财务、资金、电子商务"三位一体的信息管理系统应用软件，明年初将正式运行，我们将对目前的核算流程进行重组。资金每日结算，费用预算与省局、网点上下联网，会计报账一天一报，财务、资金数据及时上传，让资金流、商品流、信息流实现数据共享，建立"集中财务、分级控制、全面预算、责任会计"的财务管理体系。

三、资金管理突出一个"零"字

用尽可能少的流动资金推动企业的生产经营运作，建立全省资金中心，尽量利用各种应付款、应交款、预收款、未交税金、未交利润等负债资金进行负债经营，实现零资金成本。

四、费用开支坚持一个"降"字

坚持费用开支体现一个"降"字，按上年实际费用，下浮一定比例，确定费用总额，进一步完善财务公开制度，逐项剖析费用成因，将费用与同期、与定额、与先进单位对比，分工明确，层层把关，堵塞漏洞。

五、会计核算落实一个"真"字

一是摸清"家底"，开展全系统的"清仓、清产、清资、清债"活动，对现有资产存量进行认真、细致的分析，找出潜在薄弱环节，指导各网点会计基础达标，促进分公司的会计基础工作进一步发展。

六、审计监督强化一个"严"字

结合财经秩序专项整顿要求，加强审计监督，严格考核管理，严肃查处小金库、赊销挪用、虚开发票等违规、违纪行为，坚决抵制假凭证、假规范、假审计等弄虚作假的做法，推动审计监督进一步规范化、制度化、透明化。

希望各部门在明年的工作中，与省局工作计划保持一致，保障各财务环节安全运转，全面推动财务管理规范运作，我们相信通过专项整顿，一定会建立起一个规范、守法、诚信的财经秩序。

××财务处
2013年12月20日

标题： 交代计划单位、时限、内容，文种。专题计划。

前言： 概括交代制订计划的依据、理由、目的。

主体： 从贯彻一个"实"字、实现一个"流"字、突出一个"零"字、坚持一个"降"字、落实一个"真"字、强化一个"严"字六大方面精心计划，确定了财务工作的具体目标，执行计划的有力措施，以及完成工作的具体步骤。该计划目标明确，思路清晰，言简意赅。

结尾： 提出希望、发出号召，展望前景，结束全篇。

落款： 具名、日期。

【案例5.1.3】

××省人事厅关于帮助毕业生就业的工作方案[1]

全国大学生毕业都面临着找工作难的问题。为落实国家和省政府有关规定，切实帮助毕业生就业，××省人事厅特制订《帮助毕业生就业工作方案》。提高毕业生就业率，为稳定振兴大局、营造良好的社会环境做出应有贡献，是省人事厅一直以来的工作重心。省人事充分发挥政府人才服务机构的职能作用和服务功能，开展一系列有针对性、有实效、有影响的促进毕业生就业活动，指导毕业生就业、创业，让更多的毕业生能尽快找到合适的工作，为此制订了新的工作方案，具体内容如下：

一、搭建公共服务信息台，将人才市场供求信息发布制度化。各人才市场管理部门要定期通过媒体向社会发布人才市场的供求信息，为毕业生就业提供实实在在的信息参考。开辟"毕业生就业咨询热线"，开辟网上毕业生就业市场。定期召开毕业生网上招聘会，定期发布人才需求信息。

二、举办大型毕业生就业专场招聘会，举办职业指导师骨干训练班；建立毕业生就业专家咨询工作室。为毕业生就业、择业答疑、解惑。引导毕业生就业，实现项目与人才的对接。利用"项目库""高级人才库""紧缺人才库"为更多单位提供其所需的更合适的人才。

三、为毕业生实习、创业提供有利条件。各人才服务机构要选择一定数量的企事业单位建立毕业生实习创业基地，提供更多实习岗位；鼓励大学生自主创业；为其提供平台，创设条件，适当地给予资金的资助或提供优越的贷款条件。

四、维护毕业生合法权益，为毕业生就业开辟绿色通道。加大人才市场监管力度；对各级各类人才市场在毕业生招聘过程中的违法违规行为坚决进行查处，建立投诉举报电话，严肃处理违法违规行为。

五、设立"××省人事厅与高校合作开发培养人才资金"，建立"大学生自主创业标兵"评选奖励活动。在全省范围内评选和奖励帮助大学毕业生就业成绩突出、深受毕业生欢迎的就业指导师。

希望各高校、企业、机关团体依据本单位条件按此方案执行。也希望为大学生求职就业出谋献策。

××省人事厅

××年×月×日

> **标题**："方案"是计划的一种，属于专题计划。交代了计划的单位、内容，文种。
>
> **前言**：交代制订本方案的目的、意义，确立工作重点，用过渡语引出下文。
>
> **主体**：概括方案的基本内容，实施方案的具体办法、措施。思路清晰，语言流畅。自然结尾。
>
> **落款**：具名、日期。

文化长廊

马拉松冠军的目标分解法你知道吗？

马拉松冠军山田在自己的自传中说："每次比赛之前，我都要乘车把比赛的线路仔细地看一遍，并把沿途的醒目标志画下来，比如第一个标志是银行；第二个标志是大树；第三个标志是一座红房子……这样一直画到赛程的终点。比赛开始后，我就向第一个目标冲去，等到达第一个目标后，我又以同样的速度向第二个目标冲去。40多公里的赛程，就被我分解成几个小目标，轻松地跑完了。起初我并不懂这样的道理，我把我的目标定在40多公里外终点线上的那面旗帜上，结果我跑到十几公里就疲惫不堪了，我被前面那段遥远的路程给吓倒了。"

---

[1] 节选自辽宁省人事厅2006年《省厅帮助毕业生就业工作方案》，有改动，原文网址为 http://www.lnrc.com.cn/services/Info.aspx?id=2。

【感悟升华】

一、多项选择

计划类文书包括的文种有（　　　）。

A. 规划　　　　　　　B. 制度　　　　　　　C. 方案　　　　　　　D. 安排

二、判断题（对的打"√"，错的打"×"）

1. 计划是用于找出工作中存在的问题而写作的文种。（　　　）

2. 计划具有总结性。（　　　）

3. 计划的制订要从实际出发，正确估计客观条件。（　　　）

4. 计划具有预见性。（　　　）

三、实践训练

1. 结合九月校园文化活动月的具体内容（例如"我看陈光标与莫言"的演讲比赛、"长白山杯"模特大赛、"商英杯"广告创意设计大赛、"巧手杯"计算机程序设计大赛等），为系列活动或某一项活动制作一份条文加表格式的活动计划。

2. 以条文形式写一篇新学期学习计划。

要求：（1）合乎计划的写作要求；

（2）要紧密结合计划的内容；

（3）计划制订要科学合理。

第二节　总　结

【学习目标】

知识目标：了解总结的概念、特点、种类；掌握总结的内容与结构形式。

能力目标：掌握总结的写作技巧；拥有归纳总结概括经验的能力。

总结与计划是相辅相成的，要以计划为依据，总结是在计划完成之后进行的。其间有一条规律就是：计划——实践——总结——再计划——再实践——再总结。

总结是在计划执行一个时期或完成以后写的，它要检查计划的执行情况，又要反过来作为今后修订或制订计划的依据。总结是对已经做过的工作进行理性地思考、分析、评价，从中找出值得借鉴的经验、规律与教训。它要回顾的是过去做了些什么，如何做的，做得怎么样。

一、总结的种类

总结的种类很多，常见的有以下几种。

（1）按内容分，有思想总结、生产总结、工作总结、学习总结等。

（2）按范围分，有地区总结、单位总结、班组总结、个人总结等。

（3）按时间分，有年度总结、季度总结、月份总结、周结等。

（4）按性质分，有全面总结、专题总结。全面总结是一个单位、一个部门或个人对一段时间以来的工作，依据总结的主题思想的需要，所作的全面而细致的总结，其内容上突出一个"全"字。专题总结是一个单位、一个部门或个人，针对一段时间以来工作的某一方面，依据总结的主题思想的需要，有所侧重地归纳思想、突出经验与规律，寻找不足所作的总结，其内容上突出一个"专"字。

二、总结的特点

从写作内容看，总结具有如下特点。

（1）客观性，总结的内容与材料源自客观事实，是对已经发生过的事情的回顾与评价，要尊重事实，从工作实际出发，不能无中生有。观点的提炼，经验的归纳，规律的总结都不可以主观臆断。

（2）理论性，是指总结是从理论的高度回看做过的工作，从感性认识上升为理性认识的过程。对发生过的事情、做过的工作进行客观如实地分析，用科学的世界观和方法论评价和总结，对今后的工作具有借鉴、指导作用。

（3）典型性，是指总结是从以往的实践经验中，寻找典型的、有说服力的实例、数据，使总结出的规律性的东西具有典型性、代表性，从而用来指导今后的工作与实践活动。

三、总结的结构形式

总结一般由标题、正文和落款三部分构成。

（一）标题

总结的标题大体上有单行标题和双行标题两种构成形式。

单行标题由单位名称、时间、事由、文种组成，如《好利来公司 2013 年度市场营销工作总结》；有的总结标题只写事由和文种，如《工作总结》。总结的标题可以不体现具体时间、期限、单位名称，但是不能不体现事由和文种。

双行标题是由正标题、副标题组成。正题用于揭示主题，表达观点；副题用于补充说明总结的内容，或限定总结的范围。双行标题写法比较灵活，可以增强文章的感染力。如《顾客永远是上帝——欧亚超市售后服务工作总结》，正题解释了营销工作的宗旨，副题界定了总结的范围。

（二）正文

总结正文的结构由前言、主体、结尾组成。

1. 前言

前言也是正文的开头。一般要简明扼要地概述基本情况，交代背景，点明主旨或说明成绩，为主体内容的展开做必要的铺垫。例如："公司强不强，关键在领导；销售好不好，关键在市场。能否选配好公司'一把手'是加强公司营运与销售的核心。在工作中，我们积极围绕公司队伍建设这个重点，紧紧抓住市场研发与销售这个关键，着力走好选人、育人、用人三步棋，努力把市场开发引向深入。"

2. 主体

主体是总结的核心部分，其内容包括做法和体会，成绩和问题，经验和教训等。这一部分要求在全面回顾工作情况的基础上，深刻、透彻地分析取得成绩的原因、条件、做法以及存在问题的根源和教训，揭示工作中带有规律性的东西。回顾要全面，分析要透彻。

不同类型的总结，内容有所侧重，全面性总结其主体包括两个层次，即成绩和经验，存在的问题和教训。对于一般的工作总结，重点放在成绩和经验上。

总结正文的结构，主要采用逻辑结构形式。全面性总结根据过去一段工作中的成绩和问题，或者经验和教训的内在联系去组织材料。专题性总结以经验为轴心去组织材料。

3. 结尾

结尾或概述全文，或说明好经验带来的效果，也可以提出今后的努力方向或改进意见，展望未来。如"通过上述工作，促使公司的领导班子整体发挥了作用。不少营销经理提出'在职一天、开发一天'的口号，也出现了一批'舍小家，顾大家'的先进典型。"

（三）落款

总结的落款包括署名和日期两项内容，写在正文的右下方。如果标题中已有单位名称，这里可不再写。

【案例 5.2.1】

会计工作总结[1]

我从事多年的会计工作，对该项工作有一种特别的感悟和认识。为了今后更好地工作，也为了更多未来从事会计工作的年轻人拥有值得借鉴的经验，现将我对会计工作的认识作一下总结。

一、　会计工作是科学的

会计工作是科学而庄重的。无数会计研究者的劳动都带有科学的性质，例如会计实务是精致的，甚至可以说是艺术的，它所有的判断和结论都是有据可依、有法可循的。一个模型，一条曲线，即可验证人类文明，同时又是会计工作最真实的写照。

二、会计工作不能僵化

一部五千年的会计史，充满了嬗变、创新与跌宕。会计学海纳百川，繁衍出会计哲学、会计美学、会计心理学等人文学科，面对账簿、报表会计不再是一个只会说"不"的人，同样这里有原则、有沟通、有协调。长期股权投资、权益法核算，都可以合并在会计的人生报表中。

三、会计人员不能撒谎

古时的日清月结、年终汇总，均要求会计所提供的资料必须真实，如果发现不实则肢解或充军流放。古代会计要求会计人所提供的会计资料必须真实，以反映其受托责任的履行情况，现代会计亦是如此。会计虽然不是严格意义上的科学，但毕竟是一门有规则、有逻辑的学科。你可以是技术甚或艺术的会计，但不能亲近魔术。当会计人撒谎、假装真实的时候，这将成为一段痛苦而倒霉的经历。

四、会计工作不能失衡

"借""贷"并存，如王府豪宅门前的一对石狮；账实相符，如河边的树木与水中的倒影。俨然的对称，闪烁着会计之美。也有短暂失衡的时候，只要稍稍归集、分配，或者追溯调整，更紧密的均衡关系就又搭建起来了。什么账外账，什么小金库，无一不是单向作弊的伎俩，归入会计领地有些高抬了，说到底不过是诡计。

标题：概括了总结的范围、内容、文种。

前言：提纲挈领地概括总结的主要内容，表明目的，引起下文。

主体：这是一篇专题总结。从六个方面总结会计工作的经验、体会、感悟。本文视角独特，见解深刻，经验、教训同在，庄谐并重，幽默不失理性，堪称总结典范。

---

[1] 本文来自 2004 年 1 月《财务与会计》杂志张连起《会计的魅力》一文，略有改动。

五、会计工作不能铤而走险

会计人不能在触及会计底线的钢丝上做危险动作，即使你摇摇晃晃，一时不曾跌落，也是偶然性在起作用，任何一阵旋风，都可能使你骤然坠毁。最明智的是赶快从高空中回到平地，在泥土上留下深刻的脚印。

六、会计工作不能模棱两可

会计工作有时会模棱两可，比如计价方法的运用，会计估计的选择，难说哪一种方案就是正确的，然而这才是会计的魅力。不然无论多么玲珑剔透，潮起潮落之后，遗下的只是无珠的蚌壳与失根的水草。

2000多年前，山东曲阜人孔先生总结了自己做"委吏"（仓库保管）的经验，曰："会计，当而已矣。"什么是"当"呢？不过是真实性与中立性罢了。除了工作中有如此之多的清规戒律外，其实，会计人更需要关怀。为了坚强，把脆弱的神经藏起；激情的背后，延续着单调的节奏。快乐的元素可能少一些，但追求与向往一个都不少。我为这一职业感到骄傲和自豪。自打孔夫子成了我的同行，这会计工作就变得重复而新鲜起来。

娶个科学女神，嫁个艺术王子，这就是我从事多年会计工作的收获！

张连起

××年×月×日

> **结尾：** 回顾历史，感悟会计工作苦辣酸甜，展望未来，用幽默的语句结束全文。

> **落款：** 具名、日期。

四、总结的写作技巧

写作总结的时候，借助一定的方法和技巧有助于经验的归纳和规律的寻找，通常有如下一些方法和技巧值得借鉴、学习。

（1）理性而客观地总结与评价。在总结的写作中，常常出现不实事求是的现象。一种是将总结写成了"赞美诗"，另一种将总结写成了"检讨书"，这两种写法都不合适。总结要如实地评价自己以及工作，对成绩不要夸大，对问题不要轻描淡写。

（2）要总结出经验、不足与规律。在总结的写作中，要学会提炼能够反映主要思想和观点的事实与材料，进行深入细致地分析，谈成绩要写清怎么做的，为什么这样做，效果如何，经验是什么；揭示存在的问题时，要指明是什么问题？为什么会出现这种问题？教训是什么？要将问题要由感性认识上升到理性认识。

（3）使用第一人称。总结是总结本单位或个人的工作经验与不足，所以写作时要从本单位、本部门的角度出发来撰写，所以要用第一人称来写，表达方式以叙述、议论为主，说明为辅，可以夹叙夹议。

（4）共性和个性相结合。总结不是文学作品，勿须刻意追求个性特色，但是最忌讳千篇一律，这样的总结是不会有独到的价值的，因而也不会受人欢迎。要想写出个性化总结，就要有看问题的独特视角，鲜明观点的表达、成功经验的归纳、失败教训的

要点总结

前言： 概述所总结内容的基本思想和观点，或工作成果。

主体： 总结的具体内容，包括经验、感悟、存在的问题或原因。

结尾： 总结全文，展望未来、表明今后努力工作的方向。

总结都源自于新颖的有说服力的材料，在共性和个性相结合的基础上，才会有特别的体会。

（5）突出重点，详略得当。总结的写作选材不能求全，要敢于割舍。总想把一切成绩都写进去，不肯舍弃所有的正面材料，结果文章写得拖泥带水，没有重点，不能给人留下深刻印象。要想写好总结，最重要的一点就是要把每一个要点写清楚，写明白。

【案例 5.2.2】

面对挑战，完善自我
——2013 年个人学习总结

升入大学二年级，在学习难度加深和学习任务加重的情况下，我坚持"兴趣+信心+合理的时间安排+科学的学习方法+努力＝成功"的观点，面对挑战，不断完善自我，因此我的学习成绩保持稳定。现将学习情况总结如下：

一、兴趣是最好的学习动力

这学期学校为我们开设了《计算机网络技术》《西方经济学原理》等课程。平时我喜欢上网找资料，所以我对计算机课程的学习很感兴趣，我将这种兴趣投入到学习之中，无论是计算机基础知识还是上机操作技术，学习起来得心应手，本门课程我收到了良好的学习效果。《西方经济学原理》我原来就知之甚少，觉得很难学，结果上课也不认真听讲，课后也没看书。期中考试后，我意识到问题的严重性，所以我强迫自己看书，努力培养学习兴趣。结果越学越有趣，学习态度改变了，主动性也增强了，本门课程成绩有所提高。可见学习兴趣对学习效果、学习成绩有着极大的影响。

二、认真学好每一门课程

本学期除了开设的专业课外，学校还为我们开设了实用性很强的基础课程，如演讲与口才、应用写作、交际的技巧、实用礼仪等。刚开始上课时，我觉得这些课程不属于专业课，未来也没有什么重要用处，而且平时对这些学习内容也不感兴趣，所以上这些课时就不太认真。一次社会实践工作招聘会，让我改变了学习态度。就因为自己的表达能力、与人沟通的能力比较差，导致自己没被录用。这件事改变了我的学习态度，从此后我认真听讲，抓住机会上台演讲，在实际生活中主动运用学到的相关知识，收获很大。

三、合理安排时间

本学期由于课程开设得比较多，还要外出实习，所以总感觉有些手忙脚乱。期中考试的成绩不太理想。为此我对学习以及外出实习、个人生活时间做了重新规划。学习、实习兼顾的基础上，将突破学习难点作为学习重点，坚持不因为外出实习而耽误课程，因为学习是学生的天职。以前我总是"临时抱佛脚"，学习时间没安排好，现在我吸取了大一的教训，尝试每天晚上写好明天要做的六件事，根据实际情况计划好学习、休息的具体时间。当形成一定的学习习惯时，学习效果自然就显露出来。

四、采用科学的学习方法

每门学科都有其规律，不掌握良好的学习方法，就收不到良好的学习效果。就拿英语来说，不能只知死记硬背，那样很快就忘光。我发现用句子记忆法更好用，课后尝试用单词造句；另外将所学英语用于实际工作中，真正做到学为所用，也是不错的学习方法。

除此以外，我在学习上也有很多不足之处。如不分主次，学习重点不突出，对应该掌握的知识还不够牢固，突破学习的重点难点方面做得还不够好，所以没能顺利通过大学英语六级考试。今后我将进一步总结经验教训，克服不足，力求把自己下一阶段的学习搞好，成为一名合格的大学毕业生！

×××

2014 年 1 月 5 日

标题：引题揭示总结的主题，正题交代总结的时间、范围、内容、文种。

前言：高度概括，表明态度、观点。用过渡语引起下文。

主体：这篇专题总结，从四个方面总结学习经验、体会和感悟。紧紧围绕"学习的实际情况"作总结，找出经验与规律。语言质朴，总结深刻。

结尾：指出学习中的不足之处。表明态度，努力改正错误。

落款：具名、日期。

知识拓展

总结和计划的联系与区别

　　总结与计划既有联系，又有区别。它们都以自身为对象，着眼于未来的工作，其区别表现在计划要解决"做什么""怎么做"的问题，制订于事前；总结要回答"做了什么""做得怎样"的问题，形成于事后。计划一经实施，对制订计划的单位具有直接的指令性作用；总结一经成文就形成了对做过的工作的一种结论性认识，无论经验与教训都可以成为以后开展工作的借鉴。

【感悟升华】

一、填空题

　　1. 总结的主体部分的主要内容包括（　　　）、（　　　）、（　　　）。

　　2. 总结的主要特点包括（　　　）、（　　　）、（　　　）。

二、实践训练

　　1.写一篇入学以来的学习总结。

　　要求：（1）合乎总结的写作要求；

　　（2）要有切身体会；

　　（3）要概括出规律性的东西；

　　（4）1500字左右。

　　2. 结合任务单5.1，完成写作任务。

任务单5.1

总结任务单

任务名称	专业实习总结		完成时间	
姓　　名			班　　级	
布　置　任　务				
任务描述	大学毕业前同学们都要参与社会实践，在实践中将课堂所学理论知识转化为实践技能运用到工作岗位中去。例如笔者所在学校商贸分院的学生到青岛啤酒长春大区办事处实习，虽然时间不长，但在这短暂的时间里同学们学到了很多的东西，对快速消费品行业的基本业务流程和市场状况有了基本的了解。 　　结合你所学专业的特点，结合你的实习工作经验，根据个人感受，写一篇实习总结。			
知识储备	1. 总结应从何处入手来写，如何搜集整理实习材料？ 2. 怎样归纳、概括总结的经验与收获？ 3. 掌握总结的写作知识，总结的写作技巧。 4. 优秀的总结应具备什么特点？			
完成形式	写作一篇总结，用幻灯片以演讲的方式进行讲述。			

续表

具体 要求	1. 选定实习中感悟最深的几个片段概括和总结； 2. 所选事例要能够突出总结的主题，能从中提炼出明确的观点； 3. 能够准确地概括出实习的重要意义； 4. 语言要清晰、准确，不拖泥带水，合乎事务语体要求。
资讯 引导	1. 阅读《应用写作》杂志学习总结的写作知识； 2. 欣赏文言文《曹刿论战》深入了解其中总结的奥妙； 3. 欣赏优秀的实习总结若干篇。
学生 互评 笔记	
教师 评语 笔记	
完成 任务 总结	谈谈写作总结过程中遇到的困惑及感悟。

注： 本任务单只用于读者完成任务中做笔记使用，完整任务单见本书配套资料。

第三节　申　论

【学习目标】

知识目标：了解申论的特点；掌握申论的结构形式。

能力目标：把握申论写作技巧；辨析申论与传统作文的异同；运用申论处理工作问题。

申论是国家录用公务员的一种考试形式。通过考生对所给定材料的分析、概括、提炼、加工，衡量考生把握现象、提出问题、分析问题、解决问题的能力。其中也包含对考生阅读理解能力、综合分析问题能力、与人沟通能力、书面语言表达能力的检验与考核。

【案例 5.3.1】

弘扬传统节日文化，增强民族自信

　　每年圣诞节前后国内各大酒店、商场纷纷推出名目繁多、价格不菲的庆祝活动或商品，这让国内老一辈人有些心里不安。到底应该过什么样的节日、怎样过都引起了人们一系列的思考，网上的讨论也非常之多。

　　弘扬中华民族的传统节日文化，增强民族自信已经成为国人关注和要解决的问题。这不仅仅是节日怎样过、过什么节日的问题，更是关系到对年轻一代民族自信心的培养以及传承中华民族节日文化的问题。如何让更多的中国人乃至全世界人深深地感受中华

这是依据所给材料写成的一篇申论文章。标题揭示文章的主题。

背景材料： 交代事情的原委。

前言，高度概括背景材料，提出全文的中心论点，点明

民族传统节日文化的魅力呢？

首先，中华民族文化源远流长，数千年的传统民族文化的积淀，形成了我们独具特色的节日文化特色。许多节日表达着中国人民对未来美好生活的向往与祈福之情，抒发着中华儿女的特殊的情怀，成为代代相传的情感纽带，彰显着我们民族文化的内涵。这些节日文化也对全世界带来了非常大的影响。

其次，节日文化不是简单的几天休假，或吃几种美食，它是中华民族文化认同感的充分体现，是全世界对于这一国家、这一民族认同感的重要体现也是国人团结一心，共创家园的凝聚力的体现。

再者，中华民族的复兴包括文化复兴，文化复兴也包括节日文化的传承与复兴。在节日文化的传承与复兴中，更能培养民族的自信心。为此，国家也出台了相应的措施与办法，对弘扬传统节日文化，增强民族自信心起到了推波助澜的作用。

从国务院办公厅关于节假日的放假通知中，我们不难看出政府对节日的重视程度，清明节、端午节、"五·一"劳动节、国庆节、中秋节、春节等都有了明确放假规定，从法律、法规的角度保护公民的休假权，中央电视台以及省级电视台也为传统节日安排了特定的节目，挖掘传统节日的文化内涵，聘请文化学者讲授节日历史文化知识，弘扬中华民族的传统文化，感受中华民族节日文化的魅力，提升了传统节假日的影响力，有助于中华民族传统文化的兴盛与流行。

倡导过中国的传统节日并不是拒绝或反对国外的"洋节"，无论国内的节日还是国外的节日，我们要本着"取其精华，去其糟粕"的原则，保持与时俱进，尊重传统，在以中华民族传统节日为载体的基础之上，重视节日文化内容与形式的创新，将更多的欢乐融入我们的节日中，让全中国人民乃至世界人民，共同感悟中华民族健康、积极向上的节日文化，自信满满地过好每一个属于我们自己的节日。

主旨。

主体：具体分析"传统节日文化，增强民族自信"的深刻内涵，以及带给世界的重要影响。从另一个侧面揭示传统节日文化，对一个民族的重要意义之所在。挖掘深刻意义，针对性强、具体翔实。过渡句承上启下。

结合自身的感受对材料进行整合、发挥，展现出良好的文化底蕴及论证的逻辑性。

结尾：站在一定的理论高度对此类事件作出总结。畅想未来，升华主题。

一、申论的特点

唐代诗人刘禹锡曾经写过一首《昏镜词》，刘禹锡在词前的序言里向人们讲述了一个社会怪象：镜工放在店铺里出售的竟然十面有九面是"昏镜"（即模糊不清的镜子），只有一面是明镜。现实中昏镜畅销，明镜滞销。职场公务员要想写好申论，是做一面明镜还是一面昏镜值得思考。申论实际上是写作者寻找对策解决问题的过程。

"申论"一词出自孔子的"申而论之"，是对某一事物、现象或问题作出说明、发表见解、进行论证的过程。2000 年国家将申论作为一种应试文体，用于国家机关公务员录用考试之中，考察应试者的阅读理解、分析判断、解决问题的能力，以及语言表达能力、文体写作能力、时事政治运用能力、行政管理等能力。

申论的写作过程，实际上就是公务员完成日常工作流程的复原，其特点如下。

（1）实用性。"申论"通常是针对特定的事实，用论据进行论证、申述，把事情说清楚，讲明白。公务员考试中的"申论"就是针对当前的社会热点和难点问题进行分析、论证，提出对策，找到解决问题的最好办法。写作"申论"是为了解决实际问题，例如探讨环境污染、商业贿赂、教育改革、医疗改革、社区医疗服务、校园安全等，都是为了解决实际问题而写作。

（2）对策性。"申论"的写作过程实际上是提出对策、方案的过程。提出的对策必须是依据材料的主要问题进行有效分析，抓住反映主要矛盾的材料。通过有针对性地对一个或某几个特定的社会问题或社会现象的分析，准确理解材料所反映的主要内容，并能在把握材料主旨和精神的基础上，形成并提出自己的观点、思路或解决方案，准确流畅地用文字形式表达出来。提出对策要有整体思考，如与相应的法律法规、监督制约、舆论宣传等相符和。

（3）可行性。申论中提出的对策要符合客观规律、道德规范、法律法规。政策上可行，财力上可行，伦理上可行，心理上可行。申论中所提出的政策、制度、规章、条例、措施、办法等都要合乎民情与民心。让更多的受众能接受，这就是可行性。处理问题的具体办法要落实到部门，有步骤、有方法。形式上依据主体选择合适的文种，灵活运用，如讲话稿、演讲稿、请示、报告等。

（4）定位性。所谓的定位性是指申论的写作不是凭空而来的，无论什么社会问题，都不能凭空发挥。写作者在对给定材料的分析、概括、提炼、加工的基础上，以材料为基础和依托，以某一部门的工作人员或某一岗位上的负责人的"虚拟身份"为写作的出发点，借助自身的社会实践经验或生活体验，在对给定材料理解分析的基础上，发现和界定问题，作出评估或权衡，提出解决问题的方案或措施。

二、申论的结构形式

申论的结构由标题、正文和落款三部分组成，具体如下。

（一）标题

申论的标题有两种形式：一种是给定标题，要求考生写作；另一种是要求写作者自拟题目。常见的标题拟定的方式如下：

（1）论点即题目，如《房价上涨过快，出现泡沫》《国强才能民安》。

（2）名言警句型，如《山不在高，有好干部则名》《俯首甘为孺子牛》。

（3）试论（浅谈）+解决问题型，如《浅谈农村医疗改革》《试论小康生活的标准》。

（4）做法+目的型，如《采取切实可行的办法，解决食品安全问题》。

（5）反问设问修辞型，如《领导会看我们的留言吗？》《有麦克风你敢发言吗？》。

（二）正文

申论的正文由三部分构成，它包括前言、主体和结尾。

1. 前言

前言部分也叫概要部分，是依据给定材料，客观地概括出材料所反映的问题涵盖几个方面、几个层次，或者是材料反映的内容包括几个方面的意见或争议。具体写法如下。

（1）开门见山法。申论文章讲求时效性，直接深入论述也不失是一种很好的真正"开门见山"的开头方式。直接分析论述开头，要强调分析的深入性。

（2）举例法。举实例作为文章的开头是申论文章中常用的一种方法，这种例子可以是给定材料中的，也可以是世人皆知的材料以外的内容，开头所举事例要尽可能做到语言生动、内容精练、举例典型、直入主题，但一定要强调事例本身的说服性、典型性。

（3）引用名言法。这里强调的是申论文章中的引用部分要尽可能是"时代最强音"，因为时代的最强音是党和国家的领导人高瞻远瞩、统领全局、深入总结实践经验、反复调查研究的智慧的结晶，是时代的主旋律。当然是我们工作的指导思想，也是申论文章有力的论据。

2. 主体

主体部分也称深入分析部分，也叫分析主题、把握重点部分。申论文章的分析部分一般可以就主题的几个方面进行分析，如解决问题的重大意义，问题的严重性、迫切性，问题的复杂性、艰巨性，问题原因的分析，问题出在哪些方面等。

主体部分要求概括材料中的人物对材料所涉及的任务、活动、情况等持有的态度、观点或看法。同时还要分析其目的、意义、必要性、对做法的效果和存在问题进行分析。在主观驾驭材料的基础上，向外拓展，既能立足于材料，保证良好的针对性、具体翔实性，又能结合自身的思想经验对材料进行整合、发挥，富有逻辑性、条理性。准确把握重大的社会现象、社会问题的关键实质，合理地上升到一定高度，这是申论文章分析问题的重要技巧和要求。但也不能太牵强，而是要有理、有力、有充分的论证作为前提。

案例 5.3.2

长期以来"北上广"是大学生们找工作的首选城市，但如今有一种现象，年轻人开始纷纷逃离"北上广"，可以从如下几个方面寻找原因：首先是生活"亚历山大"，成本高，房租、交通费占据收入相当大的比例；其次，人才荟萃，竞争激烈，成功率低；再者，如果结婚，未来子女户籍、上学等诸多问题难以解决。

点评：本例文主体部分原因分析客观、真实，考虑问题全面，有理有据，为后文问题的解决起到铺垫作用，引出下文。

3. 结尾

结尾也叫提出对策部分。概括材料中的人物所提出的建议、措施及相关方面的正确经验做法，核心是考察解决实际问题的能力。提出的对策必须是全方位、多角度的，虽然离不开考生个人的阅历和知识，但这里必须牢记自己的答题身份——政府公务员。要有角色意识，也就是说在答题时发出的声音不是你自己的，而是代表政府机关的整体形象。所思、所想都必须站在政府的角度，提出的方案要就事论事，可以执行，不能大而空，要切实可行。不能有自己的好恶，考虑问题要冷静、全面、客观，不能出现越权或职能缺失的情况。

要点总结

前言：也叫概要部分，引出主题。
主体：综合分析部分，分析问题。
结尾：提出对策部分，引人深思。

申论文章不需要像一些艺术性的文章在结尾留有悬念，要求将该论述的问题论述清楚、透彻，概括、总结、点题最重要。

（三）落款

落款包括署名和日期。依据所确定的文种来决定落款的具体形式、位置。一种是把名字写在正文标题下，居中；另一种是把名字写在文章结束后右下角。名称可以是以单位名称具名，或者直接就写作者名字。

名言录

人生好比住房子，有的人看见一栋房子就住进去，这可以解释为物欲；有的人进去了，但觉得第一层没意思，上了第二层住下来，可以解释为科学、艺术的一层；还有的人上了第三层住下来，这是哲学、宗教层。

——丰子恺

三、申论的写作技巧

要想写好申论，一方面要有扎实的写作基本功，另一方面还需要有丰富的社会实践经验。具体的写作技巧如下。

1. 仔细读

仔细读是要求考生要带着问题去读申论考试所给的材料。注意哪些材料表明的是问题的现象，哪些材料关乎问题的本质，哪些材料与分析问题、解决问题有关，这才是阅读材料的关键之所在。此时的阅读是为写作而服务的，具体可归纳为如下几种方法：把握文章题干中的要求、概述题干中的要求、把握一定的阅读技巧；在完整通读材料的基础上，通过材料中重要人物的观点、言行或重要的政策、做法来最终确定材料的主旨。

案例 5.3.3

有感于在德国的城市列车上，经常可以看到随身携带口袋书的人，拿出书来默默地在读，车厢里也很安静……

读书，如今谁在读书，读什么书，怎样读书，这不仅仅反映了一个人、一个国家乃至一个民族的价值取向，而且更体现了个人、国家、民族的软实力，也是一个民族素养的综合体现。

点评：阅读本例内容你是否抓住了关键词语，如"不仅仅……而且……，也是……"这样的语句，它们在文中起到了强调关键内容与思想的作用。同时前面"德国的城市列车上"的举例也是在提醒阅读在德国已经形成良好的习惯，应该引起国人对读书的重视。这才是所给材料的真正用意。

2. 分析透

针对材料反映的主要问题从不同角度进行分析，得出不同观点。材料始终是申论的根本。一方面充分利用材料，而且利用材料的方式要灵活多样，以确保对策的针对性、翔实性、全面性；另一方面，又不拘泥于材料，需要有思想、有经验，以对材料进行提炼、加工和发挥，让观点来源于材料，又高于材料。如"毒奶粉""瘦肉精""地沟油"等事件一定说明某些问题，你怎样看待这些问题？在仔细阅读材料后，要从中分析得出结论，提炼观点，同样是谈论道德问题，所给材料不同，得出的结论也是截然不同的。

3. 观点新

分清论点与论据、事实与观点，分析事实的原因与结果，研究材料的逻辑关系，善于把握作者的基本观点、基本倾向、基本论调。如下面的两则消息，一则《四川雅安地震乡干部因工作组织不利而被免职》；另一则是《雅安地震被免职乡干部继续为百姓排忧解难》。这是发生在同一个人身上的不同两件事情，我们分析上述两个材料得出结论是：这仍旧是一名人民的好干部。怎样才能够挖掘出深刻的主题，有新的立意是关键。

4. 对策准

所谓对策，是说申论写作者要借助自身的实践经验或生活体验，在分析、理解给定的材料的基础上，发现问题，提出方案，制订措施，解决问题。

所谓"准"，对所涉及的相应工作要有整体思考，符合行政管理的一般原理。在保持全面性的同时，对策条理要分明，运用独立而富有灵活性的思维方式和思想品格；站在社会转型的高度梳理、分析当下的重大社会问题，形成开阔的理论视野。如《如何补齐道德"短板"助推中国经济各项改革稳步向前》，就这一论题发表看法应如何组织材料，表明观点呢？

案例 5.3.4

温家宝提出，要把加强道德文化建设放到更突出、重要的位置上；在新的历史条件下，"要从绵延数千年的中华优秀传统文化中汲取营养，从世界优秀的文明成果中取长补短"。复旦大学历史学系教授钱文忠表示，解决道德失范可从中国传统文化中寻找答案。《三字经》《百家姓》是大众所熟悉的；蒙书《弟子规》短短 1 080 字、360 句的一本书蕴含了做人、做事的智慧，113 个活泼亲切的故事，告诉孩子们应遵守的规矩，书中重视道德培养胜过知识学习等主张，恰是现代教育需要补充的部分。中华文化历尽曲折，虽亡羊补牢，相信为时未晚。

点评： 本例依据文章写作要求引用上述材料，找到了补齐道德"短板"、助推中国经济各项改革稳步向前发展的方法与策略，十分有说服力，主题因这样的选材变得深刻而鲜明了。

四、申论与传统作文的异同

古代科举考试有八股文的考试形式，要求就给定题目论证某项政策或对策并撰写论文，被称之为"策论"。申论与策论和传统的作文有些类似，但又有很多不同之处。它比一般作文难度要大一些。申论考试的内容、方法及测评要素，涵盖了作文和策论两种考试的基本方面。

（1）申论考试主要考查应试者对党和国家方针政策理解与运用的能力；作文侧重考查应试者如何运用一定的材料揭示主题，如何安排文章结构，借助怎样的语言来表达作者思想感情的一种能力。

（2）作文无法全面体现考生的综合素质，尤其是解决、处理实际问题的能力；申论考试更侧重考查应试者发现问题和解决问题的能力，有较强的综合性和针对性；

（3）申论考试要求应试者摒弃套话、空话，立足现实性，有针对性地分析问题、解决问题，发挥自己的优势，勿需过分地抒情与描写，通常使用事务语体；而传统作文根据文体的特点，可以综合运用各种表达方式，通常使用抒情语体、文艺语体、政论语体的时候比较多。

知识拓展

公务员应该具备的能力

申论考试实际是在考查国家公务员应该具备的能力。那么到底应该具备哪些能力呢？

（1）准确筛选信息，获取关键信息的阅读理解能力；

（2）归纳、整理材料进而提出问题的能力；

（3）从现象到本质的综合分析能力；

（4）站在客观的角度解决问题的能力；

（5）依据语体特点，以规范、简洁、准确的文字表达思想观点的能力；

（6）清楚社会组织架构以及职责流程的社会认知能力。

【感悟升华】

一、填空题

1. 申论的前言部分也叫（　　），主要任务是（　　）。
2. 申论的主体部分也叫（　　），主要任务是（　　）。
3. 申论的结尾部分也叫（　　），主要任务是（　　）。

二、多项选择

体现申论写作特点的选项是（　　）。

A. 对策性　　　　B. 可行性　　　　C. 实用性　　　　D. 引导性

三、实践训练

依据给定的材料，按照要求进行写作训练。

（1）打开任何一个网站，无论是读者在阅读，还是在查找信息，游荡式网络广告几乎随处可见。虽说广告面积很小，但广告总是随滚动条一起共同进退，很多读者都特别反感。它的危害真的不小。

（2）一天凌晨，王女士正在家中熟睡，突然被一串急促刺耳的电话铃声惊醒，这一突如其来的骚扰大约持续了2分钟。接起电话，原来是电话录音，内容是你中奖了。

（3）如今未成年人因迷恋上网聊天而引发的刑事案件非常多，有的人涉嫌犯罪。他们以侵犯财产为目的，抢劫手机、现金，有的团体作案。在犯罪手段上，呈现出有计划性和有组织性。

（4）最近来自全国少数民族自治区的160名学生作为××大学网上第一批学生，开始通过互联网接受先进的教育理念和科学知识。这体现了少数民族地区学生教育跨越到大众教育并从传统教育跨越到网络教育，可见现代远程教育的作用。

写作要求：

1. 给定材料一个反映了网络给社会生活带来的种种影响，一个反映了少数民族地区的教育问题。从政府制定政策的角度，进一步提出对策建议。就所提出的对策建议进行论证，既可全面论证，也可就某一方面重点论证。

2. 任选其一，写一篇800字左右的申论文章。要求有条理，有针对性，措施切实可行。

第四节　可行性研究报告

【学习目标】

知识目标：了解可行性研究报告的内涵；掌握可行性研究报告的结构形式。

能力目标：培养一定的项目研究能力；能够写出科学、合理的可行性研究报告。

经济应用文写作

【综合实训】

预习"可行性研究报告任务单",课后独立完成该任务,然后进行交流。

可行性研究报告任务单

任务名称	大学生自主创业可行性研究报告		完成时间	
姓　名			班　级	
布　置　任　务				
任务描述	大学生自主创业已经成为当下毕业生就业的重要方式之一,成为一种创业热潮。无论从事何种行业,如果在创业之前能够对该行业有充分的了解,深入调查、分析,对锁定的项目做可行性研究,都将对你未来创业打下坚实的基础。在为社会贡献一份力量的同时,也实现了自己的人生价值。这就要求我们多多留心身边的商情、商机,学会发现、想到、看到。结合所学专业的特点,请同学们完成如下任务: 1. 结合创业热潮和自身的实际情况,寻找适合自己的就业项目做研究,为今后就业打下坚实的基础; 2. 对选定的项目做可行性研究的准备工作,制订市场调查方案; 3. 对目标市场实施调研,掌握市场信息; 4. 整理筛选信息,进入可行性研究阶段。			
知识储备	1. 做市场调查与分析前需要做哪些准备? 2. 如何搜集信息,寻找到适合自己的研究项目? 3. 采用什么方式、方法做调查更适合选定的项目? 4. 如何运用资料、数据来论证项目的可行性? 5. 可行性研究报告的结构形式、写作技巧; 6. 可行性研究报告的写作要求。			
完成形式	写作一份可行性研究报告,以演讲的方式讲述报告。			
具体要求	1. 结合专业特点进行项目调查研究; 2. 调查方案的制订要合理,执行度强; 3. 实事求是地评价所获得的信息; 4. 调查时要学会与人沟通; 5. 关注创业项目研究,撰写对未来就业有指导意义的可行性报告。			
资讯引导	1. 关注中央电视台财经频道《生财有道》节目; 2. 阅读俞敏洪在同济大学的励志演讲《度过有意义的生命》,以及他在北京大学企业家俱乐部成立大会上的演讲《北大精神与企业家使命》; 3. 阅读马云《写给在工厂上班的同学们》的演讲。			
学生互评笔记				
教师评语笔记				
完成任务总结	谈谈撰写可行性研究报告时遇到的困惑以及感悟。			

注:本任务单只用于读者完成任务中做笔记使用,完整任务单见本书配套资料。

可行性研究报告是一种专业性极强的文体，写作中涉及诸多实践与理论方面问题，且大多无现成的参照，写作难度较高。报告可行与否常常掌握在研发项目的机构或团队手中，及时发现，认真研究，一切皆有可能。

某一经济活动、经济建设项目或科研项目在实施之前，通过对市场信息的全面收集分析、研究、测算、论证，对其政策或规模、技术力量和水平、实施方案或措施及其投入与产出等，进行全面的技术论证和经济分析，从而确定该项目实施的可行性和有效性，这样的书面材料就是可行性研究报告。

一、可行性研究报告的特点

从可行性研究报告的性质看它具有如下特点。

（1）可行性。可行性既是一种设想，又是进行研究与开发努力的理由与原因。可行性研究的背后要有强大的技术力量的支持，如材料的客观真实性，思维、论证方法的科学性；同时它也要求报告中项目要从实际出发，实事求是，遵循客观经济规律。同时还要考虑到报告的可行性是否符合国家的相关政策。

（2）严密性。严密性一方面是指论证的严密，另一方面是指论据的真实可靠，具有较强的说服力。此外还指论证方法的正确严密。可行性研究报告是集体的智慧结晶，学科可能是多样的，角度是多方面的，参与论证的人员应该来自不同部门或机构，这样更接近事实。严密性使可行性研究报告付诸实施成为可能。

（3）阶段性。阶段性是指可行性研究报告从项目的产生到论证，再到实施本身就是在一个个不同的阶段中进行的，具体的论证过程本身也是逐步进行的，如机会的寻找、项目的发现、专家的研究与分析、方案的设计、报告的形成；而其中还包含着诸多细节过程如分析得出结论是否有可能性、判断可行程度、选择最佳方案、书面报告的完整提交等。

二、可行性研究报告的种类

依据不同的标准，可行性研究报告有如下种类。

（1）按照范围分，可行性研究报告可分为小型项目可行性研究报告、大中型可行性研究报告。

（2）按照性质分，可行性研究报告可分为建议型可行性研究报告和补充型可行性研究报告。建议型可行性研究报告（肯定型建议、否定型建议）对已经趋于确定或有可能实施的可行性研究报告提出肯定或否定的意见，指明某一项目具备或不具备实施条件以及实施的可行性和必要性。补充型可行性研究报告对已经趋于确定或有可能实施的可行性研究报告在内容、策略、实施措施等相关方面做进一步的补充，使之更加完善，更加可行。

（3）按照内容分，可行性研究报告可分行业相关政策可行性研究报告（宏观的）和市场研发项目可行性研究报告（微观的）。

三、可行性研究报告的结构形式

可行性报告一般由封面、摘要、目录、标题、正文、落款、附件几个部分组成，前三者与其他应用文差别不大，本处略去不讲。

（一）标题

可行性报告标题一般有完整式和省略式两种。

完整式，编写单位名称+项目名称+文种。例如，《长春一汽大众汽车股份有限公司中德合资研发新宝来项目可行性研究报告》《长春市轨道客车股份有限公司关于城市地铁一期工程可行性报告》。

省略式，项目名称+文种。例如，《关于开发南部新城的可行性研究报告》《关于引进环保餐具设备的可行性报告》。

（二）正文

可行性研究报告的正文通常包括前言、主体和结论三个部分。

1. 前言

前言又称总论，主要写明项目提出的背景、依据、目的、报告的主要内容、研究结论的要点、研究中存在的问题及建议等。前言部分最常见的写法是写在什么时间、什么地方、用什么方法、由谁负责进行什么项目的可行性研究等内容。文字要求简洁明了，篇幅不宜过长。

2. 主体

主体是可行性研究报告的核心部分，这一部分主要是对所申报项目的必要性、可能性和技术经济指标做具体的分析与论证，最终得出是否可行的结论。对项目进行可行性分析论证，具体包括如下内容：①广泛的市场调查；②项目规模、实施方案分析；③研发项目的技术水平、力量的说明与分析；④所需资金来源分析；⑤该项目所能带来的经济效益分析。

3. 结尾

结尾是总结概括，形成结论，在供求预测、技术论证、经济分析的基础上，对项目作出综合评价。评价结论有三种情况：非可行性结论、可行性结论、弥补性结论。结论切忌模棱两可，含糊其辞。

（三）落款和附件

落款要标明完成可行性报告的报告者、报告日期。如在标题下注明，在这里可以省略。

依据结论的需要，往往还需要加上一些附件，主要包括不能写在正文内的各种论证材料、试验数据、调查数据、计算图表、附图等，以增强可行性研究报告的说服力；或者是不宜在正文中出现，但又是对于论证必不可少的材料，如设计图纸、统计图表、试验数据、文字性论证材料等。

案例 5.4.1

标题　江苏省宜兴市建立安吉白茶会所的可行性研究报告写作提纲

前言
1. 安吉白茶需量大、拥有潜在的市场；
2. 分类生产，注重生产工艺；
3. 国内其他城市白茶资源短缺。

前景美好

主体
4. 宜兴茶资源丰富，占我国65%——客观条件具备（自然条件分析）
5. 市场调查预测，形势喜人——只盈不亏（市场调查）
6. 引进生产工艺设备——可解决（技术力量和水平分析）
7. 销售、品茶、茶文化模式多样——优化（规模和方案分析）
8. 厂址、水、电、交通、环保——协商解决（客观条件分析）
9. 投资概算及筹资办法——切实可行（资金来源分析）
10. 经济效益可观（经济效益分析）

结论 可行

结论　江苏省宜兴市建立安吉白茶会所是可行的。（得出可行性结论）

附件　投资概算分析表（论证的需要）

要点总结

标　题：项目承办单位名称、项目名称、文种。

前　言：背景、依据、目的、主要内容、结论要点。

主　体：对所申报项目的具体分析与论证。（必要性、可能性、经济预算）

结　尾：总结概括，形成结论。

附　件：论证材料、实验数据、调查数据、计算图表

四、可行性研究报告的写作技巧

要想写好可行性研究报告，就要掌握可行性研究报告的写作技巧。

1. 提前做好市场调查与分析

项目可行性研究是一门综合运用多种学科的知识，寻求使投资项目达到最佳经济效益的研究方法。它的关键任务是以市场分析为前提，以技术为手段，以经济效益为最终目标，对拟建的投资项目，在投资前期全面、系统地论证该项目的必要性、可能性、有效性和合理性，作出项目可行或者不可行的结论。要运用科学的方法和确凿的数据，交代清楚国内、国外市场的供求情况及发展趋势，力求预测准确、可信。

名言录

思想会变成语言，语言会变成行动。

——佚名

经验固然重要，但观念的正确与否起决定作用。经验只能做好现成的东西。

——佚名

可行性研究报告市场调查的主要内容包括消费者需求、生产供应、销售渠道、新产品发展趋势、市场竞争、国外市场状况。

可行性研究报告的市场调查的程序包括如下步骤。

（1）确定市场需求目标：如产品的供应量、需求量、市场占有率等；

（2）制订调查计划：调查对象范围、调查方法、培训调查人员、制订进度计划；

（3）开展调查：广泛调查、问题反馈；

（4）调查结果：调查报告、调查结论。

可行性研究报告重点要解决的问题如下。

（1）能否获得了所需要的专门技术；

（2）能否达到一定的经济规模、投资能力、市场有效需求及可能取得的市场份额；

（3）政府对市场有哪些管制政策，投资许可，生产许可；

（4）能否打破既成的市场格局，取得一定的市场份额；

（5）先入企业的技术与品牌优势，用户对后进入者的认可。

2．做好技术论证

所谓的做好技术论证，主要是运用资料、数据来论证项目的可行或不可行。写作中抓住以下几个方面：国民经济中长期发展规划和产业政策，委托方的意图，有关的基础资料，有关的技术经济方面的规范、标准、定额等指标，参考有关的经济评价的基本参数和指标。目的是为后文作出可行或不可行的结论提供依据。

> **名言录**
>
> 思想会变成语言，语言会变成行动。
>
> ——佚名
>
> 经验固然重要，但观念的正确与否起决定作用。经验只能做好现成的东西。
>
> ——佚名

3．周密的经济分析

在进行经济分析时，要周密翔实地估算出项目所需总资金，也要估算出项目实施的各个部分和不同时间中所需资金的具体比例。要正确估算固定资产和流动资金。要有针对性地分析项目的资金来源、筹措方式及贷款偿付方式。经济分析主要包括投资估算、收益估算、投资回报估算。投资估算，即项目所需的全部资金的估算，分为固定资产投资、流动资金投资两部分；收益估算，即估算成本、售价、销量、利润等；投资回报估算，主要是对投资回报率的高低、回报年限的长短等的分析。

五、可行性研究报告的写作要求

可行性研究报告的写作要求如下。

（1）遵循客观经济规律。撰写可行性研究报告时，要放宽眼界，要把问题放到社会大背景上去考察，遵循客观经济规律，考虑到内外因素，同时需着眼未来。

（2）实事求是分析问题。分析问题要实事求是，一分为二，做到客观公正，不偏不倚。

（3）运用科学的方法进行分析。对项目进行分析时要讲求科学，项目效果与经济效益并重。

（4）中心明确，论证有力。论证全面，不偏不倚。

【案例5.4.2】

××市双阳区修建御龙温泉的可行性研究报告

现代人工作、生活压力大，锻炼身体，提高生命质量，提升幸福指数已经迫在眉睫。但很多时候迫于环境、工作时间多方面的原因，没有办法在短时间内找到更适合的娱乐地点和娱乐方式。基于上述缘由，我们做了实地考察和多方调查、研究、论证，得出结论：在长春市双阳区修建御龙温泉是可行的。

1．东北人对温泉洗浴的需求人数较多；（略）

2．与其他洗浴中心不同，御龙温泉的修建要成规模，有特色；（略）

> **标题：**单位、事由、文种。
>
> **前言：**项目提出的缘由、依据。
>
> **主体：**项目可行的理由、必要性、可能性和技术经济指标所做的具体分析与论证。分析修建御龙温泉所具备的客观条

3. 吉长两市内缺少天然温泉洗浴娱乐中心；（略）

4. 东北地区因冬季寒冷，缺少吃、住、洗、娱乐于一体的天然场所。（略）

5. 双阳区天然温泉水资源丰富，占我国××%；（略）

6. 市场调查预测形势喜人——只盈不亏；（略）

7. 修建设计理念工艺独特，引进国外先进设备；（略）

8. 建设规模适中，经营理念超前；（略）

9. 所选地址的水、电、交通、环保等相关问题都可以解决；（略）

10. 投资概算及筹资办法切实可行；（略）

11. 据目前预测，经济效益可观。（略）

综上所述及分析，在长春市双阳区修建御龙温泉是可行的，它将为吉长两市更多的人提供方便，御龙温泉也将成为更多人健身、疗养、休闲、娱乐的好去处。

御龙温泉可行性研究领导小组

××××年×月×日

附　件：论证材料、数据、计算图表、附图

右侧旁注：

件，市场调查结论可行，文章从规模和方案分析、硬件条件分析、资金来源分析、经济效益分析，目的是为得出可行性结论做充分的铺垫，提供大量有说服力的论据。

结论：顺理成章地得出报告的可行性结论。

落款：具名、日期。

附件：必备的证明性材料。

【感悟升华】

一、判断题（对的打"√"，错的打"×"）

1. 可行性研究报告不需要专业知识。（　　　）

2. 可行性研究报告可以写成调查报告。（　　　）

3. 可行性研究报告要通过对市场信息的全面分析、论证。（　　　）

4. 可行性研究报告主要看能否满足市场需求。（　　　）

二、实践训练

1. 请根据下面内容分别拟定标题

（1）某国际商业中心欲在你所在的大学附近开设大型超市，请你代拟一份可行性研究报告标题。

（2）为了方便公寓楼里的同学购物，预设一个小型的便利店，请你代拟一份可行性研究报告标题。

（3）假设学校学生会俱乐部需进行市场化运作，请你代拟一份可行性研究报告标题。

2. 根据案例5.4.3所给材料，整理一篇可行性研究报告。要求符合可行性研究报告的写作要求。

案例 5.4.3

北京蓝色港湾介绍[1]

蓝色港湾国际商区是位于亚洲最大的城市公园——朝阳公园西北湖岸的欧式商业小镇，是中国首家"生活方式购物中心"。

---

[1] 本文根据网络资料整理而成，蓝色港湾官方网站为 www.solana.com.cn。

　　蓝色港湾国际商区由 19 栋 2 至 3 层的欧式建筑构成，按不同的功能划分为美瑞时尚百货、SOLANAMALL、活力城主题店、高街、亮马食街、左岸、中央广场等区域。涵盖了 1 000 余个知名品牌，600 多家零售名店，30 多家餐饮美食，20 多家临水酒吧以及传奇时代影城、全明星滑冰俱乐部、BHG 精品超市等，为顾客提供丰富的选择，非常适合一家人前去消费，共享欢乐时光。

　　"Solar" 24 小时营业，有别于传统商业，是集购物、娱乐、休闲、旅游，文化于一体的一站式体验消费场所。这里业态丰富多样，涵盖中心主力店、品牌名店、创意精品、中西特色餐饮、主题酒吧、咖啡厅、DISCO、SPA、KTV 娱乐场、上流社交舞会及精品酒店等。

第六章 经济文书写作（一）

烛光导读

文字产生之时，与文字一起孕育、产生的写作就包含着经济写作。结绳记事正是上古人类经济活动的真实写照，八卦的卦辞是对人们劳动与生活的高度概括与真实描述。其间与经济相关的写作虽说是片断的、简略的，但是它却是经济应用文写作的开山之笔，如"会计"一词，就是经济活动的原始记载形式。

而今，文化概念与商业力量结合，经济活动与写作活动结合。写作在经济活动中扮演着更加重要的角色。商品为了扩大销售，要做广告；企业要了解、开发市场，要写市场调查报告；信守经济活动中的承诺，承担经济活动中的责任，需要签订经济合同；与客户联络感情、商洽业务，要写商务信函。这个世界已经离不开经济与写作。文字记录经济活动，经济走进我们的生活。如果说文学写作是"给感觉添上灵魂"，那么经济文书写作是把商业活动的灵魂用语言记录下来。

第一节　产品说明书

【学习目标】

知识目标：了解产品说明书的内涵；掌握产品说明书的结构形式。

能力目标：学会运用说明的表达方式说明事物；写出科学、实用的说明书。

案例 6.1.1

张女士在购物中心购买了一台全自动洗衣机，使用前她决定按产品说明书进行实际操作。可是，打开说明书一看，各种专业术语让她摸不着头脑。使用心切的她只能凭经验直接操作，结果出现了问题。据一项官方调查显示，近40%的消费者，买回新产品后不愿看使用说明书。原因是什么呢？①说明书太厚，专业术语太多；②内容过于复杂，不能完全看懂；③辅助性语言太多，如果是外国产品，翻译不够明确；④说明书内容过于简单，对一些应注意的事项，没有作出强调、提示。

假设你是产品销售人员，你会采取什么方式向消费者介绍产品？作为"路标"与"向导"的产品说明书到底应该如何来写呢？

为了帮助消费者正确认识产品并学会使用，商家通常要借助产品说明书，用文字、图表、照片等方法介绍产品的特点、性能、保管和使用方法等，告诉读者该产品"是什么""怎么样""怎么用"。那么什么是产品说明书呢？

产品说明书是企事业单位或科研部门针对某一产品，向消费者介绍商品成分、性能、使用、保养、维修的说明性文书。说明的对象是特定的商品，读者是消费者。

一、产品说明书的功用

说明书说明的对象可以是物质产品，也可以是精神产品，目的是让人们了解产品，指导消费者使用，促进销售。优秀的说明书应该集实用、宣传、广告功能于一体。说明书可由文字、图表、照片等构成，而文字是最基本的成分。产品说明书是制造厂家向消费者直接传递特定商品有关信息的一种方式，实际上它也有一定的广告作用，宣传商品、指导消费。所以产品说明书具有内容的科学性、实用性，语言的通俗性、条理性，图文的宣传性和广告性，形式的灵活性、多样性的特点。

二、产品说明书的分类

产品说明书形式多种多样，可以从不同角度进行分类。

从使用的角度划分，产品说明书可分为生产劳动技术中使用的说明书和日常生活中使用的说明书。生产劳动技术中使用的说明书，包括对工程设计、机械装配、生产技术的说明及各行业产品的使用和保管说明书等。日常生活中使用的说明书包括书刊介绍、剧情简介等。二者的区别主要在于第一类是与物质产品相关的说明书，第二类主要是精神产品的说明书。

从产品的包装划分，产品说明书可分为外包装式说明书和内装式说明书。外包装式说明书是直接印在商品包装上的，如商品的盒、袋、瓶、罐等。这类说明书一般内容较简单，字数较少。内装式说明书是单独印刷，或一张或一册，放在商品包装内。这类说明书一般内容比较复杂，字数较多。

从写作形式上划分，产品说明书有条文式、图文式、表格式、综合式等。

三、产品说明书的结构形式

产品说明书的结构包括封面、标题、目录、正文和附文。

（一）封面、标题和目录

产品说明书的封面包括厂名、商标、型号、规格等，同时可以配商品照片。有些说明书可以没有封面。

产品说明书的标题一般由三部分组成，即牌号、商品名称和文种。如"三星牌电热驱蚊器产品说明书""钙尔奇 D600 片说明书""李锦记一品鲜特级酱油用法"。

产品说明书是否需要写目录要看说明书篇幅的长短。如果是篇幅较长、装订成一本的产品说明书，为了便于读者翻检，就需要有个目录；如果是只有几张纸的产品说明书，则不需要写目录。

（二）正文

一般情况下，产品说明书的正文由前言、主体和结尾三部分组成。

1. 前言

前言也叫概述，是产品说明书的陈述部分。通常要根据人们接受事物的规律，概括地介绍产品的主要性能和特点，突出本产品的独特之处，给消费者一个总的印象，引起读者对说明书下文的阅读兴趣。

案例 6.1.2

三星牌电热驱蚊器是我公司新开发的产品，具有清洁、安全、电加热、温度恒定、功率小、驱蚊药片易于挥发、性能良好诸特点。使用前注意如下说明。

点评： 本例文前言概括地介绍了该产品，准确地给产品定位，突出其主要特点，用过渡语引出下文。

2. 主体

主体部分是产品说明书的主要部分，这一部分详细地介绍产品有关知识，说明产品的性能、特点、用途或适用范围，交代该产品的使用方法和注意事项，强调产品的保养、维修等，此外还要针对消费者可能产生的疑问做进一步解释。主体部分一般采用条款式形式写作，配以必要的图表、图画。对于使用者难于把握而又比较复杂的产品，说明书一定要写得详细，有些要辅以故障排除方法、检修方法，并附上图纸。

案例 6.1.3

清凉油说明书

该产品系采用各种贵重药材，用科学方法炼制而成，有清凉、解毒之功效，实为居家、旅行必备良药。

主要成分： 薄荷油、樟脑油、桂皮油、桉叶油、丁香油、凡士林等。

功能与主治： 清凉、解毒。用于感冒、头痛、蚊叮虫咬。

用法与用量： 外用。需要时擦于太阳穴或患处。

贮藏： 密闭，置阴凉处。

点评： 本例文的主体部分写作翔实，突出了该产品的成分、原料、性能、特点、用途、适用范围；明确了该产品的使用方法和贮藏方法，让读者一目了然。

3. 结尾

产品说明书的结尾部分需不需要写，写什么，要依据该产品说明书的开头、主体的内容而定。如果需要说明和交代的内容已经在前言、主体部分交代清楚了，就无须画蛇添足；如果还有一些问题需要提醒读者，就可以将其写在结尾中。概括地讲结尾要写一些开头、主体未包括进去的内容，如运输、保存方法，有关的禁忌、有效期限、注意事项等。

要点总结

前言：概括地介绍产品。
主体：商品的性能、相关知识或使用方法等。
结尾：运输、保存等方面的禁忌、注意事项。

（三）附文

附文也叫标记。附文通常包括该产品的批准文号、产品标号，如果是食品要有食品卫生许可证号，此外要写生产厂家名称、地址，也可详写生产经销单位及地址、传真、销售服务热线等等。

【案例 6.1.4】

×××微波炉使用说明书

×××微波炉容量为 23 升，以电脑为控制方式，外观的尺寸为 510mm×300mm×350mm，颜色为银色，圆形 5T 抗菌内胆，不锈钢材质，微波输入功率为 1300W，输出功率为 800W，烧烤功率为 850W；额定电压为 220V；额定功率为 800W。该微波炉的具体使用方法如下。

操作方法： 1. 若设置的烹调时间短于 2 分钟，则先将"定时器"旋转至超过 3 分钟位置，再回旋到所需烹调时间的位置；2. 当微波炉不需要工作时，应将"定时器"旋转到"0"（关闭）位置，以免微波空载运行损坏机器。

微波烹调： 1. 先将"定时器"旋转到"0"位置；2. 将盛放食物的合适器皿放在炉内底板居中位置后关紧炉门；3. 旋转"功能选择器"到"中火"位置；4. 旋转"定时器"到"5"位置，微波炉即开始工作。

光波烹调：（略）

组合烹调：（略）

生产企业： ××生活电器销售有限公司

详细地址： ××省××市××街×号

联系电话： ×××　　　　**联系人：** ×××

标题：牌号、商品名称、文种。

正文：前言高度概括该产品的主要特点。用过渡语引出主体部分。

主体部分详细介绍该产品使用的操作程序以及具体操作方法，起到了教会使用者操作的作用。

附文：生产单位、地址，联系人及联系方式。

四、产品说明书的写作技巧

产品说明书因种类不同，写作技巧也有所不同，具体如下。

（1）家用电器类。家用电器类说明书一般较为复杂，写作内容要求全面，具体包括产品的构成、规格型号、使用对象、使用方法、注意事项等。

（2）日用生活品类。日用生活品类说明书要从产品的构成、规格型号、适用对象、使用方法、注意事项等方面进行写作。

名言录

顾客购买的不是商品，而是解决问题的办法。
——特德莱维

功效质量好不等于高端品牌；高端品牌源于文化与时尚的附加。
——李炜

（3）食品药物类。食品药物类说明书写作时要明确写出如下内容：食品药物的构成成分、特点、性状、作用、适用范围、使用方法、保存方法、有效期限、注意事项等。

（4）大型机器设备类。大型机器设备类说明书，主要写作内容包括该产品的结构特征、技术特性、安装方法、使用方法、功能作用、维修保养、运输和储存方法、售后服务范围及方式、注意事项等。

（5）设计类说明书。设计类说明书是工程、机械、建筑、产品、广告等行业，针对整个设计项目进行全盘构想，统筹规划，并对工作图样进行解释和说明的技术性文书。写作内容一般包括设计的思路、指导思想、设计方案及其论证、方案的技术特征或性能、主要技术参数、时序安排、所需资金等内容。

【案例6.1.5】

××红景天胶囊说明书

本品是以红景天、枸杞子、沙棘为主要原料制成的保健品，经功能试验证明，具有耐缺氧和抗疲劳的保健功能。

【主要原料】红景天、枸杞、沙棘、淀粉

【功效成分】每100g中含红景天甙0.4g

【适宜人群】处于缺氧环境者、易疲劳者

【用法用量】口服，每日2次，每次2~3粒

【规　　格】0.5g/粒

【注意事项】儿童不宜。本品不能代替药物。密封，置于阴凉干燥处。

【生产日期】××××　　　　【保质期】24个月

【批准文号】卫食健字（2011）第×号　【产品标号】Q/SPS001-20××

【食品卫生许可证号】××卫食证字（2010）第××号

生产企业：××××　　　　网　　址：××××

生产地址：××××　　　　邮政编码：××××

电话号码：××××　　　　传真号码：××××

标题：牌号、商品名称、文种。

正文：前言概括介绍该产品，突出其主要特点、功能。

主体，详细介绍该产品的有关特点、功能，包括原料、功效、适宜人群、用法、用量、规格、注意事项、生产日期、保质期等。

附文：批准文号、产品标号、食品卫生许可证、生产企业名称、网址、地址、电话、邮编。

五、产品说明书的写作要求

与其说是对说明书的写作提出要求，不如说是对产品的生产质量和厂家的信誉度提

名言录

每件东西都有自己的位置，每件东西都应该在自己的位置上。

——塞·斯麦尔斯

出的要求。

1. 科学性、实用性、针对性

产品说明书要准确地介绍产品使用过程中涉及的科学知识，做到不吹嘘、不浮夸，更不要做广告式的劝导，要针对产品自身的性能、特点以及使用过程中必要的常识予以科学、准确、实用、有针对性的说明，保证使用者看后能正确地使用。

2. 条理性、准确性、严谨性

说明书语言关系到使用者的安全，更涉及企业自身的形象。所以写作说明书时首先要做到条理清楚，要考虑清楚先说什么，后说什么；哪些该说，哪些不该说；说到什么程度。总之，说明书的语言要体现出条理性、准确性、严谨性的特点。

3. 通俗化、简单化、图解化

产品说明书的内容要使具有普通文化水平的读者一目了然，不要写成深奥的教科书；不要使用不容易理解的名词术语或把常见的术语换成难懂的外语音译词语。对于新知识、新名词要给予解释，不能含糊其辞。有些说明书根据内容的需要可以配图，帮助读者理解。总之，通俗化、简单化、图解化能够让说明书变得更加清楚明白，让读者一看就懂。

案例 6.1.6

据 2003 年 4 月 11 日《人民日报》报道（记者 宋建波） 一种猪饲料，其产品说明书上的调制方法本应写为"切忌烫煮"，却写成了"切记烫煮"。一字之差，众多猪的嘴巴子被烫出了大泡，烫破了皮。养殖户为此事在消协据理力争，最终获得了 800 元钱的赔偿费。

点评：汉语言具有同音异字的特点，从本案例中不难看出说明书语言准确性之重要，差之毫厘，谬以千里。

文化长廊

读美国产品说明书

去年到美国探望妹妹。妹妹刚生了一个宝贝，我打算买一张可折叠的婴儿床送给她。销售员现场为我演示了如何折叠婴儿床。等我付完款，销售员又指着婴儿床说明书提醒我说："请注意这一条——您在折叠床的时候，一定要留意床上是否有您的孩子，如果孩子在床上，请一定将他抱走再折叠。"

如果去买电熨斗，销售员会提醒你说："你熨烫衣服前，必须把要熨烫的衣服脱下来，千万不要熨烫穿在身上的衣服。"说明书的"注意事项"还注明了"千万不要把电熨斗当取暖器、千万不要用电熨斗煎鸡蛋、千万不要用电熨斗行使家庭暴力……

（黄杨梅，2009）

【感悟升华】

一、判断题（对的打"√"，错的打"×"）

1. 说明书的主要目的就是促进销售。（ ）
2. 产品说明书的结构包括封面、标题、目录、正文、附文。（ ）
3. 产品说明书的附文可以有，也可以没有。（ ）
4. 说明书的语言要通俗化、简单化、条理化、图解化。（ ）

二、单项选择

下列说明书语句没有语病的一项是（ ）。

A. 若遇寒冷天气，该药品可以多吃一点。

B. ××手机，外形美观，操作方便，设备新颖，噪音小，多元化，老少皆宜。

C. 华为产品的技术成果是本世纪最大的科学技术成就之一。

三、实践训练

1. 请你为家乡的某一特产或某一品牌食品写一份产品说明书。
2. 修改案例 6.1.6 所示的病文。

案例 6.1.7

××剃须刀使用说明书

充电：注意，充电时间不要过长，以免影响电池寿命。

剃须：使胡子成直立状，然后移动。

剃须刀要经常清洁。用毛刷将胡须屑刷净。清洁后轻轻放回刀头架且到位。

保修条例：保修服务只限于一般正常使用下有效。坏第二次就不再保修。此保修服务并不包括运输费及维修人员上门服务费。保修期外享受终身维修，维修仅收元器件成本费。剃须刀中内、外属消耗品不在保修范围内。保修期：正常使用一个多月。

第二节 市场调查报告

【学习目标】

知识目标：了解市场调查报告的内涵、特点、种类；掌握市场调查报告的结构形式。

能力目标：准确地选择调查对象，科学地运用调查方法，正确地确立调查主题，能写出对实践具有指导意义、格式规范的调查报告；学会与人沟通，具有团队合作意识。

人生缺少的不是机遇，而是发现机遇的眼睛。企业如同人生，要想在市场竞争中稳操胜券，就要找到市场变化规律。发现规律、捕捉商机不是凭空而来，而是要从周密而科学的市场调查中来，用行动写就，验证成功。

【案例 6.2.1】

大学生手机使用情况调查

在大学校园里使用手机的人越来越多，我们对大学生手机使用情况做了调查与分析。

大学生的手机消费动机明确，消费欲望强烈，逐渐形成了具体的购买动机。具体可以分为如下几种。

（一）求质量与实用的购买动机

学生消费者在购买手机时关注点很多，但大部分被调查者认为质量要有保证。同时，大部分的学生希望手机生产商们能生产为大学生量身定做的手机。

（二）求新款式新功能的购买动机

大学生们非常关注手机的品牌以及使用功能，如是否智能手机，如微信的使用、上网的速度，是否支持语音实时对讲等，选购手机对手机的款式、颜色、型号也有独特的要求。

（三）求方便的购买动机

调查中得知大部分的大学生消费者购买手机的真正目的在于与家人、朋友、同学、用人单位等沟通、联系，同时也求知晓天下奇闻趣事、网络查询、发短信、QQ聊天、拍照、听音乐等动机。

（四）求廉价的购买动机

大部分的大学生能接受的价格区间在 1000～2000 元，一小部分大学生愿意考虑 2000～3000 元的手机和更高的价格。

当能够满足上述一些具体要求的前提下，对于尚处于学习阶段的大学生们来说，手机的价格最好在他们能够接受的范围内，这时他们会选择购买他们中意的新款手机。

结论与建议

根据调研的一些主要数据，可以反映出目前大学生手机消费市场的一些基本特征，如下所示：

（1）大学生手机消费仍在以跳跃式的方式曲线式增长，消费量趋向于一定时间内会有较大幅度的增加。

（2）在未来的手机消费中，性别、年级之间的差距会逐渐缩小。

（3）手机消费仍以外国产品为主导，国内手机还有待于进一步改进与提高，服务有待于改善。

（4）品牌手机在大学生手机消费市场中占据一定的优势。

由此可见，尚属于纯消费群体性质的大学生，决定了他们购买手机的行为模式。当代大学生对科技产品的认识与购买不再是盲从，而是自主地选择，随着认识的加深，对于"新潮"的追随显得理智、个性化。品牌的选择则是各自所需。求质量、重信誉将成为更多大学生选择手机的第一要求。

这篇调查报告瑕瑜互见。

标题： 明确交代调查对象、内容及文种。

前言： 概括了调查报告的主要内容，但语言过于简单，没有吸引力。

主体： 探讨了大学生购买手机的动机，分别从购买手机求质量、求品牌、求方便、求价格等几个方面做了相应的调查研究，旨在寻找、发现大学生手机使用情况的规律。不足之处在于，文中缺少足够的数据作为该调查报告的观点、结论、规律的支撑，不够令人信服，个别语句模糊不清，如"大部分""一小部分"等这样的语句缺乏真实性，调查范围不够广泛，观点结论的得出理由不够充分。

结论与建议部分有一定的科学性，值得借鉴、参考，不足之处在于上文的支撑材料缺乏足够的合理性、科学性、真实性，影响到结论得出。

结尾： 言简意赅，总结全文，深化观点，展望未来，预测发展趋势，强调调查的意义。

市场调查报告又叫市场调查研究报告，它是市场调查的最终结果。市场调查报告以市场为调查对象，运用科学的方法，有目的、有计划地对市场上出现的经济现象深入调查研究后，经过认真而客观的分析、评价，发现规律，表明写作者的态度、观点，用于指导市场营销或解决市场营销中的问题。

一、市场调查报告的特点

市场调查报告是用于指导今后工作的，常见的市场调查报告具有如下特点。

（1）真实性，是市场调查报告存在的价值和意义所在。它一方面体现了调查报告所选取的调查对象的真实性，另一方面是指调查搜集得来的材料的真实性。在此基础上根据确凿的事实分析、研究，发现本质，找出规律，为企业提供可靠的信息和合理化的建议。

> **名言录**
>
> 要想钓到鱼，得问鱼儿吃什么。
>
> ——俗语
>
> 做对的事情要比把事情做对重要。
>
> ——彼得·德鲁克

（2）针对性。市场调查报告通常是针对一些较为迫切的实际情况，如某一经济现象、某一成功的营销经验引起的一定程度的社会关注，为了进一步弄清它的详情、真相，认识它的本质，就需要有人专门对它进行调查、研究，向有关部门提供研究报告，为决策者做市场决策提供依据。

（3）典型性。市场调查报告的典型性是指所调查的对象、所研究的问题、所搜集得来的材料、分析研究所得出的结论应该具有一定的代表性，揭示市场运行的本质规律，用以指导其他单位、部门或个人的生活与工作。

（4）丰富性。市场调查报告的丰富性体现在撰写调查报告需要列举大量的相关事例、统计数据和各方意见，在此基础上提出作者的意见以及对市场发展变化规律的认识。这就需要大量丰富而翔实的材料来证明其观点、看法。

二、市场调查报告的种类

依据调查报告的内容，可以将调查报告分为如下三类。

（1）产品销售市场调查，以某一产品的生产、销售、服务等作为调查对象，深入实际，调查研究，总结其中成功的生产、销售、服务经验，寻找解决问题的对策、方法，为进一步繁荣市场提供宝贵的参考。

（2）消费者消费需求调查，主要是针对消费者对产品的购买动机、购买能力、购买习惯以及购买需求的变化等情况予以调查、研究、分析，从而得出结论，用于指导经营与消费。

（3）营销策略的市场调查，一方面以解决市场营销策略方面的问题为主要研究对象，另一方面以总结成功的营销策略为主要研究对象。为本企业及相关单位提高经济效益、降低风险提供借鉴和参考。

三、市场调查的方法

为了能够更好地写作市场调查报告，就要掌握科学合理的市场调查方法。常用的市场调查方法有如下几种。

（1）观察法。观察法是通过对选定的调查对象从内到外细致、全面地观察，获得第一手材料，经过研究与分析，做出公正客观的评价的一种市场调查方法。

（2）询问法。询问法是指通过走访、座谈、电话沟通等方式，对所调查的对象予以研究与分析，得出相应结论的调查方法。

（3）问卷法。问卷法是调查者把与调查主题相关的问题，以问卷的形式发放给被调查者，引导其填写，通过对得来的问卷的研究与分析，以获得有关市场的真实情况。

（4）实验法。实验法是从被调查者的角度出发，在实践中尝试开展相应的真实的市场营销活动，从中发现问题，总结经验，寻找规律，得出结论，并用于调查报告的写作中。

（5）资料研究法。资料研究法是对与所研究的调查对象有关的历史材料、现实材料进行搜集、整理、研究与分析，从中提炼出有代表性的与调查报告主题相关的观点。

～ **案例 6.2.2** ～

肯德基市场营销模式调查（节选）

肯德基中国区域的经营理念为坚持"立足中国、融入生活"的策略，推行"营养均衡，健康生活"的食品政策，积极打造"美味安全、高质快捷的生活；立足中国，创新无限的新快餐"。肯德基的营销口号为"我们做的炸鸡是最优秀的。"

注重产品形象。消费者熟悉的肯德基的产品有：喜洋洋儿童套餐、新年浪漫套餐、新川辣嫩牛五方、老北京鸡肉卷等。产品种类繁多，如小食品类、饮料类、套餐类等，而且有多种本土风味的特色食物，迎合本土风俗习惯。

店铺拥有极佳的地理位置。肯德基店铺通常位于繁华路段、大型购物商场、十字路口、公交站点、年轻人聚集的地方、经济实力雄厚的居民区。

店铺装潢高雅大方，环境舒适。肯德基注重广告效应，借助店铺装潢、舒适的环境来吸引顾客。装潢材料多选择玻璃材质，提高清洁度，给人耳目一新的感觉。

对员工实施专业培训。肯德基服务员都是经过统一培训后上岗工作的，营业员无论着装、与顾客的语言沟通都彰显了员工的素质。

注重服务质量。肯德基服务周全，24 小时营业，开设了网上订餐、外卖服务等，为顾客提供了极大的方便。

点评：节选的这部分调查报告，作者运用了观察法、实验法、资料研究法进行调查、研究与分析。这些方法的运用，科学而合理，真实而有说服力，有助于最终调查结论的得出。

四、市场调查报告的结构形式

市场调查报告的结构一般由标题、正文、附件和落款组成。

（一）标题

市场调查报告的标题由报告内容来决定，标题是画龙点睛之笔。它一方面要准确揭示调查报告的主题思想，做到题文相符；另一方面要高度概括调查报告的主要内容，具有较强的吸引力。标题的写法具体如下。

1. 公文式标题

公文式标题，一种是由发文主体+调查内容+文种三部分构成的，基本格式为"××关于××××的调查报告"，如《消费者协会关于饮料市场安全问题的调查报告》；一种是省略发文主体，如"关于××××的调查报告"，如《关于苏宁电器与国美电器价格战的调查报告》。

2. 自由式标题

自由式标题包括陈述式、提问式、正副标题结合式，如《大学生就业市场情况调查报告》就是陈述式；《为什么奶业市场屡屡出现问题》属于提问式；《最初的冲动只是想过冬——华为市场营销理念调查》属于正副标题结合式，"最初的冲动只是想过冬"是正题，主要陈述调查报告的结论或提出中心问题，"华为市场营销理念调查"是副题，表明调查报告所要调查的对象、调查范围等。

（二）正文

市场调查报告的正文一般由前言、主体和结尾三个部分组成。

1. 前言

前言也称引语、总述，要精练概括，直切主题。有的写明调查的起因和目的、时间和地点、对象或范围、经过与方法，以及人员组成等调查本身的情况；有的写明调查对象的历史背景、大致发展经过、现实状况、主要成绩、突出问题等基本情况；有的是开门见山，直接概括调查的结果，肯定做法、指出问题、提示影响。

2. 主体

主体是调查报告的核心部分，通常要由事入理、详述做法、归纳总结、提炼观点、分享经验，从中得出基本结论，主体部分包括如下内容。

（1）基本情况。基本情况就是对于调查搜集而来的材料予以分析、概括，得出概括性的认识和结论，为下文起到铺垫的作用。

（2）经验规律。对所占有的材料、信息、案例做进一步的研究与分析，从中得出经验，提炼观点，寻找到市场发展变化的规律。

3. 结尾

调查报告的结尾有三种形式。

（1）提出解决所调查问题的切实可行的建议、措施、方案，真正能够指导或帮助相关部门解决经济运行中的实际问题。

（2）概括全文，综合说明调查报告的主要观点，再次强调结论。

（3）总结全文的主要观点，深化主题，引发思考，展望前景，发出号召，鼓舞人心。

（三）附件

附件是对正文报告的补充或更详尽的说明，包括数据汇总表及原始资料、背景材料和必要的工作技术报告。例如在写调查报告时，可以把相应的问卷选一部分作为调查报告的附件，以对正文报告进行补充。

（四）落款

落款通常有两种方式，一种是在标题下方正中的位置署名；另一种是在正文结尾的右下方具名。

五、市场调查报告的写作要领

1. 调查方法科学

市场调查要根据调查目的、调查对象和调查者自身特点综合确定调查方法。调查方法选用恰当与否几乎可以决定市场调查的成败。故而，任何好的调研报告一定有合适的调查方法做支撑。

常用的调查方法有询问法、观察法、实验法、资料研究法、数据分析法、问卷法等。

2. 中心明确突出

中心明确突出就是要做到叙议结合、点面结合。叙议结合，就是要有叙有议，把观点和材料统一起来。叙，是铺叙情况，讲述事实；议，是发表看法，表明观点。只有从材料中提炼出正确而深刻的有一定的理论高度的观点，调查报告才具有指导意义。

3. 选材真实可信

调查报告要尊重事实，不能依据个人感情夸大或缩小调查对象的信息和情况，所得出的结论也应该是在客观事实基础上总结出的令人信服的观点。

4. 发现市场规律

调查报告确切地说就是对研究的结果得出规律性的认识。调查研究报告，它的价值不仅在于调查和报告，更在于研究。调查中发现的规律将有助于提高决策者决策的科学性，提高决策效率，减少决策失误。

要点总结

前言：高度概括调查对象的基本情况。

中间：分析、总结经验，寻找市场的发展变化规律。

结尾：展望未来，深化主题，强调意义。

【案例 6.2.3】

"美特斯•邦威"市场调查

"美特斯•邦威"是上海美特斯邦威服饰股份有限公司于 1995 年自主创立的本土休闲服饰品牌，致力于打造"一个年轻活力的领导品牌，流行时尚的产品，大众化的价格"。美特斯•邦威倡导青春活力，旨在打造富有个性的时尚休闲服饰。为此我们对美特斯•邦威的企业经营模式与营销理念做了调查，其具体情况如下。

一、注重品牌文化的建设

调查中发现，美特斯•邦威特别注重品牌文化建设。"美特斯•邦威"内涵丰富，寓意深刻。"美"是美丽、时尚的意思；"特"是指个性独特；"斯"在这里是专心、专注的意思；"邦"是指邦国、故邦；"威"则具有威猛、威风之意，合起来全称"美特斯•邦威"意思是为消费者提供个性时尚的产品，立志成为中国休闲服市场的领导品牌。从中不难看出该品牌名称凝聚了

陈述式标题。

前言：概括介绍了该品牌的市场营销的背景。开门见山提出问题，交代调查对象。

主体：从品牌文化、消费群体研究、市场价格定位调查、品牌形象设计四个方面做了深入的调查与分

集团创始人周成建先生永不忘却的民族精神，也体现了他对服饰文化情有独钟。

二、寻找合适的消费人群

美特斯·邦威的目标消费者是16~25岁充满活力、时尚的年轻人。这个年龄段的年轻人，青春靓丽，拥有独特的个性，为了展现他们的活力，同时找准产品的销售市场，美特斯·邦威对这一年龄段的消费群体做了消费心理分析，抓住了这一年龄段人普遍的消费特点。16~25岁年龄段的消费者是市场上最活跃的购买服装的群体，同时他们也是消费金额难以预测的群体，具有冲动购物和攀比购物的特点。这个年龄段的人群追求时尚、流行和个性的差异化。美特斯·邦威准确地锁定了消费群体，使该品牌成为国内休闲服饰的佼佼者。

三、精心设计品牌的整体形象

美特斯·邦威是一个服饰品牌，非常注重品牌的整体形象设计，产品从生产到销售的任何一个环节，目标都是为了彰显美特斯·邦威这个品牌。该品牌给路人、顾客最深刻的印象就是美特斯·邦威品牌的标识。例如该品牌所有专卖店大门的装饰都是一样的，品牌名称是经典的蓝底白字，给人冷静、舒适、前瞻的感觉。此外，店内的展示道具如灯光、衣架、背景墙等与服装的颜色搭配得体，冷暖互补。夏装用蓝色灯光映衬，给人凉爽、迷幻的感觉；冬装用黄色灯光映衬，给人温暖的感觉。所有这些设计都提升了该品牌的整体形象，给人一种过目不忘的感觉。

四、市场价格定位调查

服装的市场价格定位是影响服装销售的一大重要因素。当然个人收入对个人消费也会有直接的影响。对美特斯·邦威产品价格情况的调查结果显示，有30%的人不太在乎该品牌价格的高低，不会因为价格而影响其是否购买该品牌服饰，常常为其时尚的款式所吸引而购买；40%的人认为该品牌价格还算合理，可以选到自己理想的服饰；还有30%的人认为其价格偏高而影响购买，这部分群体多数为目前经济来源不稳定、收入偏低的年轻人。

五、存在的问题与建议

美特斯·邦威夏季女装、男装的T恤价位较低，而长裤略贵。适当地打破常规，寻求改变，价格略做调整，可能会有更多的消费群体。货品展示形式略显单薄，比如可以从服饰专卖店的产品置衣台、挂架、试衣镜、背景墙等的色彩和材质上进行一番改革。

如果一个品牌成为某种文化的象征或者成为某些人的生活习惯时，那么它的传播力、影响力和销售力是无法估量的。把品牌文化变成人们生活的一部分，让更多的消费者关注值得关注的品牌，定将给企业的发展带来无限的生机。

（右侧批注）
析，得出科学合理的结论。

指出存在的问题，提出合理化建议。

结尾： 挖掘品牌文化的深刻意义，展望未来，弘扬品牌文化。全文脉络清晰，文笔流畅。

知识拓展

调查问卷小常识

一份调查问卷通常包括三项内容：指导语、个人基本情况、调查题。指导语包括调查目的、意义、填表说明、如何作答。个人基本情况是研究中的变量，要依据调查情况、调查目的，设计可量化的调查项目。调查题是帮助调查者切实了解调查对象，进一步深化问题研究的方法之一。题的设计要有针对性，合情合理，同时要考虑答题人的兴趣所在，问题设计要灵活。

问卷设计要遵循如下原则：首先，问题选择要切合调查目的，要有一定的价值。不易回答的触及"禁忌""隐私""困窘"等敏感性问题不宜设计为问题。问题要问得具体、易答。

其次，问题的表达要客观而公正，措词严谨，语气亲切，文字通俗易懂，答案明确，界限清楚，不要模棱两可。再者，问题的设置与安排要易前后难，先封闭后开放；要把敏感性问题分散开来设置。

调查报告与总结的区别

调查报告与总结都是在占有材料、研究材料、整理材料的基础上进行写作的，都是在寻找规律性的东西，用以指导今后的工作，这是其共同之处。其不同之处如下：

1. 写作目的不同。调查报告的写作目的在于突出调查对象在某一方面或领域的特点以及值得借鉴的经验，强调普遍意义。总结是针对本单位或个人的总结，不强调普遍性。

2. 写作范围不同。调查报告的写作范围广，可以写古写今，对象可大可小，从个人到世界；总结的写作范围通常是个人或本单位。

3. 呈现的结论不同。调查报告得出的结论是动态的、变化的。总结呈现的是对一件事情完成后的定论。

4. 写作人称不同。调查报告多用第三人称，总结用第一人称。

【感悟升华】

一、判断题（对的打"√"，错的打"×"）

1. 调查报告要尊重事实，不能依据个人感情进行夸大或缩小。（　　　）

2. 市场调查报告的结论由市场行情来决定。（　　　）

3. 市场调查报告的标题可以写成公文式标题。（　　　）

4. 市场调查报告要提出可行的建议与措施。（　　　）

二、多项选择

体现调查报告写作特点的几项是（　　　　　）。

A. 典型性　　　　　　B. 针对性　　　　　　C. 生动性　　　　　　D. 真实性

三、实践训练

1. 根据任务单 6.1 的要求，独立完成该任务，而后进行交流。

任务单 6.1

市场调查报告项目任务单

项目名称	网络营销市场调查	班　级	
学习小组		组　长	
小组成员		完成时间	
布　置　任　务			
任务描述	网上购物已经成为当下人们购物的主要方式之一，网络营销也为商家提供了更好的促销方式及手段。为了更准确地了解网络营销现状，特委托同学们进行此项目的调查工作。将全班同学分组，组建网络营销市场调查公司，完成如下工作： 1. 确定调查对象。推荐调查对象为淘宝网、京东商城、当当网； 2. 进行调查准备工作，制订网络营销市场调查方案，对本次调查活动做出详尽安排；设计调查问卷；		

任务描述	3. 小组进行调研实施； 4. 对调查结果进行研究，撰写调查报告。
知识储备	1. 调查问卷包括哪些内容？采用什么方式方法做调查？ 2. 调查中应注意哪些问题？如何搜集信息、整理信息？ 3. "调查"与"报告"之间有何关系？ 4. 调查报告的结构形式以及调查报告的写作要求。
完成形式	撰写一份调查报告，以 PPT 演讲的方式讲述、演示该调查报告。
具体要求	1. 建议针对当当、淘宝、京东商城等进行网络营销调查； 2. 调查方案制订要合理，执行度要强； 3. 对调查对象以及获得的信息评价要客观、合理、科学； 4. 调查时要有极好的心理素质，应变能力强，与人沟通语言得体； 5. 积极主动参与调查全过程，要有团队合作意识。
资讯引导	1. 去阅览室阅读《应用写作》杂志，了解与调查报告相关的内容； 2. 登录 www.cvit.com.cn 观看精品课《调查报告》录像； 3. 登录 www.edu.cnki.net 参阅《大学应用文写作教学方法探究》。
学生互评笔记	
教师评语笔记	
完成任务总结	谈谈调查过程中及撰写调查报告时遇到的困惑以及感悟。

注：本任务单只用于读者完成任务中做笔记使用，完整任务单见本书配套资料。

2. 阅读案例 6.2.4，回答文后问题。

案例 6.2.4

花钱没有计划　缺乏理财常识
——现代大学生八成不会理财

近日××大学团委进行了"大学生社会文化特征研究"的问卷调查以及访谈调查，其中一项对现代大学生理财问题做了专项调查，结果显示：每个学生每年得到的零用钱平均约为 887.86 元人民币，零食和文化类用品（包括文具、课外书报、参考书、磁带和 VCD）是他们的主要消费内容，37.1%的大学生在零食上花钱最多，但很少考虑参与储蓄和投资。

大学生们究竟怎么花这笔钱？我们对此进行的调查发现，82.8%的大学生存在乱消费、高消费、理财能力差的问题，具体表现为花钱大手大脚、盲目攀比，消费呈现成人化趋势；83%的学生缺乏现代城市生活经常触及的基本的经济、金融常识，部分新入校的大学生不清楚自动取款机、银行信用卡的服务功能。另外，入学前部分城市学生都在银行有着独立的账户，但大多都由父母直接管理，学生对存钱取钱、银行利息计算等没有感性认识。

调查发现的问题带给我们反思，根据学生年龄特点，应该有针对性地从小学就开设理财知识课程，普及一些基本的消费知识以及证券、保险等金融知识。适当地对大学生入学前实施理财教育，介绍了一些关于银行、债券、股票等相关方面的知识，组织学生到银行、证券机构参观，另外应该组织专家学者将这方面的知识编写入教材。

据了解，某些城市的中小学已经开始注意到对青少年理财教育的重要性。集中对学生进行有关市场经济常识的教育，其内容涉及"生活消费与消费文明""国民财富和纳税意识"等，另外更多地方的中小学理财教育还没有形成，受传统的"不言商人"思想影响，大多数学校和家庭对青少年理财教育还很陌生。建议建立中小学理财教育基地，让学生学会有计划花钱，懂理财常识。

××大学团委

2013 年 7 月 5 日

（1）指出该调查报告标题属于哪种类型，有什么作用。

（2）指出该调查报告的前言、主体、结尾的特点。

（3）该调查报告运用了怎样的调查方法？

第三节　市场营销策划书

【学习目标】

知识目标：了解市场营销策划书的内涵；掌握市场营销策划书的结构形式。

能力目标：培养学生的市场洞察力、决策分析力；使学生能够写出切实可行的市场营销策划书。

市场营销需要策划，策划更需要有创意。创意来自于对市场营销环境的研究与分析。在充分分析的基础上，才有可能激发创意。对创意后形成的概要方案进行系统、科学的分析，同时借助文字和图表等形式表达出来。市场决策人员根据营销策划内容，确定企业营销目标以及市场开发的具体实施方案。可见市场营销策划书之重要。

【案例 6.3.1】

编号＿＿＿＿＿　　　　　　　　　密级＿＿＿＿＿

京东商城营销策划书

JD.京东.COM

密级及编号。

封面设计包括客户名称或品牌名称、策划机构或策划人名称、联系方式、策划完成时间、策划执行时间、策划书的内容、标题。封面引人

策　划　公　司：×××××

策　划　人：×××

联系电话：×××

传　　真：×××

策划完成时间：2013 年 1 月 1 日

策划执行时间：2013 年 6 月 1 日

摘　要

　　×××营销策划公司，为了更好地研发市场，寻找到科学合理的营销项目和营销战略，受京东商城委托，为该单位进行网络市场营销策划，撰写市场营销策划书。

　　随着网络技术日新月异的进步，电子商务款款走上了零售业的红地毯，处于飞速发展的状态。2010 年电商发展呈现诸多亮点，与此同时，快节奏的生活、稀缺的时间使得网上购物开始成为人们青睐的消费方式。通过调查，我们可以预测网络零售市场的前景，为京东商城提供一份可持续发展利用的网络市场营销策划书。

目　录

京东商城营销策划书

1. B2C 市场开始进入"成熟期"

随着国内网络购物监管环境逐渐规范，物流配送体系逐步完善，购物网站服务质量不断提

注目，展示了策划书的全貌，让读者产生继续阅读的欲望。

摘要概括策划书的策划目的、意义，交代了策划书的主要内容。

策划书的目录。

策划书的标题突出被策划的对象。

经济应用文写作

高，国内网络购物环境日趋成熟。B2C 在商品质量、服务保障方面的优势愈加凸显，网民对 B2C 网购的认可程度相对更高，促使 B2C 转化率缓步趋高。专业化的服务能力是综合 B2C 的短板，也是创新场上在 B2C 市场生存的唯一砝码。为此开展这一专题研究，对网络市场营销具有引导意义。

2. 目标市场分析

2.1 企业情况分析

京东商城是中国 B2C 市场较大的 3C 网购专业平台，是中国电子商务领域最受消费者欢迎和最具有影响力的电子商务网站之一。截至 2013 年 4 月，京东商城拥有遍及全国各地超过 1 亿的注册用户，在线销售家电、数码通信、电脑、家居百货、服装服饰、母婴、图书、食品等 12 大类数万个品牌百万种商品，日订单处理量超过 50 万单，网站日均 PV 超过 1 亿。2010 年，京东商城跃升为中国首家规模超过百亿的网络零售企业。

2.2 行业情况分析

京东商城无论在访问量、点击率、销售量以及业内知名度和影响力上，都在国内 3C 网购平台中有举足轻重的地位。

根据艾瑞咨询发布的数据显示，2010 年第二季度京东商城的市场份额从第一季度季度的 26.6%上升至 35.4%，连续 9 个季度蝉联行业头名，2011 年更增长至 36.8%。2012 年 6 月，京东商城发起"史上最强店庆月"活动，随后苏宁、国美、天猫、当当等众多电商纷纷跟风大打价格战。即便如此，京东商城还是在 6 月交出了不俗的业绩答卷。据艾瑞数据显示，在自主销售为主的 B2C 市场，2012 年第一季度京东商城的市场份额提升至 50.1%。

2.3 目标消费者分析

通过第十次 CNNIC 调查结果显示，35 岁以下的网民占 82.0%，35 岁以上的网民占 18.0%，综合统计和实验等方法将京东商城的主要目标群体定位在 18～35 岁的青年。

3. 市场定位

3.1 比附定位

京东商城是中国 B2C 市场最大的 3C 网购专业平台，该网站凭借遍及全国的超过 1 亿注册用户、覆盖人们生活每一部分的 12 类优质商品，"做中国最大，全球前五强电子商务公司"的雄心壮志以及更具竞争力的价格和逐渐完善的物流配送体系赢得了市场占有率多年稳居行业首位的骄人成绩。

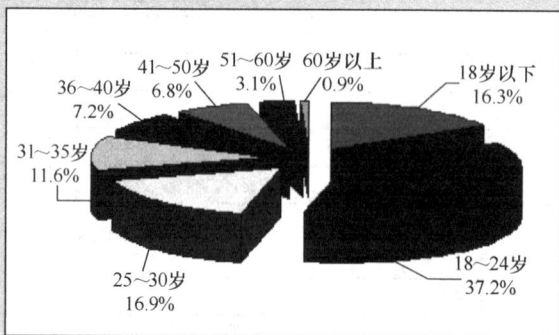

3.2 利益定位

根据商品所能满足的需求来定位，秉承"顾客至上"的原则，京东也总是为满足消费者的倾向于得到物美价廉的购物心理而服务的。京东通过丰富多彩的商品、良好的售后服务以及具有竞争力的价格和免运费的物流情况，希望达到吸引更多消费者光顾增加销售量的目的。

前言：介绍该策划专题的由来、背景、目的、意义。

主体：策划书的基础部分。市场机遇与问题分析。有宏观分析、微观分析。主题突出，用语准确、富有挑战性、现实性、可衡量性和时效性。

行动方案部分：市场定位分析。这是策划书的主要部分。运用各种调查资料和数据从市场需求、服务、质量、价格几方面进行比较说明，得出结论。

3.3 质量/价格定位

结合对照质量和价格来定位，京东相对来说是物美价廉做得比较好的购物网站，并一直在努力完善中。商品来自数万个品牌百万种优质产品，价格也具有竞争力，日订单处理量超过 30 万单。

4. 网络营销设计

4.1 网络营销目标

在中国网络购物用户 1.61 亿的巨大规模中，青年所占的比例占 56.2%，针对这庞大的消费群体，京东商城推出全新的吸引青年消费者的"网络 Party"，来刺激消费者体验消费，以扩大京东商城的消费数量，以此来扩大市场占有率。

4.2 网络营销推广策略

4.2.1 网络 party。倡导快乐购物，这是一种新型的营销理念与模式，目前尚未在任何一个网购物网站上推出，这个理念也许会打破购物网站创新性匮乏的瓶颈，给京东提供一个宣传筹码。

4.2.2 根据消费对象细分为书友和音乐发烧友版块、快乐主妇和爱车族版块、潮人版块、礼物版块、妈咪宝贝版块、3C 达人版块、美妆版块、爱家版块、美食版块 9 个版块。

5. 定价策略

5.1 网上低价策略

京东商城借助互联网进行销售比传统销售具有价格低廉的优势，家电产品和数码产品比传统销售渠道低 10%~15%。因消费目标对商品价格的弹性总体较大，商城可继续延续低价策略。

5.2 促销策略

促销商品重点放在消费者自行搭配的商品组合上，提供平台由消费者自行推荐组合，增加消费者的参与度，进入热度排名组合的搭配发起者可获得相应的积分奖励。连续一定时间（如一周）的组合在下一周期内折扣促销，当期购买者获得一定京东券作为差价补偿。

6. 服务建立（客户支持服务）

6.1 顾客忠诚战略

在物质极大丰富的时代，商家提供的商品都没有太大的差别，于是顾客便会去寻求服务态度好的商家合作。为了获得顾客的青睐和忠诚，商家首先得对顾客忠诚。

6.2 实行实时沟通

提及互联网，我们首先想到的一个字就是"快"。在这个快节奏的社会，顾客对他们的物品到达要求也是非常高的，在物流方面，他们总是希望在一两天里就能到达。京东需要做的就是不断刷新自己的网页，做到及时回答，满足顾客希望得到重视的心理，留下长期客户。

6.3 顾客关系的再造

在网购上，人们更多的是关心售后服务，所以，商家售后服务是否优良，成为顾客在众多网店中进行选择的重要标准。当顾客对所购商品不满意时，商家就得针对事实情况予以退换或补偿。

7. 广告

7.1 广告预算

此次策划营销可作为长期的策略，广告涉及范围和媒体领域需要比较广，广告预算约为 1000 万人民币。

7.2 广告信息

传递广告信息的主题为"网络 party，快乐购物"，强调京东商城提供的互动平台，完美的购物体验。

7.3 广告媒介渠道

京东商城作为网络商城，可以选择网络广告作为广告投放的重点。

对于网络广告，在形式上可以在线收听、收看、调查等。

网络营销设计分析。阐明了企业如何抓住并获得市场机会，以其创意方法为例，分析其采取的具体措施与方法，体现其前瞻性、可行性、个性化的理念。内容阐述主次分明、具体明确，让读者一目了然。

从不同角度进行定价策略分析。

运用举例法做顾客忠诚度分析，提出实时沟通的建议。

广告策划、预算媒介的渠道分析与决策建议。

策划方案控制。

建议京东商城高层管理者要每月或每季度详细检查目标的实现程度。对目标进行重新分析，找出未实现的项目和原因。实施营销效果的具体评价方案，如经营理念、整体组织、信息流通渠道的畅通情况、战略导向和工作效率等方案，使得该策划书真正实现其策划意义和目的。

附录：1.《关于网上购物的调查》

2.《策划方案控制计划》

参考资料：略

结束语：与开头呼应，总结全文，展望未来。
附录
参考资料

名言录

思考的人亲手赦免了胆怯，终于真实但又释放出想象。

——佚名

善于捕捉机会者为俊杰。

——歌德

一个好的产品是一个企业的灵魂。

——于丹

营销策划书，是营销策划团队为需要策划的单位或企业，对其涉及的相关市场营销状况、环境等的分析、研究，提出新的创意，并形成创意后的概要方案，用文字和图表等形式表达出来所形成的系统、科学的书面策划文书。

一、市场营销策划书的结构形式

市场营销策划书的结构形式包括如下内容。

（一）封面

市场营销策划书的封面一般由策划书的名称、策划单位、日期、编号等内容组成。封面是一份策划书的"脸面"，决不能小视。策划名称也叫标题、题目，必须简单明确、立意新颖、画龙点睛、富有魅力。策划名称一定要与策划书的主题相吻合，用词要言简意赅、一目了然。同时要具有鲜明的倾向性，它代表了策划团队的主要策划意图。如华为公司的营销策划书名为《华为基本法》，山东绿源集团的策划书名为《跨越巅峰工程》，全聚德烤鸭的营销策划书名为《全聚德烤鸭营销策划书》。

（二）摘要

市场营销策划书的摘要主要描述策划项目的来龙去脉、背景资料、介绍策划团队、概括策划书的主要内容等。一般要简明扼要，让人一目了然。这里要注意策划单位的"信誉""名气"和策划团队成员的"明星效应"运用。

（三）目录

市场营销策划书的目录也要引人注目，突出策划的核心章节，使人看后产生兴趣，具有想要阅读全文、强烈地要了解策划书全貌的冲动和欲望。

（四）正文

市场营销策划书的正文一般包括前言、主体和结尾，具体如下。

1. 前言

前言又可称为导言，是策划书的开头部分。主要介绍策划专题的由来、背景、目的、意义、指导思想。明确策划的理论依据、行为动力、基本要求和最终目标以及重点、难点与关键。重点是指策划操作中需解决的主要问题；难点是指策划过程中可能出现的困难与障碍；关键是指对策划最为紧要并起决定作用的因素。

案例 6.3.2

"××公司接受××公司的委托，就××年度的广告宣传计划进行具体策划。""在秋冬转季之际，安踏公司欲将安踏运动产品打入大学校园，打开安踏在大学的冬季市场，全面提升安踏的销量和利润，为此为安踏公司策划营销方案。"

点评：本案例交代了什么时间，谁要做什么，要达到什么目的。作为策划书的开头，写得非常清楚，表意明确，语言简洁明了。

2. 主体

市场营销策划书的主体包括策划目标、策划内容、行动方案、策划方案控制等内容。

（1）策划目标，也叫营销目标，是策划的基础部分。主要是对企业营销背景、市场环境进行分析。包括宏观环境分析，微观环境分析，企业状况分析，如企业的历史情况、目前的产品生产销售现状分析、目标市场需求状况分析、企业的影响力、知名度以及顾客满意度分析等。

案例 6.3.3

长期目标：通过静态广告的宣传以及公益类活动，树立起良好的品牌形象。短期目标：以换季购买冬装为契机，进行一系列宣传活动，使销售额以及利润额有所提高。总体目标：通过调查数据反馈，使安踏公司根据市场需求作出调整，更加符合大学生消费需求，进而能够更好地发展。

点评：本案例是安踏运动鞋的营销目标分析，该策划书分别从长期目标、短期目标、总体目标角度分析，目标明确，措施得当，让企业非常清楚地知道下一步应该做什么。

（2）策划内容，这是策划书的主体部分，主要包括各种调查资料、结论、企业问题与机会点、问题的原因和机会的依据、创意方法和内容、改进方法及其具体措施、策划要注意的问题等。实际上也可以概括地说这部分是由调查报告、解决方案两部分构成的。策划内容的阐述要主次分明、具体明确，以让读者一目了然为原则。切不可繁杂无序、含糊其辞，以免给人造成任务不清，方法不明，不知道策划者到底想干什么，为什么去干的局面。

（3）策划方案，是行动方案部分，也就是营销策略分析，对市场进行细分。主要是对企业营销活动的范围、目标、战略、策略、步骤、实施程序和安排等的设计。包括以下两个方面的内容：一个是确定目标市场，另一个是制订营销组合。营销策划方案的这两个部分是相辅相成、前因后果的关系。基础部分为行动方案做铺垫，行动方案的内容不能脱离基础部分提供的前提。此外还可以围绕市场营销学的"营销策略 4P 分析"（产品策略、价格策略、渠道策略、促销策略）开展方案策划并制订具体行动方案。

案例 6.3.4

安踏运动产品的高端市场消费目标锁定为 18～25 岁的在校学生和都市爱运动的人，这对"安踏"品牌具有互补与延伸的作用，这是对消费市场的进一步细分和延展。

点评：该案例是对安踏品牌范围、目标、战略、步骤、实施程序和安排等营销策略活动的分析。目标、营销策略十分清楚。

（4）策划方案控制，高层管理者每月或每季度详细检查目标的实现程度。要对目标进行重新分析，找出未实现目标的原因。制订营销效果评价方案，从经营理念、整体组织、信息流通、战略导向、工作效率等方面着手，列出可能发生的所有特殊事件及发生这些特殊事件时的应急对策。

3. 结尾

结尾一般包括结束语和附录。

结束语是对策划方案的总结、预测和建议。其主要是对策划方案全文作出简要总结；对策划方案实施过程中可能出现的问题和最终效果进行预测，并提出应对措施；对策划方案的有关事宜及其操作提出意见和建议。

附录是随策划方案附带说明的问题和展示的资料，是方案的附件。其内容主要有：注明本专题所引用的文献资料，列出方案实施中所需参考书目和经验材料，指出其他注意事项，展示策划操作日程表及组织机构等。最后还需注明策划案设计单位和执笔人的姓名，以及最终定案的时间。

要点总结

封面：密级、编号、策划书名称、策划单位及策划人名称、完成时间、适用时间。

摘要：策划书的受委托情况，策划原因、目的，策划书特色。

目录：策划内容标题及页码。

环境分析：市场状况、竞争状况、宏观环境状况等。

SWOT分析：对外部环境的机会与威胁、内部优势与劣势进行分析。

营销目标：财务目标、销售目标等。

营销战略：市场细分、目标市场选择、市场定位。

营销组合策略：产品策略、价格策略、分销策略、促销策略。

行动方案：组织机构、营销活动程序安排、营销预算等。

策划方案控制：营销控制方法。

结束语：突出策划内容要点，首尾呼应。

附录：数据资料、问卷样本、座谈记录。

【案例 6.3.5】

××汽车服务公司营销策划方案（提纲）	标题：单位名称、文种。
一、××汽车服务公司的简介	正文：包括前言，主体和结尾
二、××汽车服务公司的市场分析	前言，概括介绍营销策划单位；
三、××汽车服务公司的竞争分析	
（一）优势分析	主体，营销目标以及具体内容分
（二）劣势分析	析。包括市场分析、竞争状况分
（三）机会分析	析、营销组合策略分析、财务状
（四）威胁分析	况分析；
四、××汽车服务公司的营销组合策略	

五、财务分析

（一）预测利润表

（二）预测资产负债表

（三）现金流量表

六、执行与控制

附录一，汽车服务与保养问卷调查

附录二，××地区每百户拥有汽车调查

附录三，××市区居民家庭汽车消费调查

结尾，明确执行与控制方案。

附录

二、市场营销策划书的写作程序

一般情况下营销策划书应按以下程序进行写作：

第一步，列出营销策划书的写作提纲；

第二步，细化写作提纲，列出提纲中各部分具体的写作内容或范围；

第三步，审读提纲框架结构及各部分具体内容是否合理；

第四步，丰富与调整策划书的内容并确定内容；

第五步，撰写战略分析（SWOT 分析），同时列出分析结果；

第六步，依据分析结果从构思要点出发，撰写策划书的核心部分。研究策划书中的个别策划（营销目标、战略和策略的策划）；

第七步，确定策划书的整体结构，写出策划书的摘要内容；

第八步，制订并写出营销策划书的实施计划、策划方案、控制方案；

第九步，对写作进行收尾工作，包括结束语、附录、参考资料等；

第十步，做通篇的整合润色，统撰全篇。

三、市场营销策划书的写作要求

要想把市场营销策划书写好，就要遵循市场营销策划书的写作要求，具体要求如下。

1. 突出重点，抓准关键

所谓突出重点就是指市场营销策划书要解决的根本问题及找到的营销策略要明确。

案例 6.3.6

随着消费水平的提高，人们的消费观念也有了很大的改变，越来越多的人开始追求生活的品质与情调。咖啡进入都市人的生活，以一种优雅的姿态吸引着都市中追求休闲和时尚的白领以及商务人士。在北京，如果你是一位星巴克的发烧友，一定对星巴克摇曳的灯光、舒缓的音乐不陌生。星巴克以其"第三空间"的休闲舒适消费观念在咖啡领域独占鳌头，从一间默默无闻的小咖啡馆发展成如今全球连锁的著名品牌。现在京城的白领没有不知道星巴克的，一杯咖啡或许就代表着他们追求的一种西式的生活方式。星巴克正改变着人们的消费行为。比如星巴克的设计、布置所体现的是一种轻松自由、不受拘束的生活态度。咖啡本身就是一种文化元素，一种世界性的饮料。它迟早会像洋葱、西红柿一样被人们接受，成为人们现代生活方式的一部分。

（徐育斐，2004）

点评：这篇《星巴克市场营销策划书》，其定位准确，彰显了星巴克的特别之处，重点突出，直接导入星巴克的设计、布置等策划研究的关键问题，值得借鉴与学习。

2．条理清楚，思路明确

营销策划书是对创意后形成的概要方案加以充实、编辑，用文字和图表等形式表达出来，所形成的系统性、科学性的书面策划材料。写作前要弄清何人、何时、何处、何因、何法、预算、预测等问题，还要弄清企业策划的目的与内容，上述问题搞清楚了，写作策划书时条理自然就清楚了，思路也就明确了。

案例 6.3.7

（1）创建精益求精的咖啡精神

"咖啡精神"也可以视为"咖啡宗教"。这是雅斯培•昆德在《公司精神》一书中使用的一个词汇。所谓的咖啡宗教是由具有大致相同的人生情调、社会身份的人组成的一个共同体。用舒尔茨的话来说："如果人们认为他们与某公司有着相同的价值理念，那么他们一定忠于该公司的品牌。"这种"咖啡宗教"的"教会"就是散布在各处的"教堂"，其合作伙伴就是这种"宗教"的神职人员。在经过严格的教育和价值熏陶后，把一套知识、一种格调传达给"教民"，鼓励更多的人到咖啡店来做"晨祷"和"晚祷"。所以"咖啡宗教"可以成为一种品牌战略，对于企业而言可以视为一种"咖啡精神"。

（2）用音乐留住顾客

咖啡厅可以经常播放一些爵士乐、乡村音乐以及钢琴曲，这些音乐可以迎合那些时尚、新潮、追求前卫的白领阶层的精神需要。他们每天面临着强大的生存压力，十分需要精神安慰，音乐正好起到了这种作用，确确实实地让人感受到，在音乐的氛围中催醒人们内心某种也许已经快要消失的怀旧情感。让其感受到消费成为一种文化体验。

（3）创设比咖啡更多的东西

开设讲座，内容涉猎广泛，根据消费群体的特点来确定讲座的内容，如讲述咖啡与生活、美丽、健康、艺术等相关联的知识，拥有情趣，让消费者修身养性的同时，将咖啡与讲座融为一体，拓宽咖啡消费市场。

（徐育斐，2004）

点评：这篇市场营销策划书从三个方面为咖啡厅策划了切实可行的营销策略，而且做到了条理清楚，思路明确，令人信服，富有创意。

3．定位准确，建议合理

营销策划书中的建议，一定是经过市场调查、研究、分析后的科学合理的建议，它的前提是对该品牌的市场定位要准确。例如下面的例文对星巴克消费者的研究所得出的结论就比较准确。

案例 6.3.8

星巴克的消费者很可能是具有以下特征的专业咖啡消费者：25～45岁，年收入5万元以上，受过大学教育，集中于发达程度偏中上等城市，特别是东南部和北方地区，不会被高昂的价格吓走。星巴克的消费者很可能是不断增加的根据社会责任标准购物的中国消费者当中的一员。他们会更倾向于购买一个同他们关心的事业有联系的产品。

（徐育斐，2004，有改动）[145]

点评：该案例对星巴克的消费者年龄做了定位，对星巴克咖啡的潜在市场做了定位，品牌定位准确，建议合理。

4. 语言流畅，表意明确

在营销策划书中，使用数字一定要准确到位，不可以模棱两可，含糊其词，盲目地追求效果。"较多""广泛""大幅度提高"这些很虚化的词语尽量不要使用。

案例 6.3.9

6个月公司经营总预算费用为600万元。店面设计（包括橱窗广告）装修费用预计100万元，经营费用预算为200万元。广告制作费预计50万元，杂志广告费为250万元，合计占总费用的50%。

（1）《商学院》封面广告费预计50万元；

（2）《格调》封面广告费预计50万元；

（3）《三联生活周刊》封面广告费预计100万元；

（4）《商界》广告费预计50万元。

点评：这是某公司的一篇市场营销策划书的媒体策略部分，其中的广告预算分配的语言描述平实准确，表意明确，数字使用具体翔实，更加具有可信度。

5. 创意新颖，可操作性强

策划书的点子要富有新意，无论对市场的研发还是市场的扩大营销都要具有指导作用，同时策划书的实施方案在现实营销活动中要具有可操作性，否则再好的策划，实现不了也就失去了策划的价值和意义。

案例 6.3.10

"90后李宁品牌"重塑战略可以概括为如下几点：

（1）重新为品牌定位，争取新的受众；

（2）市场目标锁定90后，主打高端时尚；

（3）卖点仍旧突出李宁的专业形象和奥运冠军脸；

（4）为重塑李宁品牌，选择新形象作为广告代言；

（5）做好与消费者的互动，不能简单粗暴地给90后贴标签。

点评：这是一篇李宁品牌的市场营销策划书。姑且不谈李宁是否会采用，但就策划书内容而言，这5点营销策略还是非常有创意的，对市场的研发具有指导作用，而且具有一定的可操作性，值得借鉴与参考。

【感悟升华】

一、填空题

1. 市场营销策划书的摘要部分包括（　　　）、（　　　）、（　　　）。
2. 市场营销策划书的结束语是对策划书的总结（　　　）、（　　　）。
3. 市场营销策划书的附录部分包括（　　　）、（　　　）、（　　　）。

二、实践训练

1. 请根据下面内容，分别拟定标题

（1）中国陕西有一道好吃的面食叫"肉夹馍"，为了弘扬中华民族饮食文化，将其定位为"中式汉堡"，请你拟写一条市场营销策划书的标题。

（2）三星手机即将推出新产品，决定制订营销策划，请你为其拟定该市场营销策划书的标题。

2. 根据下述内容，为你所熟悉的某一品牌写作一篇《×××市场营销策划书》。目录参考内容如下：前言、市场研究及竞争状态、消费者研究、产品问题及机会点、市场建议、商品定位、行销建议、创意方向与广告策略、广告表现、媒体策略、预算分配、广告效果评定。

第四节　广　告　文　案

【学习目标】

知识目标：了解广告的内涵、特点、种类；了解广告文案的结构形式。

能力目标：掌握广告文案创意的技巧；能够写出高质量的吸引眼球的广告文案。

这是一个传媒时代，媒介资源异常丰富，媒介手段日新月异，任何生活在这个世界上的人都无法逃避传播的影响；现代人的生活几乎被广告给包围了，眼睛所见、耳朵所听，广告几乎无处不在。这也是一个形象的时代，企业会通过一定的媒介，将有关商品、服务信息或情报有计划地传递给人们，以某种形象进入受众的心理，并试图建立独特的心智模式，这时广告就成了一种非常有效的工具。

【案例 6.4.1】

万科企业形象广告文案[1]

一、路灯篇

最温馨的灯光一定在你回家的路上

如果人居的现代化只能换来淡漠和冰

标题： 以企业名称做标题，突出"形象"二字。借"路灯"点名万科的服务宗旨，主题明确。

---

[1] 摘自李欣频著《广告拜物教》，电子工业出版社 2008 年版。

那么它将一文不值

我们深信家的本质是内心的归宿

而真诚的关怀和亲近则是最好的人际原则

多年来

我们努力营造充满人情味的服务气质和社区氛围

赢得有口皆碑的赞誉

正如你之所见

二、名树篇

再名贵的树也不及你记忆中的那一棵

越是现代

生命的原本美好越值得珍惜

我们深信

虽然不断粉饰翻新的名贵和虚化

更容易成为时尚的标签

但令我们恒久眷恋和无限回味的

一定是心中最初的那一道风景

多年来

万科珍视和努力保留这一片土地上既有的人文财富

以纯粹的审美趣味

引领时代潮流

正如你之所见

> 借"名树"篇，表达万科集团的人文理念，以及环保意识。

三、鹅卵石篇

潮流来来去去生活本质永恒

时至今日

朴实无华的自然情趣也没有半点贬值的迹象

我们深信那是让人内心

宁静的永恒之美

而怎样的喧嚣浮华与荣耀

都终将归于平常

多年来

万科珍视自然给予的每一份馈赠

努力营造充满本质美好的社区环境和

人文氛围

正如你之所见

> 借"鹅卵石"篇，表达万科注重社区人文环境的理念。

> 三篇凝聚为一个主题，即万科更关注业主的生存环境。该广告主题突出，语言优美，感染力强，构思新颖有创意。

　　中国广告的历史源远流长，史上很多名人都做过广告。《战国策·燕策》中记载的伯乐相马的故事就是名人所做的广告。唐代许多著名的诗人撰写了"广告诗"。山东苍山县出兰陵美酒，"诗仙"李白为此写了《客中诗》："兰陵美酒郁金香，玉碗盛来琥珀光。但使主人能醉客，不知何处是他乡。"兰陵酒一经李白如此的赞美，名气大旺，畅销千载。

　　在西方，"广告"一词来源于拉丁文，是"大喊大叫"的意思。传说，古罗马人做生意时，常常雇人在街头闹市大喊大叫，请大家到商品陈列处去购买商品，人们把这种行为称之为"广告"。美国纽约百老汇的广告牌，是世界上最早的广告牌。世界上最早登载广告的报纸是英国的《伦敦报》。

一、广告文案的特点

在一篇广告作品中为了达到扩大宣传的目的，在除了音响、图画之外，还需借助文字使广告更好地发挥作用。广告文案是将生活艺术化地进行表达。广告文案具有如下特点：

（1）真实性。"镜里天地大，体小功能全。"真实是广告的生命，真实性是对广告写作者的道德要求，它体现的是广告主的经营理念，也是一个企业得以生存和发展的前提，具有真实性特点的广告会赢得消费者良好的口碑。

（2）创新性。古人写作十分强调创新意识。陆机在《文赋》中说："收百世之阙文，采千载之遗韵，谢朝华于已披，启夕秀于未振。"大意是说写作既要继承前人优秀成果，又要不沿袭前人，发前人所未发。追求新奇的事物是人们从事任何活动的一种重要的内在动力。富有创新性的广告文案更能吸引受众的注意。

案例 6.4.2

在一个寒冷的冬日，有一位盲人在纽约街头乞讨，他胸前挂着一个牌子，上面写着："我什么也看不见。"街上人来人往，无人问津。这时有一位诗人从这里经过，把盲人胸前牌子上面的话改写为"春天来了，可是我什么也看不见"。立刻，过往行人纷纷解囊相助。

点评：本例文诗人用诗的形式强调了广告的诉求重点，也改变了事情的结果，随即引来了路人的解囊相助。这种创新很能吸引到读者和观众。

（3）情感性。广告创作人员只有在广告的创作中投入了情感，才能在广告中寄予深情，也才能引起读者感情的共鸣。所以广告的写作要时刻注重情感技巧的表达与运用。

案例 6.4.3

《少女的情怀总是诗》："给我一点金黄的火焰/让我享有一份咖啡的浓郁/我的天地/将是如许温馨，如许甜蜜/即使是白雪皑皑的寒冬/对我依旧是热情洋溢的季节/可乐黑咖啡口香糖/最能表达你对情人的爱心。

点评：这首广告诗，运用了文艺语体的语言，而这种语体特别注重情感的表达、色彩的体现，以此来感染读者，而且配以俏丽少女在美丽的夕阳里憧憬的艺术图片，画面上虽未出现"口香糖"一鳞一角，却具有诱人的情感威慑力。

（4）功利性。做广告是要付费的，所以广告文案无论是其内容，还是其形式能否达到宣传效果以及宣传目的是非常重要的。结合所要做的商品广告，在文案中突出诉求重点，有的放矢，达到广告效果，用最少的文字、最少的版面、最少的空间，达到目的，实现利益最大化。

（5）艺术性。广告文案是一种将生活艺术化的表达。广告文案能否达到宣传效果和宣传目的是非常重要的。这就要求无论是广告的内容还是广告的形式都要紧密围绕广告主题，突出诉求重点的同时，还要考虑用怎样的艺术方法使得广告更生动、更感人，让人过目不忘。

案例 6.4.4

你说，乌溜溜的秀发，你最爱！/我也期盼，每一次相聚，都使你觉得秀发美丽依然情深如昔……/CF牌高贵蛋黄素洗发乳，最能实现你的心愿。

点评：本案例的艺术性就在于作者表达了所有女性对秀发期待的心声，甚至是一种渴望，并与"CF牌蛋黄素洗发乳，最能实现你的心愿"相呼应，体现了这一广告表达的艺术性。

二、广告文案的结构形式

广告文案，通常包括标题、正文、口号和随文四大基本部分。但并非所有的广告文案都具备上述四个部分，由于广告对象的不同、媒介不同，广告文案的有些要素会被省略。

（一）标题

广告标题是对广告的命名，在广告中主要起着点明主题，引人注目，引导读者、观众阅读正文的作用。标题要符合受众心理，尽量简明，便于记忆。广告标题通常包括如下几种。

（1）直接标题。直接标题是用直接简明的语言揭示广告的主要内容，标题中受众可以获取广告的主要诉求内容。例如"北京同仁堂药店""小天鹅洗衣机""海信电器""紫霞山庄欢迎您"等都属于直接性标题。

（2）间接标题。间接标题不直接说明广告主题，而是运用间接婉转的方式，诱导受众阅读广告的正文。这种标题具有趣味性、哲理性，甚至是充满诗情画意。如给电饭锅做的广告标题是"热气腾腾，蒸蒸日上"，宝来汽车的广告标题是"奔跑，奔跑者之间的语言"。

（3）复合标题兼具直接标题和间接标题的双重作用，可以使广告更醒目、更有气势。复合标题由引题、正题、副题组成。引题让读者保持兴趣，揭示广告文案的内涵以及相关信息。正题用于揭示广告主题，副题用于强化留给读者的印象。如××花生的广告标题，引题为"山东特产，口味一流"，让读者初步了解该产品或广告主体，吸引读者；正题"××花生，名扬中外"，揭示该广告的主题；副题则是"越剥越开心，越吃越健康"。再如一汽大众汽车有限公司为"奥迪A4L"所做的广告，引题为"跃级人生，向上一部"，正题为"奥迪A4L十年积淀豪礼回馈"，副题为"让梦想仅有一步之遥"。

广告标题常见的表现形式如下。

（1）新闻式。新闻式标题是以写新闻的语气和句式来表达广告的主题或主要内容。如"云计算：从千篇一律，到量身定制"就采用了新闻式。

（2）问答式。问答式标题是用提问的方式突出广告的主要诉求重点，引起读者的注意。如"如何让跨越终端协同不再是愿景？华为统一通信，悉您所需，为您所用"，就采用了问答式。

（3）悬念式。悬念式标题是指在标题中设下悬念，从心理上引起读者关注，引起消费者

经济应用文写作

继续阅读的欲望。如"入芯者入心"，读者应该能够猜测到这样的广告标题是和芯片有关的商家为其商品所做的广告，这样的标题"悬"而能解，而不是神乎其神。

（4）赞美式。赞美式标题是指在标题中赞美广告中的商品的性能、特点或服务等。如 LG 海鲜冰箱广告标题"噪音听不见，省电看得见"。再如"雀巢咖啡：味道好极了"这句广告语朗朗上口，语言简单，但意味深长。感受发自内心才能脱口而出，经典而无与伦比。雀巢咖啡厂家后来曾经以重金在全球再次征集新广告语，但结果是没有一句广告语能超过它，这句经典的广告语就被永久地保留了下来。

（5）故事式。故事式标题是以讲故事的语气推出所要做的广告。如阿迪达斯的广告宣传系列口号"我整天梦想足球""我整天梦想运动""我不在乎你说什么，但我更在意你做什么""没有不可能"，每一句广告语背后似乎都有一个故事。

（6）歌诀式。歌诀式标题是用歌诀的形式介绍出广告的主要信息。亲切动人，感染力强。如"飞鸟闻香化凤，游鱼得味成龙"，洋河大曲广告运用的就是歌诀式。

（7）祈使式。祈使式标题是用建议或劝导性语言向消费者提供某种消费建议，具有引导消费的作用。例如瑞典沃尔沃汽车的报纸广告文案，其标题"放心——沃尔沃汽车已来到中国"采用的就是祈使式标题。

（8）修辞式。修辞式标题是指在标题中运用一定的修辞方法引出或介绍商品，增加广告的生动形象性。如"一路走红，在于超凡出众，亦在于深入人心"。这是雅阁汽车广告，运用了拟人的修辞格。使汽车品牌成为一种形象，用来吸引人。

（9）承诺式。承诺式标题是对消费者在价格、质量或服务等方面表示出诚意甚至是具体的答复。如"买贵退款""海尔真诚到永远"。

（10）比较式。比较式标题是以比较的方式突出所要宣传的产品的性能和特点。如"格力空调，唯一进入日本和中国香港地区各大商场的中国空调"。

（二）正文

正文是广告文案的重要组成部分。主要凭借正文来体现广告的目的和内容，具体详细地揭示、阐述广告主题。广告文案的正文包括两种形式：完整式结构和分散式结构。

1. 完整式结构

完整式结构是指那些结构完整、层次分明、逻辑性强的广告正文。它包括开头、主体、结尾三个部分。

（1）开头。将读者的阅读注意力转向正文，概括地解释或说明广告的主要内容。对标题提出的商品或其他方面加以说明或解释。

（2）主体。具体说明提供商品或其他方面的细节，让人消除疑虑，这是正文的中心。

（3）结尾。用热情诚恳的语言引导消费者去购买商品。

2. 分散式结构

分散式结构是指广告的相关信息在句子与句子、段落与段落之间没有明显的逻辑关系，也可能是依据表达的需要出现在不同的地方，以示受众。结尾用热情诚恳的语言引导消费者采取购买行动。

广告的正文常见的表现形式如下。

（1）叙述式。叙述式是以叙述的语气，着重介绍产品的产生、发展，或围绕产品融入一定的故事情节，进而吸引读者、观众，敦促其采取购买行动，或达到宣传教育作用。

（2）描写式。描写式是借助描写的表达方式，对广告标题所涉及的产品或事物环境进行生动形象的描述，甚至是情境的再现，给受众留下极其深刻的印象，从而达到宣传目的。

（3）议论式。议论式是对广告所宣传的产品或信息以议论的方式，直接阐明观点，表明态度，引导、影响受众的行为或决定。

（4）说明式。说明式是以说明为主要表达方式、着重说明产品的性状、性能、特点、服务，或活动的时间、地点、背景等，使受众在短时间内了解该产品或服务或活动的主要内容，为受众决策提供参考。

（5）抒情式。抒情式是以抒情为主要表达方式，借助联想和想象，根据广告文案的具体内容选择适合的具体抒情形式，以情感人，在轻松愉快的氛围中达到宣传目的。

（6）综合式。综合式是综合运用多种表达方式、一定的修辞手法介绍、宣传产品以及相关的活动，生动、形象而又理智、有计划地完成广告信息传递的任务，收到事半功倍的效果。

（三）广告语

广告语又可以称为广告口号。它是广告主为了强调所传递的相关信息，在广告文案中突出强调或反复强调的诉求重点。广告语通常包括如下几种。

1. 品牌文化广告语

商家为了让某一商品或某一宣传活动成为品牌，让更多的受众过目不忘，在对其性能、特点、活动内涵等介绍时，使用具有强化记忆、悦耳、悦目的语言，并坚持一段时间内不改变，构成该品牌特定的广告语，就是品牌文化广告语。例如戴比尔斯的"钻石恒久远，一颗永流传"的钻石广告语早已深入人心；山叶钢琴"学琴的孩子不会变坏"的广告语也形成了一种品牌文化；飞亚达的品牌文化广告语为"一旦拥有，别无选择"。

2. 企业文化广告语

借助企业管理、生产、研发、销售的宗旨、理念、制度、手段等，广泛宣传，给予受众一种思维定式，在某一行业或某一领域拥有较高的知名度，在广告文案中确立这样的语句，突出刻画企业形象的语言或句子就叫企业文化广告语。例如舍得酒的企业文化广告语为"智慧人生、品味舍得"；人头马 XO 广告语"人头马一开，好事自然来"；海尔的企业文化广告语为"海尔，中国造"。

3. 服务理念广告语

商场竞争激烈，如何在竞争中取胜，通常在广告文案中设有附加在产品销售中的特殊服务，以引起消费者的关注与兴趣。但是要求承诺的同时就一定要守诺。如"上门服务，免费维修"；再如浦发银行的服务理念广告语为"易贷益多，加倍成长""轻松理财，快乐生活"。

（四）随文

广告的随文又叫附文，用于交代与广告内容有关的要素，如联系人、联系方式、电话、电报挂号、传真号码、邮政编码以及品牌名称、企业名称、企业标志或品牌标志、企业地址、购买商品或获得服务的途径和方式、权威机构证明标志等都可以放在随文中。此外还包括某些特别的解释和声明等。

要点总结

标　题：引起注意，点明主题，引导阅读。

正　文：激发欲望（Desire），事实有力，以"诚"服人。

广告语：建立信心（Conviction），确认商品，敦促行动。

随　文：购买行动（Action），联系方式，购买渠道。

名言录

好广告不只在传达讯息，它能以信心和希望，穿透大众心灵。好广告是图片与文字的快乐联姻，而不是他们之间的竞赛。

——佚名

广告无法为人们不需要、不渴望拥有的产品塑造奇迹，但是一位有技巧的广告人可以将产品原被忽略的特点表现出来，激起人们拥有的欲望。

——佚名

三、广告文案的创意技巧

随着商品经济的发展，广告的式样也越来越多。广告不单纯是一种简单的语言载体，更是思想载体、情感载体、艺术载体。成功的广告常常是各种载体的完美结合。

（1）创意新颖，别具一格。创新性是广告成功的关键。任何一件广告作品，人云亦云都会使人感到厌倦，这样的广告也就失去了生命力。

案例 6.4.5

"金利来——男人的世界"

点评： 这一广告词深入人心，这个概念赋予了产品以感人的内涵，不仅满足了人们的物质需要，同时还满足了人们的精神需要。它使产品有了灵魂。顾客感到所购买的不仅是一条领带，还是成熟男人的标志。这种创意刺激了公众的求异、求奇的心理，打破了常规的思维定式，造成一种悬念，抓住人们的好奇心理，激发消费者的购买欲望，达到了很好的广告宣传作用。

（2）声情并茂，亲切感人。

案例 6.4.6

曾几何时感觉你的心在移动/亲爱的你可知道你是越来越难懂/很想好好摸清其中去脉来龙/可总在你的数衍下以失败告终/其实我和从前并没什么不同/对你的这份情感仍像当初一样浓/就在现在我们挽起一道彩虹/一起走进一个多彩的梦/沟通从心开始/从心开始沟通。

点评：该例文是中国移动公司宣传移动电话的广告。以传达心灵沟通作为广告的主题，该广告声情并茂，亲切感人，非常富有创意，文字还被谱成了歌曲，起到缩小广告诉求对象与消费者心理距离的作用。

（3）雅俗共赏，品位不凡。乘坐飞机人们最关心的是飞机的安全问题，"安全、安静、安适"的民航广告，把安全放在第一，其次是飞机的声音不大，让人感觉舒适。广告通俗易懂，但品位不凡。迎合了人们乘坐飞机的心理需求。广告的受众是大众，如果晦涩难懂，就会脱离群众，普通人看不明白，就会事倍功半。同样，庸俗低下，曲意迎合，也会遭大众唾弃，得不偿失。

（4）意境优美，愉悦精神。广告文案是一种特殊的艺术形式，具有深刻的文化内涵和审美属性。优秀的富有创意的广告不仅能快速、准确地传递商品信息，同时还具有丰富的精神内涵，创造较高的审美价值，实现审美性和功利性的完美结合。

案例 6.4.7

"红豆生南国，春来发几枝；愿君多采撷，此物最相思。"

点评：本案例是红豆衬衫厂的产品宣传广告。在创意上以人们熟知的唐诗为蓝本，借助诗歌的意境，让人们体会、联想、想象，其诉求重点"红豆衬衫"在这种意境美中得以强化，借此来吸引读者。

【案例6.4.8】

中华汽车电视广告文案

第一则

如果你问我，这世界上最重要的一部车是什么?那绝不是你在路上能看到的。

30年前，我5岁，那一夜，我发高烧，村里没有医院。爸爸背着我，走过山，越过水，从村里到医院。爸爸的汗水，湿透了整个肩膀。我觉得，这世界上最重要的一部车是——爸爸的肩膀。

今天，我买了一部车，我第一个想说的是："阿爸，我载你来走走，好吗?"广告语：中华汽车，永远向爸爸的肩膀看齐。

第二则

印象中，爸爸的车子很多，大概七八十部吧。我爸爸没什么钱，他常说："买不起真车，只好买假的。我这辈子只能玩这种车!"

经过多年努力，我告诉爸爸，从今天起，我们玩真的。爸爸看到车后，还是一样东摸摸、西摸摸，他居然对我说："我这辈子只能玩假的，你却买真的!"

爸，你养我这么多年不是假的，我一直想给你最真的。

广告语：中华汽车，真情上路。

标题：陈述式标题，揭示广告的主题。

以对话的形式导入正文，交代事情的原委。再以亲情吸引读者，引出诉求重点。第一则与第二则形成姊妹篇，以回忆为线索，运用对话引导读者倾听他的诉说。结尾将广告的主题推出，具有升华之意味。

经济应用文写作

【案例 6.4.9】

<table>
<tr><td>

传统生活文化的歌林

歌林体福您与您的亲人中秋团圆，

更期盼中国的月亮不再有缺憾，早日团圆
</td><td>

标题：歌诀式标题，揭示广告的主题。
</td></tr>
<tr><td>

中国真的很特别

都说中国人是爱好和平的

为什么走进历史，只见数不清的合了又分？

都说，中国最重视"家"了

为什么四十年来，

中国人被分隔在遥遥相望的两岸？

都说，中国人口最多了

有多少只眼睛，

看清了事实的真相？

都说，中国人聪明极了

为什么中国人

会怀疑自己的同胞？

难道，中国人之间一定要彼此关怀

而又互相冷漠吗？

是知道得太少？还是压抑得太多了？

中国人讲究圆

中秋月圆，家人团圆

可是，

中国的月亮真的不很圆
</td><td>

正文：散文诗的语言，充满诗情画意，用以情感人的方式达到广告宣传的目的。富有创意，令人过目不忘。

抓住中国人企盼月圆、人圆的心理要求，把顾客对商品的需求融为一体。广告效果甚佳。
</td></tr>
</table>

【感悟升华】

一、多项选择

广告标题常见的表现形式有（　　　）。

A. 新闻式　　　　B. 论述式　　　　C. 问答式　　　　D. 赞美式

二、判断题（对的打"√"，错的打"×"）

1. 为了突出广告主题，广告文案就要长篇大论。（　　）

2. 真实是广告的生命。（　　）

3. 广告语在广告文案中突出强调诉求重点。（　　）

4. 广告文案重在抒情。（　　）

三、实践训练

1. 完成任务单 6.2 所给的任务。

任务单 6.2

广告文案任务单

题　目	广告文案	完成时间	
姓　名		班　级	

布　置　任　务

任务描述	1. 这是一家咖啡屋，石板地面、木质桌椅家具，悬挂着灯； 2. 台面上摆放着咖啡制作原料、器具、杯子等； 3. 某咖啡品牌标志、时尚画、艺术品，有与该环境相配的音乐； 4. 服务生穿着此品牌统一的服装，具有突出该品牌特点的广告语； 5. 进行网络信息的搜集与整理，做写作广告文案前的准备； 6. 进行设计、撰写。
知识储备	1. 怎样设计广告文案？ 2. 广告的语言有何艺术特色？ 3. 掌握广告文案创意知识。 4. 如何搜集相关的广告信息并整理信息？ 5. 优秀的广告文案有什么特点？ 6. 广告文案的写作有哪些技巧？
完成形式	写作一篇广告文案，用 PPT 以演讲的方式讲述作业。
具体要求	1. 充分了解所选定的广告文案对象； 2. 明确诉求重点，确立广告主题。广告文案要准确生动地揭示主题； 3. 标题、正文、广告语要吸引人。
资讯引导	1. 阅读高等教育出版社李霞《广告策划案例教程》，学习关于广告策划的知识； 2. 网络查询并欣赏近年来的优秀广告文案； 3. 查找若干篇你认为有不足之处的广告文案，分析其问题之所在。
学生互评笔记	
教师评语笔记	
完成任务总结	谈谈广告文案写作过程中遇到的困惑以及感悟。

注：本任务单只用于读者完成任务中做笔记使用，完整任务单见本书配套资料。

　　2. 请你为某一品牌设计一篇富有创意的广告文案。

　　3. 请你为当地有名的食品写一篇故事型广告文案。

第七章 经济文书写作（二）

烛光导读

自古以来经济与写作之间就有着密不可分的关系。人们熟知的古代文艺作品《诗经》中的《魏风·硕鼠》《豳风·七月》里就有片段的经济活动的说明、叙述、描写。如《卫风·氓》中的"氓之蚩蚩，抱布贸丝"，就是对经济活动的描写。现代文学作家茅盾的小说《子夜》《林家铺子》《商界》等都是和经济活动有关的作品。

我们身处的时代与《诗经》的时代虽已相距甚远，但无论时光如何流转，无论世界发生了多大的变化，写作与经济永远是亲密无间的。未来的社会依然需要一种有文化指引的经济生活，更需要在经济活动中体现人的高尚情怀——"修辞立其诚"，这不单单是对写作的要求，更是对从事经济活动的人的要求。

不是现在才这样，不是今天才这样，是自古以来就这样。像经济学家一样思考，像作家一样写作。

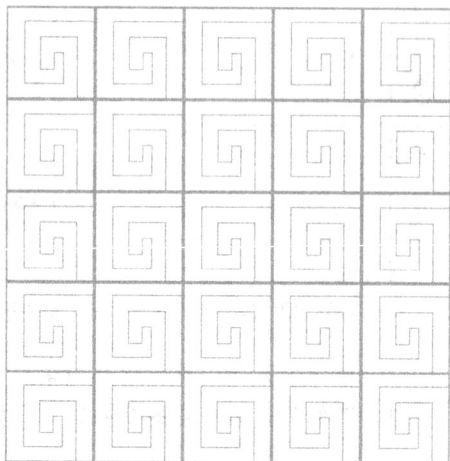

第一节　商务信函

【学习目标】

知识目标：了解商务信函的结构形式；明确商务信函的惯用语。

能力目标：掌握商务信函的写作原则、技巧；培养学生的语言表达能力，学会与人沟通。

【案例 7.1.1】

尊敬的刘先生：

您好！

2013 年 7 月 10 日有关付款条件的来函收悉。

本公司同意贵公司如下建议：

1. 以见票即付的保兑、不可撤销信用证付款，而非见票直接付款；

2. 贵公司的报盘不会有折扣。

以上建议已获得本公司总经理批准，今后将按此标准执行。现正拟订有关订单，十五日内将送达贵公司。

另外，本公司代表张扬先生将参加即将在长春举行的东北亚博览会，并会于不日以书面形式与贵公司联络。

诚望今后两公司间的会谈能促进双方的业务发展。

此致

敬礼！

> 李建华
> 采购物流动中心经理
> 2013 年 7 月 16 日

(侧栏批注)
对收信人的称呼、礼貌问候。引来函沟通信息。直奔主题，对来函具体事宜表明态度，交代相关事项的处理办法。结尾再次表明诚意。

结束语。

落款：签名、日期。

2 500 年前，我们的祖先开始驯养信鸽并称其为"飞奴"。传说张骞出使西域就用鸽子与家人传送信息。"鸿雁"是书信的代称，有时也代指邮递员。传说汉朝苏武出使匈奴，被单于流放北海放羊。汉朝皇帝打猎射得一雁，雁足上绑有书信，叙说苏武在沼泽地牧羊。单于后来让苏武回汉。人们就用鸿雁比喻书信和传递书信的人。

商务信函是商务活动中交流信息的书面语言形式。

商务信函是一种"推销"函，是常用的商业联系媒介，写信人既可以借助信函沟通业务，也可以借此推销物品或服务等。商务信函涉及商务活动的各个环节，贯穿商务活动的始终，是企业对外宣传的重要手段。写好商务信函不仅要具备相关的业务知识，还应具有扎实的语言功底，更要掌握规范的写作格式。商务信函已经成为现代商务活动中重要的沟通手段之一。

一、商务信函的结构形式

好的信函并没有固定不变的写作模式。写信时应充分考虑收信方的观点和看法、背景和所处环境。

1. 基本内容

中西方商务信函有一定的区别，但主体内容一致，以西方商务信函为例，一般情况下包括信头、信内地址、收件人、称呼、主题、正文、结束语、签名、日期。

（1）信头是指发信人所在公司的名称和地址，通常是预先印制好的，一般位于信纸的正上方。内容包括电话号码、电报挂号、传真和电传号码、信件编号或索引号码以及写信日期。中文的商务信函通常不设置信头。

（2）信内地址，即收信人的姓名和地址，通常是在日期下面两行，位于书信正文的左上方。中文的商务信函通常不设置信内地址。

（3）称呼，是发信人对收信人的称号用语，自成一行，通常为中文商务信函的第一部分，英文商务信函通常位于"信内地址"左下方的一、二行处。

（4）主题。书写商务英语信函的时候，为了能便于收件人迅速了解信的主要内容，一般会单独列出信函的主题。中文商务信函通常不写。

（5）正文，叙述商务往来以及业务联系的实质问题。首先向收信人问候，然后写信函的事由，写清该信要进行的业务联系。如询问商务活动有关的事宜，回答对方提出的问题，阐明自己的想法或看法，向对方提出要求等。如果既要向对方询问，又要回答对方的询问，一般要先答后问，以示尊重。随后还要提出进一步与对方联系的希望、方式和要求。

（6）结尾。商务信函的结尾往往用简单的一两句话，写明希望对方答复的要求。如"特此函达，即希函复"，同时写表示祝愿或致敬的话，如"此致""敬礼""敬祝健康"等。

（7）落款，包括写信人签名和日期。签名是指发信人、书信执笔人或公司代表在书信上签上公司名称或个人名字，通常位于结尾客套语下面两行，从中间偏右处开始写。第一行写公司名称，第二行是个人签名，手写信用钢笔更为郑重；根据需要还可以加所属部门的名称及签名人的职称。

2. 备选内容

备选内容包括经办人姓名、相关事由、附件、附言、抄送等。

二、商务信函写作的"六C"原则

商务信函写作的"六C"原则，也是商务信函的写作要求，它包括如下内容。

1. 正确

"正确"的英文写法是correctness。商务信函体现了买卖双方的权利和义务，是各行各业往来的凭据之一，因此必须写得正确。商务信函的正确性首先表现了使用者的正确运用语言的水平，包括传递给对方的所有信息都应该是正确的，不可以有虚假成分。

2. 完整

"完整"的英文写法是completeness。商务信函要想完成预期的目标就要做到写作内容的完整性，也就是动笔之前要考虑到各个方面的情况，这样才能做到清楚地表明写信的目的以及你的具体需求，甚至要考虑业务交往中的具体细节。

3. 具体

"具体"的英文写法是 concrete。商务信函对重要的信息强调完整具体，尤其涉及双方的利益和责任的内容，如有关货物的数量，发货日期等必须具体，以免引起误解和不必要的麻烦。

4. 明确

"明确"的英文写法是 clearness。商务信函用语可谓字字千金，必须准确清楚地表达所要传递的信息，谨慎使用夸张、比喻等修辞手法。商业术语运用要准确，意义要明确，并且按照内容仔细和恰当地分段，否则就会引起混乱、误解，甚至产生不必要的纠纷。例如，"你方如果同意在合同中加入允许分批和转船，我方将开立相关信用证"，这里就准确地运用了商业术语。即使使用数字，也要明确，不可以模棱两可，含糊不清。

5. 简洁

"简洁"的英文写法是 conciseness。在做到正确、完整、具体、明确的基础上更要注意商务信函写作的简洁性。一方面开门见山，免去寒暄，直接入题，就事论事；另一方面，长话短说，行文简短，省略不必要的形容词，避免语言啰唆、重复、使用陈旧的商业术语。

6. 礼貌

"礼貌"的英文写法是 courtesy。商务信函是商业活动的一种沟通形式，它包含礼仪的内容，就书面语言而言要常用礼貌性词汇表达想法。要使用请求式语言而忌讳运用命令式语言，尽量多用一些直接和肯定的语气而避免使用否定句。

案例 7.1.2

"收到贵公司的来信很高兴，如果您能寄来一些相关的新市场的资料，我会十分感激。略感遗憾的是除了有声书籍的目录外，我还想知道你们是否备有相关材料的播放器材。"

点评：这封商务信函使用了"高兴""感激""遗憾"等词语，会使读信人觉得对方非常有礼貌，给人一种知书达理的感觉。

三、商务信函的写作技巧

商务信函写作有一定的技巧性，下面略述几种技巧以资读者学习。

1. 了解沟通对象

一封商务信函，能否让沟通对象多看几眼，或者说沟通对象能有欲望进一步了解信函所说的内容甚至是参与你的活动，了解沟通对象就显得至关重要了。只有站在客户的角度思考问题，充分感受对方的心理需求，才能更好地定位产品市场，以达到开发市场的目的。

名言录

纸上得来终觉浅，绝知此事要躬行。

——陆游

经济人的理念，社会人的胸怀，文化人的气质，企业家的抱负。

——高希均

2. 使用第二人称

写作商务信函运用第二人称不仅仅是表示对对方的尊重，更是强调对方的利益，是一种人性的关怀。以对方的利益需求为重点，是获得其对产品或服务的最有吸引力的策略，也是留住客户的最好办法之一。

3. 开篇吸引读者

如同做其他文章一样，开篇吸引人是我们作文的宗旨，要考虑怎样在最短的时间内吸引读者的眼球最为重要。应用说服的技巧来影响读者，避免消极写作。对于商务信函来说写法大体则有，具体则无。每一次沟通的对象、环境甚至情节都不同，所以开篇吸引读者的方法也会不同。可以开宗明义，也可以以情感人。

4. 交流目的单一

写作商务信函通常是为了完成以下任务：通知、说服、指导、记录，所以写作商务信函时主题要突出、集中，不要在同一封信中有过多的诉求，免得读信人产生厌烦心理，这在人际沟通技巧中是需要注意的问题。目的单一容易让读者接受，但是，涉及强调对方应该提供的服务等方面的问题则可以不单一。

5. 运用标题、图表

运用标题、图表有助于更好地突出商务信函的主题，达到写信的目的，便于解释信中用语言解释不清的问题，同时也为读者提供信服你的最好的佐证材料。

【案例 7.1.3】

亲爱的思拜格女士： 您好！ 　　我公司致力于为您提供高效的服务。我们拥有大量的专家和技术人员、充足的资源，能够为您设计一流的健身服务。这将有助于贵公司提高劳动生产率，降低缺勤率，而且我公司收费很低。	称呼亲切，问候语有礼有节。 开门见山表明目的，提供说服客户的充分依据。
请您仔细考虑，选择我公司将会有如下收益：劳动生产率提高，员工士气高涨，缺勤现象减少，还有选择一流的供应商所带来的种种好处。	劝谏、引导、吸引对方。
当您正考虑如何才能找到一家最好的公司，它将为您的公司提供上述益处，我相信您一定会马上与我们联系，尽快开始改善贵公司的工作环境，提高公司业绩吧。	再次强化沟通目的，教促行动。
<div align="right">××× 2013 年 3 月 16 日</div>	落款：具名、日期。

【案例 7.1.4】

收信人：Great Valley 人事部 发信人：质量提高小组 主题：停车场照明问题 日期：2013/7/20	明确交代写信人、收信人。突出信函主题。

今年夏天要在停车场的边缘增设照明灯，计划在停车场内端增设 5 盏，左右两边各增设 3 盏，共计 11 盏。

这些照明灯将创造一个更安全的环境。如有问题，请与质量小组的成员联系。祝愉快！

> 标明写信日期、进一步阐明信函写作事由、目的和主题意义。言简意赅，没有赘述。

要点总结

开头：向收信人或收信单位问候。

中间：明确事由，讲明要开展的业务，提出希望和要求。

结尾：写明希望对方答复的问题、表示祝愿或致敬。

名言录

> 播种一个行为，收获一个习惯；播种一个习惯，收获一个个性；播种一个个性；收获一个命运。
>
> ——哲学家菩德吉

四、商务信函的惯用语

商务信函的惯用语是约定俗成的，能大大规范和简化商务信函的写作。

商务信函的起始用语常有以下两种情况。

（1）建立商务关系用语，如"我们希望与您建立业务往来"。

（2）自我推荐用语，如"请允许我们做一下自我介绍，我们是首屈一指的贸易公司"。"本公司经营该业务很多年，并享有很高的国际声誉"。

商务信函的正文常用语有以下几种。

（1）推销产品用语，如"相信您对本公司新出产品一定会感兴趣"。

（2）索取资料用语，如"我们对贵方的新产品甚感兴趣，希望能寄来贵公司的产品目录及价目表"。

（3）附寄资料用语，如"随函附上本公司新出品的样品，请查收"。

（4）商讨价格用语，如"我们发现你方报价比我们从其他地方收到价格信息略为偏高，请你方研究作降价调整，以适应价格竞争"。

（5）付款用语，如"兹附上支票一张以付清第××号发票上的金额"。

（6）回复函用语，如"11 月 28 日函悉，谢谢。我方愿与你方商讨如何进一步扩大贸易"。

结尾惯用语类型很多，需根据实际情况斟酌确定，如"情况紧急，盼速回信"。

【感悟升华】

一、判断题（对的打"√"，错的打"×"）

1. 商务信函的写作模式是固定不变的。（　　）

2. 商务信函既可以联系、商洽商业业务，又可以沟通个人事宜。（　　）

3. 商务信函是商务沟通常用的商业联系媒介。（　　）

4. 商务信函是一种"推销"函。（　　）

二、多项选择

商务信函常用的写作技巧有（　　）。

A. 沟通事项要多　　　B. 了解沟通对象　　　C. 使用第二人称　　　D. 交流目的单一

三、实践训练

1. 结合专业特点，为你的客户写一封沟通业务的信函。
2. 阅读案例 7.1.5，并修改该病文。

~~~ 案例 7.1.5 ~~~

刘经理：

原定于 12 月 20 日下午 1 点 30 分在会议中心的会面需要改期。昨天接公司总部的电话，公司高层近期会有重要的人事变动，预计过几天后才能回到北京。我一回到北京会尽快与您联系。初步定在最近几天。希望届时能与您会面。礼！

<div align="right">

××公司

张伟

2013 年 12 月 18 日

</div>

第二节　经济合同

【学习目标】

知识目标：理解经济合同的概念、特点、种类；掌握经济合同的内容要素、结构特点。

能力目标：能够签订规范的经济合同；掌握经济合同书面语言的表达技巧。

~~~ 案例 7.2.1 ~~~

百年契约[1]

陈志宏

从前美国一位庄园主带儿子去庄园巡视，5 岁的儿子因为见什么都新奇，溜出庄园外，不小心掉下山涧而亡。遭遇此不幸的父亲，为了天天能见到儿子，在庄园里垒一个小坟冢，每天黄昏前伫立风中忏悔。这一年是公元 1797 年。几年后，家道中落，这位庄园主不得不转卖庄园，他对买主提出了唯一要求并写到契约中："我儿子的墓必须作为土地的一部分，永远不要毁掉。"

墓地上野草青了又黄，黄了又青。多少年过去了，土地的主人换了一茬又一茬。百年流转，孩子的名字已被忘却，但是孩子的墓在一张张契约的保护下，完好无损。

一百年后，这块风水宝地，被政府圈为格兰特将军的陵园。纽约市政府遵守墓地契约，依旧保留

---

[1] 摘自 2005 年 09 期《第二课堂》(高中版)，略有改动。

孩子的墓地。格兰特将军就安葬在他的身边。格兰特将军是美国第 18 届总统、南北战争时期北方军的统帅，孤独百年的孩子与伟人做伴。

1997 年，纽约市长朱利•安尼来到格兰特将军的陵园，隆重纪念将军逝世一百周年，与此同时作为土地主人代表的朱利•安尼市长亲自签约，承诺让孩子的墓地永远存在，并把这个故事刻在了墓碑上。

一份普通的契约能维持两百多年，不能不让人感叹。道理很简单，承诺了，就一定做到。

墓地的新主人，完全可以毁约，将土地辟为他用，谋取更大的利益，但是，他们却一代一代地遵守着契约，将诚信的火把坚定地传递下去。因为他们相信，诚信是自己的第二生命，是将自己从庸碌人生提升出来的阶梯……

当诚信成为遥远的海市蜃楼，当一诺千金渐渐成为传说，墓地的一纸百年契约分明向我们证明着什么，怀念着什么。

古代契约相当于合同。契约又称作"券"，依据其契刻书写的材料分为"竹券""木券""纸券"等，双方用文字将议定的事项记录下来以后，把"券"分为两半，各执一半为凭证，古代契约验合是辨别契约真假、契约能否发挥效力的最起码的条件。

《中华人民共和国合同法》规定，合同是平等主体的自然人、法人与其他组织之间设立、变更、终止民事权利义务关系的协议。合同的签订方可以是单位与单位、单位与个人或个人与个人，合同关系是一种法律关系，具有强制性质，一经签订，各方当事人都要严格遵守，认真执行，不能单方面修改或废止。

经济合同是当事人或企业集团之间为实现一定的经济目的，发生某些经济往来，彼此达成明确的权利与义务关系的协议书。经济合同通常是谈判的结果，是两个商人之间一次愉快的握手。

> **名言录**
>
> 契约的总和即为市场。
>
> ——法国谚语
>
> 财富的一半是合同，合同点燃智慧，合同启迪思维。
>
> ——佚名

一、经济合同的种类

经济合同依据不同的划分标准可以分为不同的种类，常见的划分方法如下。

按合同的内容划分为经济合同、技术合同、人员聘用合同、文化交流合同、社会服务合同等。

按合同的性质划分为买卖合同、承包合同、补偿贸易合同、借贷合同、租赁合同、加工承揽合同、委托代办合同等；

按合同的形式划分为条款合同、表格式合同、条款加表格式合同；

按合同签订的时间划分为长期合同、中期合同和短期合同。

《中华人民共和国合同法》规定经济合同有如下 15 种。

（1）买卖合同，是出卖人转移标的物的所有权于买受人，买受人支付价款的合同。

（2）租赁合同，是指出租人将租赁物交付承租人使用、收益，承租人支付租金的合同。

（3）承揽合同，是承揽人按照规定要求完成工作，交付工作成果，支付报酬的合同。

（4）建设工程合同，是承包人进行工程建设，发包人支付价款的合同，它包括工程勘察、设计、施工合同。

（5）运输合同，是承运人将旅客或者货物从起运地点运输到约定地点，旅客、托运人或者收货人支付票款或者运输费用的合同。

（6）仓储合同，是保管人储存存货人交付的仓储物，存货人支付仓储费的合同。

（7）借款合同，是借款人向贷款人借款，到期返还借款并支付利息的合同。

（8）赠与合同，是赠与人将自己的财产无偿给予受赠人，受赠人表示接受赠与的合同。

（9）委托合同，是委托人和受托人约定，由受托人处理委托人事务的合同。

（10）行纪合同，是指行纪人以自己的名义为委托人从事贸易活动，委托人支付报酬的合同。

（11）居间合同，是居间人向委托人报告订立合同的机会或者提供订立合同的媒介服务，委托人支付报酬的合同。

（12）供用电（水、气、热力）合同，是供电人向用电人供电，用电人支付电费的合同。

（13）融资租赁合同，是出租人根据承租人对出卖人和租赁物的选择，向出卖人购买租赁物，提供给承租人使用，承租人支付报酬的合同。

（14）技术合同，是当事人就技术开发、转让、咨询或者服务订立的确立相互之间权利和义务的合同。

（15）保管合同，是保管人保管寄存人交付的保管物，收取保管费，并返还该物的合同。

二、经济合同的基本要素

经济合同包括以下基本要素：标的，数量，质量，价款或酬金，履行期限、地点和方式，违约责任，解决争议的办法。

（1）标的，是指双方当事人权利义务共同指向的对象。如保管合同的标的是物，运输合同的标的是行为，技术转让合同的标的是智力成果。

（2）数量，指衡量合同当事权利义务大小的尺度，通常用数字和计量单位来表示。

（3）质量，包括规格、性能、款式、标准、材质等。

（4）价款或者酬金。价款是取得标的物应当支付的代价；酬金是获得服务应当支付的代价。

（5）履行期限、地点和方式，指履行合同的时间限度、交付标的物的方式、支付价款的方式等。

（6）违约责任，指承担违约责任的主要方式即支付违约金，赔偿损失。

（7）解决争议的办法，指当事人关于解决争议的程序、方法等的约定。

三、经济合同的结构形式

无论哪一种形式的经济合同，其结构形式通常都由如下内容组成。

1. 首部

经济合同的首部包括标题、合同编号、立合同方等内容。

（1）标题，表明合同所属的性质以及文种，如"买卖合同""建筑工程合同""农副产品买卖合同"。

（2）合同编号，通常写在标题的下方或右下方。有时也可以无此项内容。

（3）立合同方，是指签订合同的单位名称的全称或个人的姓名。

2．正文

经济合同的正文包括如下内容。

（1）引言部分，说明签约的目的或依据，如"为了促进农副产品市场的繁荣与发展，保证城市居民副食生活的丰富性与多样性，经双方协商，签订本合同，以资共同恪守"。

（2）合同的基本要素的具体内容。

（3）合同的有效期限。

（4）合同的份数以及保存方式。

3．结尾

经济合同的结尾包括如下内容：

（1）合同双方单位法人代表签名盖章。

（2）当事人的银行账户、电话、地址等。

（3）公证机关或签证机关盖章。

（4）签订合同的日期。

【案例7.2.2】

买卖合同

××购字××号

××市粮油加工厂（以下简称甲方）

×××××超市（以下简称乙方）

为了繁荣市场，保证食用油供应，经双方协商签订本合同，以资共同恪守。

一、由甲方向乙方订购食用油贰佰吨，按每吨叁仟伍佰元计算，甲方付给乙方货款共柒拾万元整。

二、乙方于××××年4~5月分4次在××火车站，向甲方交付完所订购的食用油。

三、付款办法采取银行托收承付。甲方在验收第一批货物后5日内先付款50%，在验收全部货物后的5日内付清余下货款。

四、采用塑料桶包装，每桶净重10公斤。货物发运后的铁路运费及卸车费由甲方负担。

五、质量标准。按食用油规定水分不超过1%为合格，如不符合质量标准，甲方拒收。

六、双方按规定日期交付货物或货款，逾期不履行合同者，违约方按每天1%的违约款或货物折价款给付对方违约金。

七、本合同1式4份，双方各执正副本各1份保存备查。

甲方：××市粮油加工厂（盖章）　　乙方：×××××超市（盖章）

代表人：×××（签名）　　　　　　代表人：×××（签名）

地址：×××　　　　　　　　　　　地址：×××

电话号码：×××××××　　　　　电话号码：×××××××

开户银行账号：×××××××　　　　开户银行账号：×××××××

签证机关：××××××

签证时间：××年×月×日

首部： 标题表明了合同的性质；合同编号由年度号、字、顺序号三部分构成；立合同单位并确定甲方、乙方。

正文： 引言写立合同依据、目的。合同条款具体内容：一、确定了合同标的物及价款；二、说明了货物支付时间、方式和地点；三、注明了结算付款方式和有关要求；四、规定了包装方式和包装物处理的要求；五、规定了质量标准；六、明确了双方的违约责任和处罚方法；七、注明合同的执存方式。

结尾： 签合同单位加盖公章、代表人签名、单位地址、电话号码、电报挂号、开户行或签证机关。

这份合同行文简明，内容具体、完备，平等互利，合理合法，执行中能够避免纠纷。

四、经济合同的写作要求

经济合同的写作要求包括如下内容。

（1）遵守国家有关法律法规。经济合同是依据经济合同法来签订的，不论是合同的内容还是签订合同的程序都要遵循国家有关规定。

（2）经济合同的条款要完备。合同的内容应该是双方当事人共同协商确定的，一经决定不得擅自修改。语言表达要准确、周密，采用法定的计量单位，以免造成疑义。

（3）行文格式要规范。经济合同是具有法律性质的规范性文体，经济合同法已经规定了基本的条款及写作格式。有的单位有合同范本，但要求一定要规范，这充分显示了合同的法律效应及其庄重性、严肃性。

名言录

在"无伤大雅"的原则下，合同要坚持"斤斤计较"。

——佚名

合同中的每句话，每个词，都意味着潜在的输或赢，可谓一字千金。

——佚名

要点总结

首部：合同标题、编号、立合同单位。

正文：签订合同的依据和目的、条款具体内容。

结尾：经济合同结尾包括的具体内容。

知识拓展

不能作为标的物的几类物品

1. 海洛因、可可因、冰毒；
2. 冥币等封建迷信物品；
3. 黄色书籍、黄色录像；
4. 枪支弹药、走私物品；
5. 国家专卖物品。

合同写作小常识

合同起草切忌"抓大放小"。起草合同应注意每一个细节，"细节决定成败"，合同的严谨正是建立在一个个细节之上。

某装修公司王经理向家具生产商订购了一批家具，事先交了10万元的订金，生产商答应2个月交货。但由于厂家又接到一份更大的货单，就决定取消前一份订单，王经理按照合同违约责任要求对方双倍赔偿定金，可是生产厂家仅仅还了10万元。后来王经理发现，自己错误地将"定金"写成了"订金"。定金是指履行合同的保障金，具有法律效力；订金是预付的部分货款，有某种承诺的意思，在法律上不具有担保合同履行的作用。一字之差，带来如此大的损失。

此外，写作合同不适合用模糊语言，如"最近""基本""可能""大概""上一年"。价款与酬金数字一定要大写。字义、字形、字音、地名要核准，标点要正确。

房地产开发公司有可能签订的合同

1. 银行：银行贷款合同；
2. 国土局：国土使用出让权合同；

3. 建筑公司：建筑施工合同；　　　　4. 建筑材料供应商：建筑材料买卖合同；

5. 建筑公司：建筑设计合同；　　　　6. 电力公司：供电合同；

7. 煤气公司：煤气供应合同；　　　　8. 水务集团：建筑用水合同；

9. 租房者：房屋租赁合同；　　　　　10. 购房者：房屋买卖合同；

11. 房地产代理公司：行纪合同。

【感悟升华】

一、填空题

1. 经济合同的首部主要包括（　　　）、（　　　）、（　　　）。

2. 经济合同的正文由（　　　）、（　　　）、（　　　）三部分构成。

3. 经济合同的价款是取得标的物（　　　）、酬金是获得服务（　　　）。

4. 承担违约责任的主要方式为（　　　）。

二、判断题（对的打"√"，错的打"×"）

1. 经济合同可以根据双方意愿签订。（　　　）

2. 签订经济合同条款要完备。（　　　）

3. 任何事、物都可以成为经济合同的标的。（　　　）

4. 合同的写作可以适当地运用模糊语言。（　　　）

三、实践训练

1. 完成任务单 7.1 所给任务。

任务单 7.1

合同项目任务单

项目名称	模拟公司谈判并签订合同	班　级	
学习小组		组　长	
小组成员		完成时间	
布置任务			

| 任务描述 | 　　100 多年前，天津卫海河西侧小白楼南端，有条名为十八街的巷子。巷子里有家麻花铺字号唤作"桂发祥"，主人刘老八创造了什锦夹馅大麻花，因地处东楼十八街，故称"十八街麻花"。从此著称于市，成为天津"三绝"之首。
　　范贵林与其兄范贵材随母乞讨来津，先后在李富贵麻花铺和刘老八麻花铺学徒，两铺均倒闭，范家兄弟到东楼开店，后又各立门户，分别是"贵发祥"和"贵发成"，1956 年公私合营并成一店，1958 年改"贵"为"桂"字，成立了"桂发祥"。
　　1968 年，20 岁的景志刚向范贵林拜师学艺，1984 年 9 月订立"师徒合同"，约定范贵林愿再次系统总结一生积累全部技艺、经验并毫无保留地传授给景志刚，并委托景志刚接代传后，保持什锦馅麻花风味特点，尤其注明范贵林一生中正式收徒弟只有景志刚 1 人。2008 年底景志刚退休，他与儿子景林祥决定创业，2009 年初开办了一家小麻花厂名为"景林祥"，同样生产十八街麻花。2010 年"桂发祥"状告"景林祥"，要求其停止生产十八街麻花，并给予赔偿。
　　谈判结果：1."景林祥"赔偿"桂发祥"人民币 7 万元；2."桂发祥"委托"景林祥"加工生产十八街麻花。 | | |

经济应用文写作

任务描述	结合此案例，全班同学分组，组建谈判队伍，虚拟谈判现场，完成下列任务： 1. 成立"模拟公司"，分别代表甲方"桂发祥"、乙方"景林祥"； 2. "模拟公司"，研究合同谈判的主要内容； 3. 对本次谈判活动做出详尽安排；预测谈判双方可能提出的要求； 4. 进行谈判，谈判结束后签订经济合同。
知识储备	1. 了解经济合同法，掌握经济合同的内容及结构形式； 2. 谈判前要做哪些准备？采用什么方式方法谈判更好？ 3. 如何报价？掌握谈判中让步的原则、方式、分寸； 4. "谈判"与"合同"之间的关系； 5. 签订经济合同时应注意哪些问题？ 6. 经济合同的结构形式以及写作要求。
完成形式	签订经济合同
具体要求	1. 模拟公司成员分工明确； 2. 做好谈判前的准备工作，适当地运用一定的谈判技巧； 3. 结合可能签订的合同的具体内容进行谈判； 4. 模拟公司秘书及时记录并整理与签订合同有关的谈判内容； 5. 依据经济合同的结构形式以及写作要求签订经济合同。
资讯引导	1. 自学经济法等有关法律知识； 2. 观看中央电台"法制在线"节目，扩大知识面； 3. 如需了解相关法律知识请咨询经济法老师。
学生互评笔记	
教师评语笔记	
完成任务总结	谈谈经济合同写作过程中遇到的困惑以及感悟。

注：本任务单只用于读者完成任务中做笔记使用，完整任务单见本书配套资料。

2. 情境模拟练习。根据下文所描述的情境进行情境表演，最后签订一份协议书。

诺贝尔经济学奖得主、美国法律经济学的开山鼻祖科斯曾经讲过一个与合同有关的故事。有一个商人开了一家糕饼店，后来又搬过来一个医生。这个医生在离这家糕饼店远一点的地方盖了一个诊疗所，又在紧邻糕饼店的地方开发了一个花园。不久这位医生又改变了主意，把原来花园的地方盖成了诊所。糕饼店在做糕点的时候发出很大的声音，影响了医生给患者看病，由此他们就产生了纠纷。通常人们认为那就通过法庭解决纠纷。其实真实的生活中很多是不会走入法庭的。糕饼店的商人和医生可以坐下来进行谈判协商，最终达成协议。

3. 阅读案例 7.2.2，并修改本例文中存在的问题。

案例 7.2.3

茶叶买卖合同

签订日期：××年×月×日

签订地点：××市××区

供方：云南普洱茶厂

地址：××市××路××号

需方：×××贸易公司

地址：××市××路××号

一、需方购买供方一级云雾茶、一级滇红茶、特级茉莉花茶。

二、需方一次性通过银行托收承付方式将全部货款及包装费、运费结清。

三、供、需双方任何一方如要求变更或解除合同时，应及时通知对方。

四、执行本合同发生争议，由当事人双方协商解决。

供方：云南普洱茶厂　　　　需方：×××贸易公司

法人代表：张××　　　　　法人代表：王××

电话：×××××××　　　 电话：×××××××

地址：×××××　　　　　 地址：×××××

第三节　招标书

【学习目标】

知识目标：了解招标书的内涵；掌握招标书的结构形式。

能力目标：引导学生关注市场，培养其公平竞争意识；能够写出科学、合理、切实可行的招标书。

招标和投标是一项经济活动的两个方面。有招标就有投标，有开标就有评标。招标书是招标商传递招标信息的手段，是投标者竞标的依据，是双方签订协议的依据。

【案例 7.3.1】

招标公告

受××市特殊教育学校委托，对下述项目进行国内公开招标，现邀请合格投标人参加投标。 一、项目名称：××市特殊教育学校康复设备采购项目 二、采购计划编号：2013-12-4160 三、招标人应具备的条件：符合政府采购法第二十二条及相关法律、法规、部门规章的相应规定，本项目特定条件参看招标文件。 四、招标文件发布时间： 请于2013年7月17日前，登录××政府采购中心网站（www.××××.com.cn）免费下载招标文件。 五、标前答疑会： 1. 时间：2013年8月26日10:00（北京时间） 2. 地点：××政府采购中心 六、开标时间、地点： 1. 开标时间：2013年9月17日上午9:00（北京时间） 2. 开标地点：××政府采购中心 七、项目联系人：××　　　　联系方式：021-6773×××× <div style="text-align:right">××政府采购中心 2013年6月17日</div>	**标题：** 表明文种。 **开头：** 概括介绍招标缘起、项目名称、目的、依据。 **主体：** 交代招标事项。介绍招标项目的具体内容、程序。 **结尾：** 明确开标时间、地点。交代招标单位及联系人、联系方式。 **落款：** 具名、日期。

"招"是征召的意思，"标"是指承包工程或买卖货物时，用比价方式，各个竞争者所标出的价格。招标人被称为采购方或工程业主；投标人被称为卖方或工程承包商。

招标书是用以说明需要采购的商品或发包工程项目的具体内容，事先公布采购条件和要求，以吸引众多投标人参加竞争的一种经济文书。它是招标人要求投标人在规定的时间和地点投标，依据所提条件招标人与投标人订约的一种行为。广义的招标书是指招标过程中所使用的各种文书；狭义的招标书是指招标通告、招标邀请书等。

一、招标书的特点

从内容上来看，招标书具有如下特点。

（1）公开性。招标书是一种经济活动的横向联合，它要求招标单位开诚布公地将有关信息公布于众，便于招标单位权衡事宜，以此作为竞标的依据。同时要求招标单位将竞标结果借助相应媒体公布于众。同时要求给予所有投标人平等的机会参与投标。

（2）竞争性。招标目的本身就是吸引更多的竞争者参与投标，无论是管理能力，还是经济实力都使得竞标人或单位之间构成了一种竞争关系，招标单位可以在比较中寻找到更适宜的合作伙伴。

（3）合作性。招标活动本身体现了合作性的特点，就是自身工作、工程需要他人的协助与支持的一种体现。招标单位通常都会要求或期望在短时间内找到合适的项目合作伙伴，达到招标目的。

二、招标书的种类

依据不同的标准划分为不同的招标书。

（1）按照内容分，有企业承包招标书、技术引进转让招标书、劳务招标书、商业经营招标书、建筑工程招标书、大宗商品交易招标书。

（2）按照形式分，有条文招标书、表格招标书、条文＋表格形式招标书。

（3）按照招标方式分，有公开招标书和招标邀请书。

三、招标书的结构形式

从招标书的结构形式来看，招标书包括标题、正文、落款三部分。

1. 标题

招标书的标题有三种形式。

（1）招标单位＋招标项目＋文种，如《上海世博会场馆建设工程招标书》《××大学第十届大学生科技节活动项目招标书》。

（2）招标项目＋文种，如《××市地铁工程招标书》。

（3）直接写文种，如《招标通告》《招标邀请书》。

2. 正文

招标书的正文包括前言、主体、结尾三部分内容。

前言包括招标缘起，概括介绍招标项目、缘由、目的、依据。

主体包括招标事项，介绍招标项目的内容和程序。内容包括招标范围、招标经济技术指标、规模，工程或项目名称、地址、总的工程量以及完成时间。程序包括招标起止时间，发售文件的日期，价格，投标、定标、开标的地点、日期、方法、步骤。

结尾包括招标单位或个人联系信息，包括名称、地点、法人代表、联系电话、传真等。

3. 落款

落款包括招标单位具名、招标书制订日期，加盖公章。

【案例 7.3.2】

××大学教学设备政府采购项目招标公告

××对外进出口总公司受××大学的委托，对"××教学科研设备政府采购"项目进行国内公开招标。

一、项目名称：××大学教学科研设备政府采购项目

二、招标编号：1213－GMTN－1436

三、招标内容：货物名称、数量（套）、交货时间、交货地点、备注

1. 创新电子实训台，详细货物要求见附件。按合同约定，交货地点为××大学指定地点；

2. 电子实训系统；

3. 工业光电检测创新实验设备；

4. 机器人系统、稳压电源等；

5. 电子测量工作站；

6. CB制版系统和回流焊机；

标题： 招标单位＋招标项目＋文种。

开头： 概括介绍招标缘起、项目名称、目的、依据。

主体： 交代招标事项以及招标项目的具体内容、程序。

经济应用文写作

7. 高密度测量仪；

8. 相色谱仪；

9. 基础化学仪器设备；

10. 任意波形发生器等；

11. 管理监控系统；

12. 基础实验台。

四、合格投标人

1. 在中华人民共和国境内注册，能够独立承担民事责任，有生产或供应能力的本国供应商，包括法人、其他组织、自然人及其联合体；

2. 遵守国家有关法律、法规、规章和北京市政府采购有关的规章，具有良好的商业信誉和健全的财务会计制度；

3. 投标人必须向招标人购买招标文件并登记备案，未经向招标人购买招标文件并登记备案的潜在投标人均无资格参加本次投标。

五、购买招标文件时间、地点

1. 时间：2013 年 7 月 10 日至 2013 年 7 月 30 日，上午 9:00 至 11:30；下午 14:00 至 16:00（北京时间）国家法定节假日除外

2. 地点：×× 对外进出口总公司（×× 市复兴路甲 3 号电子大楼 135 室）

3. 招标文件售价：人民币 500 元（电子文档下载地址：×× 教育装备网 "招标公告" 栏目）招标文件售后不退

六、投标截止时间及开标时间、地点

1. 投标截止时间及开标时间：2013 年 9 月 1 日上午 9：30（北京时间）

2. 开标地点：×× 对外进出口总公司

七、其他

1. 投标文件请于开标当日（投标截止时间之前）递交至开标地点，提前或逾期递交文件恕不接受；

2. 届时请投标人派代表参加开标仪式。

八、评分方法

综合评分法，评标因素：价格 25%，相关业绩 10%，综合商务 25%，技术性能 40%。

招标代理机构：×× 对外进出口总公司

邮编：100036	地址：×× 市复兴路甲 3 号电子大楼 135 室
开户银行：××××××	账号：××××××
联系人：×××	联系电话：××××××××　传真：××××××××

×× 对外进出口总公司

2013 年 5 月 20 日

右栏批注：

对投标人或单位提出的具体要求。

开标的时间和地点，投标具体截止时间以及评标办法。

相关事项。

评标方法。

结尾：招标代理机构以及联系信息。

落款：具名、日期。

要点总结

前言：	招标缘起，概括介绍招标项目。
主体：	招标事项，包括项目内容、程序、投标要求。
结尾：	招标单位或个人联系方式。

四、开标与评标

开标是招标的最终目的。开标可以公开开标，也可以秘密开标。公开开标是按照招标人

规定的时间、地点，在投标人或其代理出席的情况下，当众拆开密封的投标文件，宣读文件内容。秘密开标是没有投标人参加，由招标人自行开标选定中标人。如果招标人认为所有投标均不理想，可以宣布招标失败，并拒绝全部投标。

评标是指招标人开标后，进行评审、比较，选择最佳投标人的过程。

五、签订协议

招标人选定投标人之后，发出中标通知书，中标人依约与招标人签订协议。

> **名言录**
>
> 一切语文从实践去学习比规则学习来得容易。
>
> ——夸美纽斯
>
> 超越产品本身的理念，洞悉人类精神中的爱，打动人，影响人。
>
> ——临格策划人

知识链接

工程建筑招标书范本

为了提高建筑安装工程的建设速度，提高经济效益，经_____（建设主管部门）批准，_____（建设单位）对_____建筑安装工程的全部工程进行招标。

一、招标工程的准备条件

本工程的以下招标条件已经具备：

1. 本工程已列入国家（或部、委，或省、市、自治区）年度计划；

2. 已有经国家批准的设计单位出的施工图和概算；

3. 建设用地已经征用，障碍物全部拆迁，现场施工的水、电路和通信条件已经落实；

4. 资金、材料、设备分配计划和协作配套条件均已分别落实，能够保证供应，使拟建工程能在预定的建设工期内连续施工；

5. 已有当地建设主管部门颁发的建筑许可证；

6. 本工程的标底已报建设主管部门和建设银行复核。

二、工程内容、范围、工程量、工期、地质勘察单位和工程设计单位

_____。

三、工程可供使用的场地、水、电、道路等情况

_____。

四、工程质量等级、技术要求、对工程材料和投标单位的特殊要求、工程验收标准

_____。

五、工程供料方式和主要材料价格、工程价款结算办法

_____。

六、组织投标单位进行工程现场勘察，说明和招标文件交底的时间、地点

_____。

七、报名，投标日期，招标文件发送方式

报名日期：××年×月×日

投标期限：××年×月×日起至××年×月×日止

招标文件发送方式：

_____。

八、开标、评标时间及方式，中标依据和通知

开标时间：××年×月×日（发出招标文件至开标日期，一般不得超过两个月）。

评标结束时间：××年×月×日（从开标之日起至评标结束，一般不得超过一个月）。

开标、评标方式：建设单位邀请建设主管部门、建设银行和公证处(或工商行政管理部门)参加公开开标，审查证书，采取集体评议方式进行评标、定标工作。

中标依据及通知：本工程评定中标单位的依据是工程质量优良、工期适当、标价合理、社会信誉好，最低标价的投报单位不一定中标。所有投标企业的标价都高于标底时，如属标底计算错误，应按实予以调整；如标底无误，通过评标剔除不合理的部分，确定合理标价和中标企业。评定结束后五日内，招标单位通过邮寄(或专人送达)方式将中标通知书送发给中标单位，并与中标单位在一个月(最多不超过两个月)内与中标单位签订_____建筑安装工程承包合同。

九、其他

本招标方承诺，本招标书一经发出，不得改变原定招标文件内容，否则，将赔偿由此给投标单位造成的损失。投标单位按照招标文件的要求，自费参加投标准备工作和投标，投标书(即标函)应按规定的格式填写，字迹必须清楚，必须加盖单位和代表人的印鉴。投标书必须密封，不得逾期寄达。投标书一经发出，不得以任何理由要求收回或更改。

在招标过程中发生争议，如双方自行协商不成，由负责招标管理工作的部门调解仲裁，对仲裁不服，可诉诸法院。

建设单位(即招标单位)：

地　址：

联系人：

电　话：

××年×月×日

【感悟升华】

一、填空题

1. 招标书完全式标题包括（　　　　）、（　　　　）、（　　　　）。

2. 招标书的前言主要包括（　　　　）、（　　　　）等。

3. 招标书的招标事项主要包括（　　　　）、（　　　　）、（　　　　）。

4. 招标的最终目的是（　　　　），评审、比较、选择最佳投标人的过程叫（　　　）。

二、多项选择

招标书的写作特点包括（　　　　）。

A. 竞争性　　　　B. 公开性　　　　C. 合作性　　　　D. 生动性

三、实践训练

随着计算机在大学校园里的广泛使用，越来越多的同学意识到掌握好基本办公软件操作的重要性，但是对于其使用操作方式和制作技巧，同学们并不十分熟悉，为了给同学们一个

展现自己的舞台，体现学子特有的精神风貌，学校学生处特举办计算机基本操作能力 PPT 大赛。请结合上述内容设计本次大赛的招标书。

第四节　投 标 书

【学习目标】

知识目标：了解投标书的内涵；掌握投标书的结构形式。

能力目标：培养学生了解市场、驾驭市场的能力；能写出科学、严谨、可行的投标书。

投标是投标人（卖方或工程承包商）应招标人的邀请，根据招标人规定的条件，在规定的时间和地点向招标人递交投标书，以争取成交的行为。

【案例 7.4.1】

投 标 书	**标题：**表明文种。
致：（业主单位名称）	
（1）经分析研究_____公路工程项目_____合同段（_____桥）的招标文件（含补遗书，如有）和勘察了工程现场后，我们愿意按人民币（大写）_____元（_____元）投标，或根据上述招标文件核实并确定的另一金额，遵照招标文件的要求承担本合同工程的实施、完成及缺陷修复工作。	**开头：**这是公路工程项目投标书模板。开头概括介绍投标的缘由、对招标事项表明态度。
（2）如果贵单位接受我方的投标，我方将保证在接到监理工程师的开工通知后，在本投标书附件写明的开工期内开工，并在____天的工期内完成本合同工程，达到合同规定的要求。该工期从投标书附件内写明的开工期的最后一天算起。	**主体：**交代完成投标事项的具体承诺。
（3）如果贵单位接受我方的投标，我方将保证按照贵单位认可的条件，以本投标书附件内写明的金额提交履约担保。	
（4）我方同意在从规定的开标之日起____天的投标书有效期内严格遵守本投标书的各项承诺。在此期限届满之前，本投标书始终将对我方具有约束力，并随时接受中标。	
（5）在合同协议书正式签署生效之前，本投标书连同贵单位签发的中标通知书将构成贵我双方之间共同遵守的文件，对双方具有约束力。	对招标以及投标单位双方提出共同要求。
（6）我方理解，贵单位不一定接受最低标价的投标书或贵单位接到的任何其他投标书。同时也理解贵单位不负担我们的任何投标费用。	
（7）随同本投标书，我方出具人民币____元的投标担保。如果我方在本投标书有效期内撤回投标书，或在接到中标通知书后 28 天内未能或拒绝签订合同协议书，或未能提交履约担保，贵单位有权没收担保金，另选中标单位。	
（8）组合投标	
投标单位：	
投标单位地址：　　　　　　　　　　　邮政编码：	**结尾：**投标单位名称以及联系方式等信息。
法人代表：　　　电话：　　　　　传真：	
日期：	

投标书附件：

合同条款要求（略）

×××

×年×月×日

投标书附件。

落款：具名、日期。

投标书是向招标人申请承买或承包并报出价目时使用的一种文书，是对招标书的具体回答，投标人在承买大宗商品，承包建筑工程或时，愿意接受招标人在招标书中提出的条件和要求。

一、投标书的特点

从投标书的写作内容来看，投标书具有以下特点。

名言录

在人生的旅途中，人们的许多决策不仅影响自己，而且还会影响他人。

——金圣才

机会，是每个人通向成功的一把金钥匙，只有把握好现在的每一次机会，才能在其中锻炼自己，将自己置身于竞争的行列当中。

——佚名

（1）保密性。所谓的保密性是指投标书要求投标单位将有关可能中标的信息传递给招标单位，便于招标单位权衡事宜，以此作为评标的依据。同时要求招标单位将投标单位的技术与相关的业务、技术信息保密，这是对投标单位的尊重，同时也是参与投标的单位所具有的权利。

（2）时效性。时效性是指招标单位对招标的项目通常都有时间限制，通常都会要求或期望短时间内达到目的，找到合适的工程合作伙伴，所以投标单位一定要在规定的时间完成相应的任务。

（3）竞争性。竞争性是说招标项目可能会吸引许多竞争者参与投标，所以投标单位或个人就要权衡自身的能力与条件，增强竞争意识和自身的业务素质，使得自身在众多竞标人或单位中胜出。

二、投标书的种类

按照内容和形式划分，投标书包括如下种类。

（1）按照内容分，投标书有企业承包投标书、技术引进转让投标书、劳务投标书、商业经营投标书、建筑工程投标书、大宗商品交易投标书等。

（2）按照形式分，投标书有条文形式、表格形式、条文+表格形式。

三、投标前的准备工作

任何一个投标单位在投标前都要做相应的准备工作，如研究招标书及其相关文件，衡量自身能力，提出相应的指标和措施，确定具有竞争力的价格，提供投标保证金（保证金可以是现金，也可以是银行保函或备用信用证），制作投标文件，递送投标文件。

四、投标书的结构形式

投标书一般由标题、称谓、正文、落款四部分组成。

（一）标题

投标书的标题有四种形式，具体如下。

（1）投标单位＋招标项目＋文种，如《××建筑公司关于鸿翔体育场建筑工程投标书》。

（2）投标项目＋文种，如《××市地铁工程投标书》。

（3）以文种为标题，如《投标申请书》《投标银行保函》。

（4）新闻式标题，即由双行标题构成。可能是引题和正题组合，也可能是正题和副题组合。如《求稳、求快、求新——××城市地铁创新设计与施工投标书》就是由引题和正题构成的新闻式标题。

（二）称谓

称谓是指开篇要写清招标单位的名称。

（三）正文

投标书的正文包括如下内容。

1. 前言

前言主要交代投标的依据和目的，介绍投标单位的基本情况以及对该投标项目的态度，表达投标意愿。

2. 主体

主体是指投标事项，介绍投标项目的内容，投标单位或个人所具备的软件与硬件条件。它包括如下几项内容。

（1）本单位优势分析，经营能力与范围、资金状况、组织结构、团队的综合素质分析。

（2）可能完成招标项目的方案。

（3）完成该项目所要采取的措施，如专业技术、组织管理以及安全生产措施等。

（4）项目资金预算，写清楚投标报价。

（5）完成招标任务的承诺。

（6）规范填写招标单。

3. 结尾

结尾包括投标单位地点、法人代表、联系电话、传真等。

（四）落款

落款包括投标单位或代表人具名、投标书制订日期，加盖公章。

> **要点总结**
>
> 前言：投标缘起，概括介绍投标项目、投标意愿。
> 主体：投标事项，介绍投标项目的具体内容。
> 结尾：投标单位或个人联系方式。

【案例 7.4.2】

投标银行保函	标题：表明投标文书的种类。
致：（招标单位名称） 　　鉴于（投标单位名称）（下称"投标单位"）拟向（招标单位名称）（下称"招标单位"）送交关于（公路项目名称）合同段（或_____桥）的投标书（下称"投标书"），根据招标	这是一份投标银行保函的模板。投标银行保函是根据招标文件

文件的规定，投标单位须按规定的金额由其委托的银行出具一份投标保函（下称"保函"）作为发行招标文件中规定的义务担保。

我行同意为投标单位出具人民币（大写）_____元（_____元）的保函，作为向招标单位的投标担保。本保函的条件是：

（1）如果投标单位在投标书有效期内撤回投标书；

（2）如果投标单位在接到中标通知书后28天内：

A. 未能或拒绝签署合同协议书。

B. 未能按照文件规定提供履约担保。

我行将发行担保义务，保证在收到招标单位的书面要求，说明其索款是由于出现了上述任何一种原因的具体情况后，即招标单位出具的索款凭证，向招标单位支付上述款项。

本保函在按投标须知第12条规定的投标书有效期或经处长的投标书有效期期满后28天内保持有效，任何索款要求应在上述期限内交到我行。招标单位处长投标书有效期的决定，应通知我行。

银行地址：_____

担保银行（全称）（盖章）

邮编：××××××

法定代表人或其授权的代理人（职务）（姓名）（签字）

电话：×××××××　　　　　　传真：××××××××

的规定，投标单位必须按规定的金额，由其委托的银行出具一份投标保函作为向招标单位出具的担保。明确银行将承担的担保义务和违约责任。可见招标书、投标书都带有法律的性质和意义。

落款：投标相关单位名称以及联系方式，加盖公章。

【感悟升华】

一、填空题

1. 投标书完全式标题包括（　　　）、（　　　）、（　　　）。

2. 投标书的新闻式标题包括（　　　）、（　　　）。

3. 投标书的投标事项主要交代（　　　）和（　　　）。

4. 投标书的结尾一定要写（　　）、（　　）、（　　）、（　　）。

二、判断题（对的打"√"，错的打"×"）

1. 投标书具有保密性的特点。（　　　）

2. 投标书要写清投标事项。（　　　）

3. 投标书一般由标题、正文、落款组成。（　　　）

4. 投标书的前言主要交代投标事项。（　　　）

三、实践训练

××学院为了创造良好的教学环境，决定利用暑假一个月时间，对一万平方米的教学楼进行整修，包工包料（涂料、油漆、水泥、木头、玻璃等由投标者自备），向社会各建筑工程公司公开招标（时间为7月10日至8月10日，质量好、技术高、速度快、价格低者优先）。如果你是××建筑公司负责人，请写出一份具有竞争力的投标书。

第八章　实习报告与论文写作

一个人的思维活动总是和他的理想、追求以及自身的素质联系在一起的。参与社会实践到撰写毕业论文这是大学生学习生活一个个细节，它给大学生们提供了积累经验、丰富人生的机会。撰写实习报告、毕业论文就是这细节中的一个个亮点。成功的实习报告和毕业论文需要积累丰富的材料和艰苦的思索。正如庄子所说"水之积也不厚，则其负大舟也无力；风之积也不厚，则其负大翼也无力"，胸有成竹，才能信手拈来。情感态度、行为模式、价值取向、思维方式在实习报告、毕业论文中都会有所体现，更是一个人素质的综合体现。

论文题目好不好不完全取决于形式，而在于题目"内涵"所具有的弹性，有伸展的空间，才能引人深思。紧扣论文的主题，放飞写作才情，才能点亮明天的希望。

大千世界有走不完的路，读不完的书，写不尽的文章，看不尽的风景。在到达香格里拉之前，请跪拜前行。

烛光导读

第一节 实习报告

【学习目标】

知识目标：了解实习报告的内涵；掌握实习报告的结构形式。

能力目标：培养学生分析、归纳、总结问题的能力；掌握实习报告的写作技巧。

大学生毕业马上就面临就业问题，而实习就成了毕业的缓冲。这就要求同学们提早接触社会，参与社会实践，将自己所学的知识应用于实践中，积累丰富的工作经验，明确工作目标，了解工作目标的具体内容。在实践中发现问题及时地调整和解决，这样你的职业发展目标就更清楚了，可见参与社会实践是多么的重要。

【案例 8.1.1】

实习报告

实习是每一个大学毕业生必须拥有的一段经历，它使我们在实践中了解社会、在实践中巩固知识；实习又是对每一位大学毕业生专业知识的一种检验，它让我们学到了很多在课堂上根本就学不到的知识，既开阔了视野，又增长了见识，也是我们走向工作岗位迈出的第一步。

这次实习我有幸去了四大会计师事务所之一的毕马威会计事务所。

本次实习我非常感谢会计事务所领导对我的谆谆教导。首先，财务部门领导向我介绍了公司的基本业务、会计科目的设置以及各类科目的具体核算内容；然后，又向我讲解了作为会计人员上岗前所应具备的一些基本知识和要领，对会计工作的一些基本操作流程，给予了细心的指导。虽然实习不像正式工作那样忙，那样累，但我真正把自己融入工作中，因而我觉得自己过得很充实，收获很大。在师傅的帮助下，我迅速地适应了这里的工作环境，并开始尝试独立完成工作。

以前在学校做过会计模拟实习，自认为这凭证的填制很简单，所以对此一带而过，这种浮躁的态度让我忽视了会计循环的基石——会计分录，以至于公司让我尝试制单时，我还是手足无措。只能下班后找出《会计学原理》书给自己补课，又把公司日常较多使用的会计业务反复研究，如银行账单、汇票、发票联的填写以及需要注意的问题等。我学会了把所有的单据按月按日分门别类，并把每笔业务的单据整理好，用图钉装订好，为记账做好准备。上述会计业务能力在本次实习中我基本掌握了，而且操作能力有所提高。

除了做好会计的本职工作，其余时间我主动学习了出纳知识，增强业务能力，学会了日常现金的保管与开支，学会了在学校没有学到的税控机的基本操作，为以后走上工作岗位打下坚实基础！

为期近一个月的社会实践让我体会到实习是一种历练，只有亲身体验才知其中的滋味。课本上学的知识都是最基本的知识，不管现实情况怎样变化，掌握了最基本的知识以及业务能力就可以以不变应万变。这次实习，我学到两年大学中难以学习到的东西，学会了如何与同事交往，学会了怎样与上级领导沟通，学会了虚心求教。

实习生活虽然结束了，但给我留下了许多值得回味的东西。如果说学校是知识的海洋让我

标题：单位、事由、文种。

前言：高度概括实习的目的和意义。

主体：概括介绍实习单位以及实习过程，讲述了实习的总体感受以及实习的心路历程。

详略得当，突出实习中所遇到的典型困难，从中发现自身的不足并寻找到了解决方法、改进措施。业务能力在实习中得到提高。

结尾：实习所想、所感、所悟。升华主题，展望未来。

遨游，那么社会实践就是我的练兵场，让我学会拥有十八般武艺，越战越勇，成就了我的梦想。明天我要做一个自食其力的人，做一个对社会有用的人！

×　×　×
2012 年 12 月 25 日

落款： 具名、日期。

实习报告是针对在校学生，依据其所学的专业，有目标、有计划地将其所学到的理论知识拿到实际工作中去应用、检验，以锻炼学生的工作能力，获得实践经验，为学生未来走向社会做好铺垫，并将实习中的收获、感悟、教训等写成书面报告的形式。

一、实习报告的特点

从写作过程来看，实习报告具有如下特点。

（1）真实性。实习报告是用来指导实际工作的，或者为未来工作提供帮助、经验、教训。这就要求参加实习的人必须树立严谨的科学态度、认真求实的精神，亲身经历实践工作，才可能写出真实可靠对工作具有指导意义的实践报告，这体现了实习报告的真实性特点。

（2）针对性。实习是结合所学专业特点而进行的一项有针对性的工作，这就决定了实习的目的性特别强，这也就决定了写作实习报告时要与实习工作中的重点相结合，做到中心明确，主题突出，明确完成实习任务所取得的成就以及存在的问题，并以事实材料为依据来说明观点。

> **名言录**
>
> 　　一个人知道自己能干什么叫聪明，一个人知道自己不能干什么叫智慧。思想会变成语言，语言会变成行动。经验只能做好现成的东西，观念则决定长远的方向。
>
> 　　　　　　　——佚名

（3）典型性。典型性是指在实习报告的写作过程中所选取的材料要能够揭示所要解决的问题，具有代表性、普遍性。为自己和他人提供值得借鉴的经验。做到论证系统、逻辑严密，摆事实、讲道理，具有一定的说服力，从而使之成为值得借鉴的可靠资料。

（4）系统性。社会实践报告的系统性或完整性是指实习所获得的第一手材料，从中所得出的结论必须是具有说服力的，它是对整个实习活动的高度概括和详细总结，而且无论是经验还是教训都必须是实习者自身对整个实习过程的总体思考所得。

二、实习报告的结构形式

实习报告一般由标题、正文、落款几个部分组成。

（一）标题

标题具有揭示实习报告主要内容的作用，包括如下两种。

（1）完整性标题，实习时间＋地点＋文种，如《2013 年寒假上海立邦公司实习报告》。

（2）省略式标题，实习具体内容＋文种，如《财务工作实习报告》。

（二）正文

实习报告的正文通常包括前言、主体和结尾三部分。

1. 前言

以实习的时间、地点、任务作为引子，介绍实习的目的、意义，实习单位或部门的概况及发展情况，或实习要求等内容。也可以把几个月的实践感受、结果，用高度概括的语言概括出来，以引出报告的内容。这部分内容通常以前言或引言形式来写，不单列标题及序号。

2. 主体

主体主要介绍具体的实践流程，如实践工作内容、环节以及专业知识与专业技能在实践过程中的应用。围绕实践目的要求，还要重点介绍在实践中发现的问题以及对问题的分析、思考，提出的解决问题的对策、建议等。分析讨论及对策建议的提出要有依据，有参考文献，并在正文后附上。

（1）将学校里学到的理论、方式方法变成实践。如部门职能原先你不了解，在实习工作中因某些问题引发了你对职能部门的了解、思考等。

（2）观察体验在学校没有接触的东西，它们是以怎样的形态或面貌出现的。如人际协调方法，工作中的人际协调和你学的公关理论与实务有什么样的差异，你怎样体会公关理论等。

（3）以记叙或白描手法为基调，在完整介绍实践内容基础上，对自己认为有重要意义或需要研究解决的问题做重点介绍，其他一般内容则简述。

3. 结尾

结尾包括实习体会、经验教训，今后努力的方向。用自己的语言对实习的效果进行评价，着重介绍自己的收获体会，也可以以实习体会、经验为条目来结构全文。内容较多时可列出小标题，逐一汇报。

要点总结

前言：以实习时间、地点、任务作为引子，概括实践的总体感受和结果。

主体：实习过程（实习内容、环节、做法）。

结尾：实习体会，经验教训，努力方向。

（三）落款

落款要标明完成实习报告的报告者、报告日期。如果在标题下面注明了，在这里就可以省略。

【案例8.1.2】

实习报告

实习单位：×××××   实习地点：××××××

实习时间：××××××   学生姓名：××××××

指导教师：××××××   班级学号：××××××

历时半年的实习工作就要结束了，这是我第一次步入社会，接触到真正意义上的工作。这次实习将成为我人生中的一笔宝贵财富。

我所在的××公司是北京最早的展览展示、印刷设计广告企业之一，××公司现已经发展成为集营销策划实施、平面（空间）设计、展览展示、喷绘印刷为一体的多元化广告旗舰公司。

本次实习让我受益匪浅，收获如下：

标题：文种。

实习报告文头：实习单位、时间、指导教师、实习者等。

前言：高度概括实习的目的、意义以及对实习单位总的印象。过渡句引出下文。

一、转变工作态度，综合能力得到提升

去该公司实习以后，我以前很多幼稚的工作想法都改变了，不再把工作理想化，而是切身认识到，做工作要踏踏实实，认认真真，一步一个脚印。我熟悉了一些与广告制作有关的软件，并且亲自动手参与到公司的广告制作上，给了我很大的锻炼。很清楚地记得刚到公司第一天，前辈在跟我的谈话中就说到："知识是重要的，但将知识转化成能力更重要。"是的，在工作中，每想起这句话，我想偷懒的念头就会烟消云散。

二、拓宽了知识面，丰富了实践经验

这次实习中，我对 Photoshop、3dMax 等系列软件有了进一步的了解，这是一整套看似简单，但操作起来复杂的工作流程。熟悉这些与广告制作有关的软件，亲自动手参与公司的广告制作。此外，我还承担起了帮助公司给客户交送广告作品的任务，主要是一些平面广告作品，如海报、横幅、大型背景、灯箱等，与工人们一起组装大型灯箱和广告牌。学到了学校不能给予的知识的同时，又增添了我的社会实践经验，这些都给予了我很大的帮助，为我今后步入社会增加了许多经验。例如在制作一件广告平面作品时，自己的创意和兴趣固然很重要，但是一定要在客户的指定范围内，切不可随心所欲地按自己的喜好来制作，一切要以客户的利益为重，根据具体情况与客户协商作品的风格、样式、表现手法等。

三、勇于发现不足，不断完善自己

我在实践中发现了自身存在的很多不足，如自我表现能力不强，英语口语技能弱，与客户沟通的技巧还有待提高，实际工作技能尚需提高与完善，更需要培养自己吃苦耐劳的精神。改掉这些不足，站在更高的角度要求自己，提升自身的综合素质和职业素养将是我今后努力的方向。

时间过得很快，转眼实习就要结束了。虽然曾经有过害怕、彷徨和无助，可是正是因为这些挫折加快了我成长的脚步，这是一段难忘而宝贵的经历，我想在以后的工作中，我还是会记起这第一次的实习，因为这次实习给了我巨大的启发和学习知识的源动力，我在这一次实习中体验到了生活的不易和以后怎样去工作的真谛。

成长的脚印，深深浅浅，记录了人生中每个重要阶段。我相信在以后的人生道路上有了这一笔财富，我会做得更好！

（旁注）实习的具体收获。

明确交代实习项目，实习流程，实习内容与专业知识、技能结合的情况，遇到的难题及解决方案等。

实习中所发现的自身不足，表达努力改进不足的愿望。
回顾与总结。进一步归纳、概括实习的收获与深刻意义。

三、实习报告的写作技巧

撰写实习报告同样需要讲究技巧，通常要从如下三个方面多加练习。

（1）强化综合素质。根据本专业特点，明确写出作为某一专业工作者应该具备的综合素质。叙述在工作中如何体现综合素质，如市场营销专业的学生去商场实习，其应该具备的综合素质包括市场营销工作者的心理素质、业务素质、与人沟通能力、个人职业形象等综合因素。

（2）突出实习重点。根据实习的具体工作，可以以一个专题作为重点描述对象，有针对性地确定

名言录

梦想如同弓弦，而欲将梦想之箭射向远方，就必须躬行、实践。
——佚名
真正的价值并不在人生的舞台上，而在我们扮演的角色中。
——席勒

某一局部工作为重点，展开实习报告的写作。如审计工作的具体操作技巧、对工作人员的具体要求、所学知识在工作中的运用等，还要提及工作的方式方法是否符合工作实际需要，效果如何，有什么值得他人学习和借鉴的经验等，突出实习工作的重点。

（3）升华实习意义。实习收获或大或小，但它都将给你的人生带来不一样的感悟，也为你下一步工作起到铺垫作用，所以就这一点而言，任何人的任何实习工作无论成绩大小、经验多少、成功与失败都将是富有意义的，可在实习报告中升华这种意义。

四、实习报告的写作要求

了解实习报告的写作要求，才能更好地撰写实习报告。

1. 目的明确，材料充分

明确实习目的，为撰写实习报告做充分准备。拥有丰富的第一手资料是写好实习报告的基础。从开始实习的那天起就要注意广泛收集资料，并以各种形式记录下来，让实习报告的主题建立在丰富的、有说服力的资料基础上。

2. 积累经验，丰富内容

实习是观察、体验社会生活的最好机会，将在课堂里学习到的理论知识转化为实践技能，充分感受实习过程中的每个细节，积累丰富的实践经验，发现不足，及时调整、改进工作方法和技巧，是未来撰写实习报告的资料源泉。

3. 虚心学习，启发自己

在实习工作中虚心向同事、前辈学习，汲取他人工作中的成绩、经验、好的方法，以此作为自己行为的参照。总结、思考实习的收获，形成结论，用于撰写实习报告，使得实习报告的主题更加突出。

4. 有所借鉴，有所创新

实习报告必须写自己真实的实习经历，可以参考别人的实习经验，但不能将别人的实习感受直接拿来变为自己的。这既不利于个人能力的提高，也不利于未来寻找工作。所以实习过程中，要做好实习结束后回到学校交流实习经验、撰写实习报告的准备。如果引用、摘录、借鉴了他人的实习材料或报告，切记要标明出处。

5. 观点鲜明，语言朴实

实践报告的写作中要明确自己的收获，文字要朴素、明确、具体。要善于用简要的议论总结经验，阐明规律，将说理和叙事有机地结合起来。根据专业的不同，有些实习报告也可以运用统计数字和数据的分析来印证观点。

五、实习报告与实习总结的区别

实习报告是报告整个实习过程、记述实习工作的经过，围绕实习的目的和要求，重点介绍实习过程中遇到的问题以及解决问题的对策、方法，总结自己获得的经验。实习报告更强调实习主体的具体实践流程、工作内容与环节、专业知识与专业技能的融合与运用。

实习总结是针对实习计划实施情况，就实习任务完成后所进行的整体性总结和概括。以谈论实习结束后的感受、认识、看法、领悟出的道理为主，归纳总结实习者经过一定时间的实践而取得的成绩、经验、不足，表明下一步工作的期望、打算。不强调实习过程。

【感悟升华】

一、填空题

1. 实习报告的写作要求主要包括（　　　）、（　　　）、（　　　）、（　　　）。

2. 实习报告的结构由（　　　）、（　　　）、（　　　）几个部分组成。

3. 实习报告完整性标题包括（　　　）、（　　　）、（　　　）。

4. 实习报告的结尾主要包括（　　　）、（　　　）、（　　　）。

二、判断题（对的打"√"，错的打"×"）

1. 实习报告的正文由前言、主体构成。（　　　）

2. 实习报告的写作所选取的材料要能够揭示主要问题与收获。（　　　）

3. 可以借鉴他人的实习成果，写成自己的实习报告。（　　　）

4. 介绍实习过程要突出实习内容、环节和做法。（　　　）

三、实践训练

依据所给材料，整理出一篇实习报告。

（1）点、捆钞技能的锻炼。"点钞"是银行柜员的基本技能之一。坐姿、手势及钞票的摆放角度，指法、手指间的作用力度和双手的协调能力等，这些都是要通过一番刻苦锻炼才能掌握的技能。"捆钞"中指法的运用是关键，一把钞票抓在手中，用拇指按于中间使其凸出弧状来，另一只手用捆钞带贴着外沿用力拉紧，绕两圈后反扣住原来的带子再缠两圈，最后将整捆钞票压平，这样就可以牢牢地捆住一把钞票了。

（2）代发财政工资业务。在实习期间，我还涉猎到了邮政储蓄中间业务中的两项，一项是代发财政工资、养老保险；另一项是收缴电话费。前项跟一般的窗口服务差别不大。具体就是为机关、企事业单位员工代发劳动报酬等款项，依据所需代理单位的工资清单，为其员工开立活期结算账户。社会养老保险则根据其社会保障号开立账户，员工可凭存折直接到窗口支取。后一项则要到电信的营业处去收取，大概每日下午5点左右，带齐准备好的缴费单据，加盖日戳、私章。与电信方财会人员当面清点款项金额，对方确认、加盖印章，并撕下相应的收据联交于电信方保存。

（3）事后监督的操作。起初到综合部，我实习的岗位是事后监督，主要是基本业务的监督。先按每日营业扎账单，登记各类基本业务的交易总笔数、总金额分别与原始凭证进行校对，确认无误后，接着按照原始凭证的任意顺序，逐笔输入凭证打印的交易流水号和客户填写的交易金额，系统自动核对两项内容，显示交易流水中的其他内容。

第二节　论文写作

【学习目标】

知识目标：了解毕业论文、课程论文的内涵、特点；掌握论文的写作程序。

能力目标：培养学生的逻辑思维能力；能够写出富有专业特点的有创新思维的论文。

在大学生涯中会涉及课程论文和毕业论文的写作。课程论文要求相对简单，毕业论文格式一般学校有统一要求。本节只简单介绍论文写作的一般要求，以便读者在课程论文写作中参考，提前熟悉毕业论文的写作要求。

毕业论文是考查、衡量即将毕业的学生系统地运用所学专业知识，独立分析解决实际问题的能力，目的是促使学生学会综合运用所学理论知识，理论联系实际地思考、分析、解决实际问题；学会调查研究、整理材料、分析论证，掌握写作较长篇幅的议论性文章的技巧。

【案例 8.2.1】

浅论企业核心竞争力[1]

【提要】企业核心竞争力是企业经营的根本依托，是企业竞争优势的决定力量，同时核心竞争力又是一个复杂和多元的系统。企业核心竞争力的形成和培育必是一个长期的战略过程。

【关键词】企业核心竞争力　学习型组织　企业文化

中图分类号：××××

文章编号：××××

随着市场经济的发展，企业核心竞争力已经成为企业竞争优势的决定性力量。从短期看，企业产品质量、性能和服务质量决定了企业的竞争能力；从长期看，以企业资源为基础的核心能力则是企业保持竞争优势的决定性源泉。在本文中，笔者仅就企业核心竞争力谈一点浅见。

一、核心竞争力的含义

1991 年，普拉汉拉德和哈默在《哈佛商业评论》上发表《The Core Competence of the Corporation》一文，标志着企业核心竞争力理论的正式提出。他们认为，核心竞争力是企业组织中的集合性知识（collective learning），特别是如何协调多样化生产经营技术和有机结合多种技术流的知识。

通俗地讲，企业的核心竞争力就是企业在那些关系到自身生存和发展的关键环节上所独有的、比竞争对手更强的、持久的某种优势、能力或知识体系。"企业文化"是企业生存和发展的"元气"，是企业核心竞争力活力主根和动力之源。"创新"是一个企业生存、发展的内在要求和基本形式，也是一个企业不断适应环境、实现自我超越的必然过程。"人才"是企业的核心战略资源，企业之间的较量，归根结底是人才及其综合素质的较量，"能力"作为企业核心竞争力的转换要素，特指企业动员、协调和开发企业内外资源的生产力，这种组合提供了企业潜在的竞争优势。

二、核心竞争力的构成

核心竞争力是一个复杂和多元的系统，包含多个层面。归纳起来主要包括以下几个方面：

（一）创新能力

一个企业要保持发展和竞争优势，就必须善于总结和提高，永远追求卓越，不断超越自我，不断进取和创新。所谓创新就是根据市场和社会的不断变化，在原基础上重新整合人才、资本等资源，进行新产品开发和更有效组织生产，不断创造和适应市场，实现企业的更大发

这是一篇具有时代感的学术论文。论文导言直陈核心竞争力的重要性，作为选题的缘由、背景，提出本文的题旨：对企业核心竞争力谈一点浅见。本论分三大部分：第一部分阐述何谓核心竞争力。文章在探究了"企业核心竞争力"之说的渊源和他人对其含义的界定后，对企业核心竞争力的含义作出了自己的界定，继而阐述了企业核心竞争力与企业文化、人才等因素的关系；第二部分提出核心竞争力是一个复杂而多元的系统，它包括了创新能力、形象力、服务增值能力和管理能力这"四力"，并分别对"四力"的作用和内涵进行了论述；第三部分提出企业核心竞争力的培育不是一种短期行为，其培育需依靠机制来保障，需依靠做好建立学习型组织、建立良好的企业文化、建立良好的管理队伍和坚持做好技

---

[1] 转引自刘杰、付胜著《经济文书写作范例》，有改动，人民出版社 2005 年版。

展，它包括技术创新、产品和工艺创新、管理创新。

（二）形象力

这是通过塑造和传播优秀企业形象而形成的一种对企业内外公众的凝聚力、吸引力、感召力和竞争力，是隐含在企业生产经营活动背后的一种巨大的潜在力，是企业新的生产力资源，它包括产品形象、服务形象、品牌形象和管理形象。我们知道，塑造企业形象不是一朝一夕的事，形象力资源要求企业从长远发展角度来审视和制定企业的战略规划，它从企业的发展趋势和运行的前景着眼，能对企业的发展产生长远的、战略性的推动力，带有战略性思考与制度安排的特征。

（三）服务增值能力

现代市场发展的一个重要趋势，就是服务竞争在现代市场竞争中的地位和作用越来越突出。质量概念，不仅包括产品质量，也包括服务质量。国外企业文化研究中首先使用的"服务增值"的概念，值得重视。因为同样质量的产品，可以因服务好而"增值"，也可以因服务差而"减值"。企业形象从根本上是表现为产品质量和服务质量。服务的永恒主题是企业同客户、用户、消费者的关系问题。

（四）管理能力

据统计，生产中有50%的效益来自管理，技术管理中的80%来自管理，可见管理能力的重要性。企业的管理也是生产力，它涉及企业结构组合、信息传递、沟通协调、激励奖惩以及各种生产要素的优化组合，通过高效优势的动作，保障技术优势的发挥，也保障了将生产优势转化为市场优势。

三、核心能力的培养

企业核心竞争力的形成不是一种短期行为，而在于要把企业建设成为一种创新型的学习型组织，在不断学习和积累中形成特有的竞争力，并通过机制来保障这种竞争力的发展。因此，形成并保持企业核心竞争力是一项长期的根本性战略。为此，必须做好以下工作：

（一）建立学习型组织

企业核心竞争力的出现是系统整合的结果，尤其面对日益复杂多变的环境，企业需要比以往任何时候更重视持续地、更快地获取信息和知识。

（二）建立良好的企业文化

从企业文化力的功能来说，它有5个方面：第一，凝聚力。企业文化搞好了是一种"黏合剂"。可以把上下左右、广大员工紧紧地团结在一起，这是一种凝聚功能和向心功能。第二，导向力。包括价值导向与行为导向。在企业行为中该怎么想?怎么做?企业价值观与企业精神，发挥着无形的导向功能。第三，激励力。企业文化所形成的文化氛围和价值导向是一种精神激励，能够调动与激发职工的积极性、主动性和创造性，把人们的潜在智慧诱发出来。第四，约束力。在企业行为中哪些不该做、不能做，企业文化、企业精神常常发挥着一种"软"约束的作用，是一种免疫功能。第五，纽带力。企业、特别是大企业集团，维系发展要有两种纽带：一种是产权、物质利益的纽带；另一种是文化、精神道德的纽带。这两种纽带相辅相成，缺一不可。

（三）建立良好的管理队伍

企业核心竞争力是企业综合实力的表现，是人的主观能动性得以发挥的成果。要产生这样的效果，必须使企业有良好的领导者和良好的运行体系。拿破仑说过，"世界上没有无用

术创新与技术领先等方面的工作。

论文的末段对本论中的论点进行了综述，并对企业应注重核心竞争力的培育作了强调。

本论文语言简洁、明晰、流畅。本论文以递进法安排三大部分的结构，环环相扣，层层深入。而在其中的第二、第三大部分均采用并列法、以段旨句的方式构成段落，思路清晰，行文有序。

如果论文在论证过程中，能适当地注意运用比较法和例证法，做到更有理（讲道理），又有据（摆事实），可能会使论点得到更有力的支撑，文章会显得更厚实。此外，文章论证的是"企业核心竞争力"，但多处却出现"核心竞争力""核心能力"的提法，前后略有不统一。瑕不掩瑜，本文仍是一篇不错的论文。

经济应用文写作

的士兵，只有无用的将军"。没有良好的领导者和运行体系，就难以建立起人力资源的集群和激励人力资源发挥的力量，而没有知识结构合理、能力结构互补、规模相当、人才队伍稳定的集群，是很难发挥出主观能动性的，也很难保持持久的核心竞争力的优势。

（四）坚持技术创新与技术领先

技术能力是企业赖以生存的关键。邓小平同志提出，科学技术是第一生产力。产品与服务的领先其支柱是科技。像英特尔公司不断推出高性能的微处理器的能力，三星集团不断推出新功能手机的能力，微软公司不断推出新的计算机软件的能力等都是保持领先、形成垄断的基础能力。

综上所述，企业核心竞争力是企业综合实力的象征，是决定企业生死存亡的关键。企业应把核心能力的管理放到战略的高度来考虑，在企业的发展过程中逐渐积累、培育领先于对手的核心能力。

名言录

> 人生伟业的建立，不在能知，乃在能行。
>
> ——赫胥黎
>
> 在科学上，没有平坦的大道，只有不畏劳苦，沿着陡峭的山路攀登的人，才能到达光辉的顶点。
>
> ——马克思

毕业论文是对所学专业范围内的某些现象或问题进行科学的分析、论证，揭示其本质和规律，表达写作者的认识、观点的议论性文章。毕业论文具有学术性、创造性、科学性、指导性的特点。

课程论文也是学术交流的一种工具，它是以该学科所涉及的某些现象、规律、存在的问题、发展趋势等为研究对象，对其进行从理论到实践的研究，将所得的观点、结论以学术论文的形式表现出来，用于指导学习和工作实践。

一、论文的特点

相对其他应用文，毕业论文以及课程论文具有如下特点。

（1）学术性，就是要求作者必须从客观实际出发，对客体进行认真、仔细、周密的观察、分析，以获取大量的材料作为立论的依据，从中找出规律，揭示其本质或得出符合客观实际的结论。学术论文的学术性，要求凡论证都必须具有严密的逻辑性，既不违背生活的常理，又不违反科学，且能经受实践的检验。

（2）独创性，是指论文所研究的论题、表达的观点应该是前人没有提出过或还没有充分论证过的。简而言之，就是作者的论文能够提出新理论、新见解或新假说，自成一家之言。更重要的是这种独创应该是科学而合理的。独创性是衡量学术论文学术价值的基本尺度，是学术论文的生命。

（3）专业性，毕业论文以及课程论文是写作者专业水平和综合素质的集中体现。专业性体现作者的专业知识水平及将专业知识转化为专业能力的综合素质体现。一篇专业论文，不但能反映一个作者的专业水平，还综合反映了作者的思维能力、创造能力、研究作风、研究方法和文字表达水平。

（4）现实性，论文中所阐述的理论要能够指导实践，才有意义、有价值。如经济论文要从现实经济情况出发，有针对性地提出指导实践的理论或解决问题的办法、措施，阐述相关的看法、意见或主张。无论是宏观经济学论文还是微观经济学论文，都要立足于瞬息万变的现实，探讨现实中急需解决的问题。这样的科研成果转变为生产力，为实践服务，才具有价值，更具有研究意义。

二、论文的选题

写论文首先要找准题目。有人说"题好文一半"。这里的"题"是指标识文章题目的文字。我们所说的选题具体是指同学们选择用来研究探讨的主要问题或打算解决的重要事项。选题的具体方法、要求如下。

（一）选题的原则

选择论题是毕业论文写作的第一步，也是至关重要的一步。论题选得好，有助于写作者写出高质量的论文。所以，人们常说选好论题是毕业论文写作成功的一半。选题一种是浏览文献资料自己选，另一种是论文指导老师指定题目。选题的原则如下。

（1）结合自己的专业特点选题。能发挥专业专长，有助于顺利完成课题的研究，展示出自己的理论水平和才能。选题要选自己平时有所积累的问题，或者是自己感兴趣的、热衷的、有观点可表达的、有理论可阐述的。如以国际贸易专业的学生论文选题为例，可以选择《论劳动力的跨国流动》《亚洲服务市场营销与产品营销的差异性研究》等。

（2）选题大小、难易适中。论文选题既要考虑这一论题在当前的学术价值和实用价值的高低，也要考虑论题范畴的大小、收集资料的多少、驾驭的难易程度等因素。应当选择具有学术价值和现实意义，能在规定时间内高质量地完成的论题。如《跨国经营理论与实证研究》这一选题，对于非国际贸易专业的学生来说，难度就有点大，而对于国际贸易专业的学生来说，要想取得一定的研究成果也必须具有一定的国际贸易经营经验。

（二）确立题目的技巧

标题是文章的眉目。各类文章的标题，样式繁多，但无论是何种形式，总要以全部或不同的侧面体现作者的写作意图，表达文章的主旨，揭示或概括论文的主题，能够引起阅读者注意，具有暗示论文主题的作用，以及揭示论文主题所属范围的作用。毕业论文的标题一般分为总标题、副标题、分标题几种。

1. 总标题

总标题是文章总体内容的体现，常见的写法如下。

（1）交代式。所谓的交代式是指交代文章内容的范围，引起读者的注意，以求引起共鸣。拟定这样的标题是对文章内容范围做出限定。通常不直接表明作者的观点、看法。这种形式的标题比较普遍。如《试论当代农民工的就业观》《正确处理中央和地方的财政关系》等。

（2）判断式。判断式标题是指用判断句式拟定论文标题。文章研究的对象比较具体，面较小，但引申的思想应该是深刻的有很强的概括性。论文所涉及的内容面比较宽，灵活性比较大，内容可伸可缩，但总的要求是要从小处着手，大处落笔。如《"低碳经济"是发展经济的本质》《乡镇企业的兴起是中国农村的希望之光》等。

（3）概括式。概括式标题是直接反映论文内容的标题，具有高度的概括性，便于读者把握全文内容的核心。通常要高度概括全文内容，或者题目本身就是文章的中心论点。诸如此类的标题很多，也很普遍，如《关于绿色环保经济模式研究》《大型连锁超市经营策略之我见》等。

（4）提问式。运用提问式拟定标题通常比较含蓄，可以用反问句、设问句的形式作为论文题目，要回答的内容可以隐去。这种形式的标题因其观点含蓄，容易激起读者的注意。实际上从题目中可见作者的观点是十分明确的，只不过语意婉转，需要读者加以思考罢了。如《大量占用农田用于房地产开发就是建设"经济开发区"吗》。

2. 副标题

为了强调论文所研究的某个侧重面，点明论文的研究对象、研究内容、研究目的，对正题加以补充、解说。一些商榷性的论文一般都有一个副标题，如《现阶段劳动薪酬的研究——如何看脑力劳动者与体力劳动者薪酬的差异》。

3. 分题

分题既可以是论文中的小标题，也可以是行文中的段落题目。它能清晰地显示文章的层次，突出段落的中心，紧扣所属段落的内容，紧密联系上下文，为论文的主题服务。其具体要求如下。

（1）新颖。所谓的新颖是指做到既不标新立异，又不落窠臼。赏心悦目的同时还要引人入胜。用自己的独特之处，激起读者的阅读兴趣。

（2）明确。作者所论述的主要内容以及写作意图，要能够揭示论题范围或论点，使人看了标题便知晓文章的大体轮廓，而不似是而非，云山雾罩。

（3）简练。标题不能过于抽象、空洞，让读者如坠烟海，百思不得其解。分题不宜过长，过长了容易使人产生烦琐累赘的感觉，得不到鲜明的印象，从而影响对文章的总体评价。

三、论文的资料准备

"夫立言之要在于有物"[1]资料是论文的物质基础。毕业论文资料的丰富与否直接影响到论文观点的深刻与否，直接关系到论文价值的大小。因此写作者在动笔写作之前，一定要抽出大量的时间搜集、阅读、整理、研究论文资料。正如庄子所说："水之积也不厚，则其负大舟也无力；风之积也不厚，则其负大翼也无力"。[2]

1. 资料的来源

毕业论文的资料来源包括两方面：一方面是书面的资料，到图书馆或档案馆查阅资料，如期刊论文、研究报告、科研专著、会议文件、学位论文等，可以获得多方面的有用信息；另一方面是动态的资料，观察到的或者直接访谈、调查获得的资料，如调查报告、问卷、电讯访问、实验等，都可以获得动态资料。

2. 资料的整理

资料整理是提高论文写作质量的重要步骤。根据论文写作、研究的目的，运用科学的方法，对所获得的书面资料、动态资料进行审查、检验、分类、汇总，使之系统化、条理化，为写好论文打下坚实的基础。资料整理的原则是真实性、科学性、准确性、完整性、系统性、统一性、简明性和新颖性。

资料的内容、形式与应用方式不同，因而资料的搜集与整理方法也有所不同，具体有如

---

[1] 章学诚，《文史通义》。
[2] 庄子，《逍遥游》。

下几种方法。

（1）卡片记录法。部分形式的资料，如提纲、片断、语录等，常用抄录卡片的方式。因字数不多，阅读时随手制作，应用也很方便。

（2）剪贴法。过期的报纸刊物中的有用资料，应用这种方法最为合适。既可保留全文，又很简便省事，也是一种很有效益的利用。

（3）打印法。应用打印件的方式保存资料，是比较经济可行的方法。

（4）复印法。资料内容比较重要，需要复制保留全文的完整形式，而且所需份数不多，此种方法最为理想。只要条件允许，可适当应用。

（5）电子文档保存法，电子文档保存于磁盘是最方便的方法，资料较多时可利用文献管理软件保存文档，如 NoteExpress 和 NoteFirst 等软件，一般都提供试用版。

3. 资料的评价

资料的评价是对所占有的资料的综合评价，它包括资料的品质如何、可靠性如何、性质如何。评价的宗旨是是否符合论文主题需要，而最终决定资料的保留、取舍。

4. 资料的取舍

资料的取舍包括紧扣论文的基本观点或课题的研究范围进行，仔细考量决定留下的材料是否是不可替代的材料，取舍理当有尺度。

四、论文的写作要求

论文在写作时要做到以下要求。

首先，要观点鲜明。无论是定义、原理，还是要点、结论都应清楚明白地表达出来，不要模糊不清，令人费解。分析并指出该论题所具有的研究价值和意义。其次，语言生动。论文的写作要讲究文采，有较强的吸引力和可读性，语句要通顺、流畅，语言表达要准确。总之，论文要能够忠实地反映客观情况，叙述、说明、推理、引用，必须恰如其分，避免冗长、病句和错别字，要深入浅出。

五、论文提纲的撰写

【案例 8.2.2】

《企业必须对应收账款采取有效的控制》提纲

为了提高市场占有率，许多企业采用赊销的方式进行促销活动。这一方面增加了企业的销售量，另一方面也产生了大量的应收账款。企业必须高度重视对应收账款采取事前、事中和事后有效的控制，避免陷入财务危机。	绪论：约 800 字。
一、应收账款形成的原因 1. 企业经营环境的影响。 2. 企业自身的问题。 3. 信用销售前资信评估薄弱。 4. 商业竞争。 5. 销售和收款的时间差。 二、应收账款风险的形成 1. 加剧了企业周转资金不足。	本论：约 4200 字。

2. 夸大了经营成果。 3. 增加了企业现金流出的损失。 4. 增加了企业资金机会成本损失。 三、全面加强对应收账款的有效管理 1. 建立专门的信用管理机构，对赊销进行管理。 2. 建立客户动态资源管理系统。 3. 建立应收账款的监控体系。 4. 建立积极的收款政策和风险转移机制。 在实际工作中，企业只重视账面高额的利润，却往往忽视规避应收账款的风险，致使管理不到位，直接影响企业的生存发展。因此，企业应把对应收账款的有效控制作为一项长期的、制度化的工作来抓，力求将应收账款控制在合理水平上，把坏账降到最低，防范经济损失。	结论：约 700 字。

提纲是作者思路固定的凭借，提纲是使论文格局成形的过程，拟制提纲是论文写作的依据和修改的标准。拟制提纲首先要明确中心论点和分论点，确保论点的新颖与正确。其次要精选材料，要选取切实可靠的、翔实典型的、富有新意的材料，还要考虑材料的搭配；安排结构即引论、本论、结论。拟制提纲的具体要求如下：

（1）用最简洁、鲜明的语言概括论文主旨，拟好论文题目。

（2）用写主题句的方法概括出论文的中心论点。

（3）安排论文全篇的结构布局，确定从哪几个方面去论证中心论点。

（4）把材料分属于它们所要证明的论点，并标上序码备用。

（5）考虑段落的具体安排，写出每段的段旨。

六、毕业论文的标准格式

毕业论文的标准格式由前置、主体、结尾三部分构成，一般学校都提供标准格式并有具体要求。

（一）论文前置部分的格式

案例 8.2.3

××财经大学本科毕业论文

题　　目	论管理会计的发展趋势
学生姓名	×××
专　　业	会计学
年　　级	2009 级
学　　号	×××
指导教师	×××
通讯地址	××市尖山街 13 号
联系电话	××××××

2013 年 6 月 10 日

论文前置部分一般包括封面、题名、序言和摘要。

（1）封面，是论文的外壳，毕业论文都需要加封面，如果是发表在期刊杂志上可不用。

（2）题名，即论文的标题。要简洁恰到好处地揭示论文的主题，只需交代论文的主要内容即可。

（3）序言，主要是向对你提供帮助的个人或相关部门表示感谢。有时也叫鸣谢，也可以放在致谢中。

（4）摘要，以简短的陈述和评论介绍、概括本篇论文的缘起、背景、主旨、意义，用于国际交流的论文需要加外文摘要如"abstract"，摘要一般不超过300字，外文摘要不超过250个实意单词。摘要的字体要与正文不同。

案例 8.2.4

摘要： 本文通过讨论我国管理会计的历史背景、理论地位、影响作用和近代发展情况，阐述了管理会计在各个方面的现状。论文集中分析了……重点讨论了……，就在知识经济条件下如何应用管理会计的问题提出了个人的看法，并说明了在新形势下管理会计的未来发展前景。

点评： 本例高度概括论文的主要内容与观点，具有引导读者阅读的作用。

（5）关键词，用以表示论文主要内容，能表达论文主要观点的词语或词组。用于国际交流的论文需要加外文的关键词，如"key words"。通常一篇论文可以有3~5个关键词，词与词之间不用标点符号，用一个空格隔开。

案例 8.2.5

关键词：管理会计 应用研究 发展趋势

key words: management accounting research on appliance developmenttrend

（6）目录，是论文的导读图，能够使读者在阅读该论文之前对全文的内容、结构有一个大致的了解，为读者选读论文中的内容提供方便。目录要做到完整、准确、清楚无误，文章的各项内容，都应在目录中反映出来，不得遗漏。应逐一标注该行目录在正文中的页码。标注页码必须清楚无误。在微软Word或金山WPS文字等办公软件中，在定义标题级别后可直接生成目录，不必手工一一录入。

案例 8.2.6

目 录

（二）论文主体部分的格式

论文主体一般情况下包括绪论、本论、结论和致谢四部分。

1. 绪论

绪论又叫引言，是用于引导读者阅读全文的概括性文字，让读者能够体会到该论文的价值所在，吸引读者继续阅读全文。引言要交代该论文研究的目的、范围、国内外知识的空白点，对所研究问题的基本分析，论文的研究设想，研究方法，预期结果及意义。要与摘要有所不同。

案例 8.2.7

"口红效应"是指一种有趣的经济现象。每当经济不景气、消费者的购买预期有所下降时，口红的销量反而会呈现逆势而上的反周期性质，销售额会直线上升。口红并非生活必需品，但因为它的廉价能给消费者带来欲望的满足和心灵的慰藉，所以才会出现这一经济现象。"口红效应"到来之时，人们的审美取向也在发生着变化，甚至是异化。（略）

点评：本例让读者能够体会到本论文的价值所在，吸引读者继续阅读全文。

2. 本论

本论也就是论文的正文部分。没有统一的要求，但是要能够体现出论文的核心内容。运用大量的理论论据、事实论据证明观点，客观真实，合乎逻辑，推导出令人信服的结论。

案例 8.2.8

1."口红效应"背景下的审美取向的特点

"口红效应"的出现意味着经济危机的到来，经济危机会影响人们的审美取向，其表现不仅仅是口红的热卖，有些地方还会出现土豆的热卖，武打小说、网络游戏的火爆等，这说明人们的审美取向发生了变化。这一特定经济现象发生时，审美取向呈现多层次、多样性的特点。

亚洲金融风暴时韩国影视、动漫、网络游戏等优势产业蓬勃发展。电子游戏、动漫产业迅速发展。这是因为人们从原来紧张的工作学习生活中解放出来，有了更多的闲暇时间看电影，玩游戏。人们的生活账单发生了变化，文化消费成了经济危机时的首选。经济下行、文化趋旺的"口红效应"也在国内逐渐显现。电影既廉价又可以给人们带来欢乐，所以电影也找到了逆境上扬的机会。（略）

1.1 金融危机对人们的审美取向带来影响

据国际经验验证，当人均 GDP 超过 3000 美元时，文化消费会呈现快速增长的态势。文化需求呈现多层次、多样性特点就更加明显。所以有人总结说金融危机会对人们的审美取向带来影响，同时也会推动文化产业的繁荣，但并不是说金融危机后，就一定会带来文化产业的繁荣。与电影市场的火爆相比，含金量更高的传统艺术种类因市场潜力不大，导致很多从业者无奈转行。文化品位的审美需求呈现倾斜的状态。是什么原因造成了人们审美取向的变化呢？

1.1.1 审美心理需求的变化决定了审美取向的变化

"口红效应"出现时，人们的审美心理需求也会发生变化。惊险、武侠、神怪小说中的侠客飞檐走壁，网络游戏中的三国杀、植物大战僵尸，开心网上的偷菜游戏让人们找到了在现实生活中找不到的感觉，得到了生活中想得到而又得不到的东西，实现了生活中想实现而又实现不了的愿望，满足了人们一时多变的审美心理需求。即便有些作品的审美价值不大，但需求确实很多，所以审美心理的变化自然会影响审美取向的变化。

1.1.2 审美心理需求的个体性、共同性特点影响着审美取向

"口红效应"背景下人们的审美心理需求会不断增强，也会不断减退。审美心理需求的个体性、共同性影响审美取向。一个长期在紧张而忙碌的工作环境中工作的人，在经济危机到来之时反倒会有一种强烈的欲望，很想借此机会离开闹市，到达一个可以让心灵放松的地方，而此时是最好的机会，这也是一种长时间以来的审美期待，这种审美心理需求具有个体性，同时具有共同性。美的世界丰富多彩，变化万千，人的审美感受更是因人而异、复杂多样。鲁迅先生说在《红楼梦》中"经学家看见《易》，道学家看见淫，才子看见缠绵，革命家看见排满，流言家看见宫闱秘事……"

点评：这篇论文的本论部分初步展示了该论文的核心内容，运用了一定的理论事实作论据，证明观点，为推导出令人信服的结论起到铺垫的作用。

3. 结论

结论是本论文所研究的问题从方法、观点、材料研究等方面有所突破的东西，而不是对上述内容的简单重复，要显现出理论或实际的价值与意义。

案例 8.2.9

随着社会经济、政治、科技、文化的飞速发展，人们的审美水平在不断提高，审美观在不断变化。审美取向成为一种个人化的情感宣泄和心理补偿的现实需求，也是人们达到审美心理的一种平衡，是审美心理需要不断得以实现，内心情感得到补偿和丰富的过程，是一种具有特殊审美规范的自我发现和实现的过程，也是人们心理获得满足和调整审美品位的过程。所以，我们应该学会接受在口红效应背景下人们的特定审美需求和审美取向，了解经济学和美学在我们生活中的意义和作用。

点评：本案例是论文的结论部分，对"口红效应"与审美取向问题的研究有所突破，显现出该论题理论研究的实际价值与意义。

4. 致谢

致谢部分要对论文指导教师和相关的人员予以感谢，表明自己虚心学习的态度，恳请专家学者指教论文中的不足等。

（三）论文结尾部分的格式

论文结尾部分的格式不是很统一，根据需要而定。通常情况下结尾部分包括附录、参考文献和索引。具体内容如下。

1. 附录

附录是论文的补充项目，并不是必须，普通论文一般不需要写附录。对于正文内容有用的补充信息如原始数据、统计表、结构图等可作为附录内容编入。附录要求另起一页，置于正文之后。

2. 参考文献著录表

标注参考文献不仅仅是为了表明参考资料的来源，也是对引用别人成果的尊重，以及表明写作者严肃、科学的态度。

论文后要列明所参考文献著录表，主要采用"顺序编码制"和"著者-出版年制"，两种格式均可采用，但一篇论文或一部著作只能使用一种格式。论文一般采用顺序编码制。

知识拓展

　　参考文献的标注由文内标注和文后著录两部分组成，通常作者只关注文后的著录，即"参考文献著录表"（一般用"参考文献"为题列于文后），而忽略"文内标注"。文内哪一句话、哪一段文字、哪一个数据、哪一个观点来自哪个文献，都要在正文内标好。顺序编码制用上角标的序号（如"[1]"）与文后的参考文献著录表对应，著者-出版年制是用"（著者，出版年）[页码]"和文后参考文献著录表对应。如非原文引用或需要说明，还可在文内直接指明来源、用圆括号注释、脚注等方式进行补充。

　　上段中使用了圆括号注释，下段末尾使用了脚注，但都非引文来源，说明来源时也可参考使用本方法标注。

　　参考文献格式的使用宜先参考学校、老师提供的论文要求，在其中叙述不全的情况下可查找"GB/T 7714—2005《文后参考文献著录规则》"，其中有较详细解释。[1]

3. 索引

为了将论文储存于计算机中，需要提供有关的输入数据，如编排出分类索引、作者索引、关键词索引等。篇幅短小的论文不需要加索引。

七、论文的修改

论文修改是论文写作中充满着重要性和必要性的环节之一。思维认识的复杂性，决定了修改论文的重要性；行文本身的特点决定了修改论文的必要性。修改是提高论文质量和写作能力的重要途径。概括起来说修改论文是针对论文提出的要求，仔细整理论文的格式，在格式完备的基础上修改论文的内容。具体如下。

（1）修改论文的观点。通常我们不提倡在整篇论文完成后，修改论点。因为这样会给全

---

[1] 本书编辑对引文来源有简单总结，但该文针对教材推荐使用"著者-出版年制"，对论文并不合适，文内标注尚可参考：http://blog.sina.com.cn/s/blog_59d3962d0100kypv.html。

篇论文带来很大的改动，同时会影响论文的质量。最好是在论文写作的初期，提纲确定后，就论文的整体思路以及主要观点请教老师，倾听老师和其他人提出的意见，慎重考虑，如发现问题应及时修改，以免论文完成后发现问题带来更大的遗憾。

（2）增删论文的材料。写入论文中的材料有可能需要修改。一种可能是所引用的材料有失准确，如时间、地点、数字不够准确，事物以及具体细节不合乎逻辑顺序，引文资料的来源不够准确；另一种可能是获得了能够证明论点的更好、更新的材料，将旧的材料替换下来；再者就是分论点的改动，导致材料的更换。

（3）调整结构。材料如水，结构如渠，好的论文是水到渠成。随着论文观点或材料的改动，文章的立论方式就会发生变化；立论方式发生变化了，结构就可能发生变化。所以要依据材料的选择、观点的确立重新调整论文的结构，从始至终都要注意从整体上把握论文的全篇结构。

知识拓展

学术论文常用的论证方法

1. 例证法——举例法，即运用归纳推理进行论证的一种方法，就是用典型事例作论据来证明论点的方法。

2. 引证法——引用法，即用一些权威性的理论作论据来证明论点的方法。

3. 比较法，是通过事物之间的比较来证明论点的方法。

4. 比喻法，即用具体的事物、道理作比喻，来说明不易理解的抽象事物或道理的方法。

5. 因果法，即通过分析，揭示论点和论据之间的因果关系以证明论点正确的方法。

6. 归谬法，就是先假定对方的论点是正确的，接着就以此为前提，进行推理，却只能引出荒谬的结论，从而证明对方论点错误的方法。

（4）锤炼语言。修改论文的语言是论文修改中比较细致的环节。写作者要反复通读论文，用多种方式审阅。电子稿改完后，一定要打印出来再看两遍，你会发现电子稿上看不出来的语言问题。无论是词语方面的错误还是文字上的错误，都是由于不细心造成的。鲁迅先生倡导尽可能地将可有可无的字、句、语段删掉。任何一篇优秀的论文一定是言简意赅的论文。

八、毕业论文的答辩

毕业论文的答辩一般包括如下一些程序：作者自述、专家导师提问、作者准备、作者答辩、导师总结、宣布答辩结果。

答辩过程中需要注意如下事项：①要注意论文答辩开场以及结束时的礼貌用语；②介绍论文时一定要熟悉所写论文的内容，回答问题要领突出，准备好与论文相关的材料；③听取答辩小组提问时精神要高度集中，尽可能地将问题记在本子上，以备更好地回答问题；④对导师所提出的问题要迅速作出反应，以流畅的语言，明确回答每个问题，维护自己的正确观点；⑤对提出的质疑要审慎地回答，实事求是，态度谦虚，勇于承认不足。

指点迷津

毕业论文与毕业设计的区别

毕业论文是你对所做项目或所研究的问题的论述、论证，有规定的格式和要求。

毕业设计一般包括毕业论文，还包括一些与课题相关的设计图纸、实验设计、实物制作、外文翻译、文献综述、开题报告等。毕业设计可能是实习后的一个报告，也可能是自己设计的作品，设计是你自己按照导师的要求做出来的成果，看你所选的项目来定。有的课题只需要论文，有的必须两者都要，如果是文科的话除了艺术设计专业外，一般只需要论文即可。

毕业论文与调查报告的区别

论文是对某一问题或现象进行分析，一般是按照提出问题、分析问题、解决问题的思路进行。论文是以评论所选择议题为目的的文体。调查报告是对某项工作、某个事件、某个问题，经过深入细致的调查后，将调查中收集到的材料加以系统整理，分析研究，指出存在的问题，提出解决的建议，并以书面形式向组织和领导汇报的一种文书。其特点是写实性、针对性、逻辑性。

【感悟升华】

一、单项选择

论文的要求主要来源于（　　　）。

A. 鲜明　　　　　　B. 形象　　　　　　C. 生动　　　　　　D. 感人

二、判断题（对的打"√"，错的打"×"）

1. 一篇论文其关键词可以选择 3～5 个。（　　　）
2. 一篇论文其关键词可以选择 9 个。（　　　）
3. 本科生所写毕业论文要与专业结合。（　　　）
4. 他人公开发表的论文内容不可以参考。（　　　）

三、实践训练

1. 有一名学经济专业的高校毕业生写了一篇论文，题目为《〈北京晚报〉发展前景探析》，他认为这篇论文重要之处在于，一个是"晚报"，一个是"北京"，怎么在"晚"和"京"这两个字上做文章。作者从缺点入手谈晚报的改进策略，从市场的需求研究板块的设计，多方突击，摆脱晚报可能被淘汰的窘境。这篇文章主要不是谈晚报的特点，而是谈它的缺点。结合这一论题，从读者的角度是怎么看的，从编辑的角度是怎样看的，谈谈你的看法。依据所学专业特点，写一篇与专业相结合的论文提纲。

2. 结合任务 8.1 所给任务，完成课程论文写作任务。

任务单 8.1

课程论文任务单

任务名称	试论……或……探析	完成时间	
姓　名		班　级	

布　置　任　务

任务描述	论文的写作是对研究性学习能力的一种检验手段，是对所学知识进行科学整合的过程，也是将理论用于实践的一次尝试。论文的写作从选题的确定，到资料的搜集，再到撰写修改、定稿，确实需要下工夫。但完成论文写作之后，你一定会有所收获，学习研究能力会有明显的提高。 结合本专业特点，考查选题的论证价值和意义，搜集有关的材料，按照论文的写作要求写一篇格式规范的与所学专业有关的课程论文。
知识储备	1. 选题的动机是什么？论文选题怎样取舍？与你的选题相关的论证有哪些？ 2. 搜集材料时如何评价资料，应注意哪些问题？如何取舍资料？ 3. 优秀的论文具备哪些特点？ 4. 怎样理解做文有如做人？ 5. 掌握修改论文的方法、技巧。
完成形式	完成 3000～5000 字的课程论文的写作。
具体要求	1. 选定所要撰写的论文选题； 2. 确立论文的主题以及研究方法； 3. 论文写作准备从资料的搜集开始； 4. 注意事实与分析、逻辑与情趣、创建与借鉴的有机融合； 5. 按照规范的论文格式写作论文。
资讯引导	1. 阅读学习高教出版社出版的王首程《论文写作》； 2. 网上查阅相关选题论文，开展研究与学习； 3. 仔细研究学校对写作专业论文的写作要求； 4. 学习论文的修改技巧、方法，为修改论文作准备。
学生互评笔记	
教师评语笔记	
完成任务总结	谈谈论文写作过程中遇到的困惑以及感悟。

第九章 公务文书写作

烛光导读

每一个民族，每一个国家都有自己的文化精神，形成属于自己的文化积淀，这种文化积淀具有强大的渗透力，影响和熏陶着每一个人和每一件事。公文写作从历史发展到今天同样受中华民族文化的影响和熏陶，形成了属于自己的规范。

很多人提起公文写作都会被公文格式所困扰，殊不知公文格式只是一个载体，写得好不好不是由形式决定的而是由内容决定的。公文有其形，更要有其神，所以对规范和规律的理解不能仅仅局限于形式。古人说"文无定法"，但作为公文写作来说，虽无定法，却有无形的规范和规律可循。公文写作"精于战略"的同时也要"娴于战术"。写作方法、写作技巧的运用，材料的选择、结构的安排、语言的表达都要浑然天成。正如古人所云："一字入公门，九牛曳不出。"（出自《普灯录•黄龙慧南禅师》。）

鹰击长空，鱼翔浅底，平沙落雁亦或柳浪闻莺代表了公文的三种行文方向，更表达了公文写作和谐沟通、尊重人性的宗旨。和谐改变生活，和谐创造未来。我们期待习作者在公文写作的"规矩"中体会着"方圆"的快乐。

第一节 行政公文概述

【学习目标】

知识目标：了解常用公文的内涵和特点；掌握常用公文的结构形式与写作要求。

能力目标：掌握常用公文的写作技巧；能够根据工作需要写作规范的行政公文。

文章需要通过发表和传播才能产生作用，而公文的"发表"和"传播"则是按照一定的规则来运行和传递的。法定公文的运行更要遵照《国家行政机关公文处理办法》《中国共产党机关公文处理条例》和《人大公文处理办法》等诸多规定。公文是以法定的授文机关、主送机关和抄送机关为特定的读者对象，所以公文的作者、读者是特定的、具体的。有些公文还规定了公文的阅读范围和抄送范围。

> **名言录**
>
> 要把自己的理念和思路变成具体可实施的东西，需要按照一定的流程和规范去做。
>
> ——佚名

本章我们集中介绍通知、通报、报告、请示、批复、函等常用公文的写法，其他种类公文的写作，读者可自行在本书配套材料中查找学习资料。

公文是公务文书或公务文件的简称，是党政机关、社会团体、企事业单位以及其他社会组织行使法定职权，处理日常事务时经常使用的一种应用文体。

一、公文的特点和种类

公文具有权威性、保密性、时效性、真实性特点。

依据2012年4月16日中共中央办公厅、国务院办公厅颁发的文件（中办发〔2012〕4号）《党政机关公文处理工作条例》规定，我国现行公文有15种，它包括决议、决定、命令、公报、公告、通告、意见、通知、通报、报告、请示、批复、议案、纪要、函。

二、公文的行文规则

中共中央办公厅、国务院办公厅规定在收发公文的过程中要遵循如下规则。

（一）行文关系

行文关系是机关单位之间的组织关系在公文运行中的体现，也可以解释为发文机关与受文机关之间的关系。它有四种可能：上下级关系、隶属关系、平级关系、非隶属关系。

我国现行的行政机关体系依次是：中央人民政府即国务院；省、市（四大直辖市）、区（各自治区和香港特别行政区）政府；市、州（自治州政府）；市（县级市）、区（市辖各区）、县政府；乡、镇政府。

（二）行文方向

行文方向就是一份公文的行走方向。依据我国现行的行政机关的体系关系，公文的行文方向包括如下几种。

（1）上行文，指公文向上级机关单位运行。行政公文的上行文有议案、报告和请示，但有的下行文如通知、通报等也可以在一定情况下上行。

（2）下行文，指公文向下级机关单位运行。下行的行政公文较多，有决议、决定、命令、意见、通知、通报、批复等。

（3）平行文，指公文向同级或不相隶属的机关单位运行。函、通知等都可以平行运行。

（三）抄送规则

通常情况只有非常重要的行文需要抄送。如向下级机关或者本系统的重要行文，就需要同时抄送给直接所属的上级机关。因为重要行文往往关系到重要公务或者重大问题。如决定、通知和批复等文种中撤换下级主要领导人、增设重要机构、审批大型项目、进行重要涉外活动的公文，就需要抄送。

三、公文的格式

公文一般由份号、密级和保密期限、紧急程度、发文机关标志、发文字号、签发人、标题、主送机关、正文、附件说明、发文机关署名、成文日期、印章、附注、附件、抄送机关、印发机关和印发日期、页码等组成。

（1）份号。份号是指公文印制份数的顺序号。涉密公文应当标份号。

（2）密级和保密期限。公文的秘密等级和保密的期限。涉密公文应当根据涉密程度分别标注"绝密""机密""秘密"和保密期限。

（3）紧急程度。紧急程度是指公文送达和办理的时限要求。根据紧急程度，紧急公文应当分别标注"特急""加急"，电报应当分别标注"特提""特急""加急""平急"。

（4）发文机关标志。发文机关标志是由发文机关全称或者规范化简称加"文件"二字组成，也可以使用发文机关全称或者规范化简称。联合行文时，发文机关标志可以并用联合发文机关名称，也可以单独用主办机关名称。

（5）发文字号。发文字号由发文机关代字、年份号、发文顺序号组成。联合行文时，使用主办机关的发文字号。

（6）签发人。签发人是指在上行文中应当标注签发人姓名。

（7）标题。行政公文的标题由发文机关名称、事由和文种组成。

（8）主送机关。主送机关是指一份公文的主要受理机关，应当使用机关全称、规范化简称或者同类型机关统称。

（9）正文。正文是公文的主体，用来表述公文的主要内容。

（10）附件说明。附件说明是指公文附件的顺序号和名称。

（11）发文机关署名。署发文机关全称。

（12）成文日期。一件公文正式生效的日期。联合行文时写最后签发机关负责人签发的日期。

（13）印章。公文中有发文机关署名的，应当加盖发文机关印章，并与署名机关相符。有特定发文机关标志的普发性公文和电报可以不加盖印章。

（14）附注。公文印发传达范围等需要说明的事项。

（15）附件。公文正文的说明、补充或者参考材料。

（16）抄送机关。除主送机关外需要执行或者知晓公文内容的其他机关。

（17）印发机关和印发日期。公文的送印机关和送印日期。

（18）页码。公文页数顺序号。

【感悟升华】

一、填空题

1. 依据行政机关的体系关系，公文包括（　　）、（　　）、（　　）几种。

2. 公文的标题由（　　）、（　　）、（　　）组成。

3. 发文字号由（　　）、（　　）、（　　）组成。

4. 我国现行公文有（　　）种。

二、判断题（对的打"√"，错的打"×"）

1. 公文可以联合行文。（　　）

2. 公文具有法律效力。（　　）

3. 任何人都有发公文的权利。（　　）

4. 公文可以依据需要进行合理的想象。（　　）

三、简答题

1. 什么是行文关系？

2. 公文的格式包括哪些内容？

3. 公文抄送的规则是什么？

第二节　通　　知

【学习目标】

知识目标：了解通知的内涵、特点和种类；掌握通知的结构形式与写作要求。

能力目标：能够根据实际工作需要，写作合乎公文格式要求的通知。

在现行公文的使用中，通知的使用频率最高，使用范围最广。国家行政机关、人民团体、企事业单位的公务活动中都要用到通知。这与通知本身所具备的属性有直接关系。通知具有承上启下、联系内外、传达信息的作用。使用灵活方便，不受机关或组织性质、级别的限制。

【案例 9.2.1】

国务院办公厅关于 2013 年部分节假日安排的通知

国办发[2012]33 号

各省、自治区、直辖市人民政府，国务院各部委、各直属机构：

根据国务院《关于修改〈全国年节及纪念日放假办法〉的决定》，为便于各地区、各部门及早合理安排节假日旅游、交通运输、生产经营等有关工作，经国务院批准，现将 2013 年元旦、春节、清明节、劳动节、端午节、中秋节和国庆节放假调休日期的具体安排通知如下：

一、元旦：1 月 1 日至 3 日放假调休，共 3 天。1 月 5 日（星期六）、1 月 6 日（星期日）上班。

二、春节：2 月 9 日至 15 日放假调休，共 7 天。2 月 16 日（星期六）、2 月 17 日（星期日）上班。

三、清明节：4 月 4 日至 6 日放假调休，共 3 天。4 月 7 日（星期日）上班。

四、劳动节：4 月 29 日至 5 月 1 日放假调休，共 3 天。4 月 27 日（星期六）、4 月 28 日（星期日）上班。

五、端午节：6 月 10 日至 12 日放假调休，共 3 天。6 月 8 日（星期六）、6 月 9 日（星期日）上班。

六、中秋节：9 月 19 日至 21 日放假调休，共 3 天。9 月 22 日（星期日）上班。

七、国庆节：10 月 1 日至 7 日放假调休，共 7 天。9 月 29 日（星期日）、10 月 12 日（星期六）上班。

节假日期间，各地区、各部门要妥善安排好值班和安全、保卫等工作，遇有重大突发事件发生，要按规定及时报告并妥善处置，确保人民群众祥和平安度过节日假期。

国务院办公厅
2012 年 12 月 8 日

右侧批注：
标题：发文机关、事由、文种。
发文字号：机关代字、年度号、顺序号。
主送机关。
指示性通知。开头交代通知的依据、目的。过渡语引出下文。
主体：通知事项的具体内容。
对执行通知单位的具体要求。
落款：发文单位、成文日期，加盖公章。

通知适用于发布、传达要求下级机关执行和有关单位周知或者执行的事项，以及批转、转发公文。

一、通知的特点

相对其他公文，通知具有如下特点。

（1）功能的多样性。通知的使用频率最高，既可以告知有关单位周知有关事项，又可以晓谕广大群体周知事项，还可以发布、传达有关部门需要照办、执行的事项。其应用功能具有多样化的特点。

（2）使用的广泛性。广泛性一方面体现在使用单位的广泛性上，如上至国家机关，下至企事业单位、基层组织、团体都可以使用通知；另一方面体现在阅读对象的广泛性上。很多通知的告知对象相当广泛。通知事项对许多人都具有知晓的意义。

（3）写作的灵活性。通知写作灵活方便，形式多样。它既可以是发布长篇的重要指示，又可以是转发重要文件的短文，有的甚至只有一两句话。既可以公开张贴，又可以内部发文；既可以独立发文，又可以联合行文。

（4）办理的时效性。通知事项一般要求立即办理、执行或知晓，不容拖延，大多有明确的时限要求，在一定的时间内产生效力。受文单位不得延误。

二、通知的种类

通知可以划分为如下种类。

（1）知照性通知。用来传达需要有关单位周知或共同执行的事项时使用的通知。

（2）指示性通知。上级机关向下级机关布置带有普遍性的工作，做出相应指示时使用的通知。

（3）批转、转发性通知。批转下级机关、转发上级机关和不相隶属机关的公文时使用的通知。

（4）发布、印发性通知。用于将本机关的规定、办法、会议文件、领导讲话等重要文件以公文的形式发给下级机关时使用的通知。

三、通知的结构形式

通知的结构形式及写作要求包括如下内容。

（一）标题

通知的标题可以划分为以下三种类型。

（1）完整式标题。发文机关＋事由＋文种，如《国家旅游局办公室关于落实内地与香港、澳门〈关于建立更紧密经贸关系安排补充协议〉有关旅游措施的通知》。

（2）部分省略式标题。事由＋文种，如《国家经贸委关于立即停止生产一次性发泡塑料餐具的紧急通知》。

（3）完全省略式标题。标题只写"通知"二字。

（二）主送机关

主送机关是通知的主要受理机关，是负责承办、贯彻和需要知照的机关，即被通知的对象（单位或个人）。如果通知的主送机关较多，注意一定不能遗漏。

（三）正文

通知的正文是用来表述公文的主要内容的。结构比较规范，一般采用因果式安排结构，即依次说明发文缘由、通知事项和执行要求。根据正文内容的多少，结构或篇段合一，或采用条文形式。

1. 开头

通知正文的开头主要写发文缘由。一般陈述发布通知的背景、原因和目的，说明依据，阐发意义等，文字简明扼要，并以"现通知如下""现将有关事项通知如下""为此，特作如下通知"等类似的过渡语句引领下文。

2. 主体

通知正文的主体主要写通知事项，即写明告知或要求办理、执行的具体内容。一般来说，指示性通知的事项部分应明确、具体地交代出工作的任务和执行要求，切忌含混笼统，令人不得要领。知照性通知的事项部分只需写明应知、应办的具体事项。批转、转发性通知和发布、印发性通知的事项部分应指明批转、转发、发布、印发的文件和批转、转发、发布、印发的文件的必要性和重要性。

3. 结尾

通知的结尾要写明执行要求，即执行具体任务或知照某一事项的具体要求，有时还会提出希望、建议等。通常在通知中独立成段。例如"希望各有关部门要……""各单位请将执行情况于××年×月×日前上报""特此通知""以上通知，望认真执行""凡违反以上规定的，要追究责任"等语句。结尾通常使用惯用语，也叫结语，例如"特此通知"等语句。一些知照性通知则可以意尽言止，自然结尾。

（四）落款

落款由发文机关与成文日期组成。其位置位于正文右下方，发文机关名称写全称或规范简称，成文日期要用汉字写明年、月、日，"零"统一写作"〇"。如已在标题中写明了发文机关名称和成文日期，这里可以省略不写，但必须加盖印章。

四、通知的写作要求

依据通知的特点，其写作要求如下。

（1）明确通知对象。上级机关不可以作为通知对象，如有事情沟通可视情况采用合适的公文文种。

（2）通知事项要具体明确，不可以反复修改所发出的通知。

（3）要求执行的通知，表态要明确，不可模棱两可。

（4）作为公文的通知具有法律效力和行政效力，所以应酌情考虑所发通知内容可否以公文形式主送。

【案例 9.2.2】

××省社会科学院 **关于召开"经济改革发展学术研讨会"的通知** ×社科院[2013]3 号 ×××、×××： 　　经上级有关部门批准，我院决定在××省××市召开东三省经济改革发展学术研讨会"。现将有关事宜告知如下： 　　一、研讨内容 　　1. 东三省经济带发展的机遇与挑战； 　　2. 东三省经济环境探讨； 　　3. 东三省经济形势分析与预测； 　　二、会议形式 　　1. 专家讲座； 　　2. 学术交流与研讨； 　　3. 学术考察。 　　三、参会人员	**标题**：包括发文机关、事由、文种。 **发文字号**：包括机关代字、年度号、顺序号。 **主送机关**。 **开头**：会议召开的依据、会议名称、主办单位，过渡语引出下文。 **主体**：会议内容、会议形式、参加会议的人员、会议时间、会议地点、会议经费、报名办法等。

有关领导及有关经济学术研究的专家、学者。

四、会议时间

2014年1月6日—2014年1月10日（1月5日全天报到）。

五、会议地点

××大酒店：××省××市南环路9号。

六、会议经费

每人850元人民币（含会议期间各种费用），到会交款。

七、报名办法

请您填好通知下方的回执表，在2013年12月20日以前寄至××省社会科学院"经济改革发展学术研讨会"会务组收。

地址：××省××市南环路9号　　　邮编：××××××

电话：××××　　　　　　　　　　　　　　　　结尾：联系方式。

××省社会科学

2013年12月10日（印章）　落款：成文单位、日期、印章。

点评：这是一篇会议通知，属于知照性通知。此类通知的主要功能是对参加会议的有关事项进行说明。在结构上通常采用条文式写法。正文内容主要应写清楚会议内容、时间、地点、主办单位、与会单位或人员、准备及注意事项、联系单位电话、联系人等；要求内容周密，语言清晰，表述准确，避免一次又一次地补发通知，也避免与会人员反复询问。

五、病文评改

病文例文见案例9.2.3。

案例 9.2.3

××市出租汽车总公司关于进行职业道德教育的通知

今年一月以来，公司开展了一系列以职业道德为主题的活动，各部门纷纷行动起来，采取各种各样的形式开展这一活动，在公司上下掀起了"爱我岗位，全心全意为乘客服务"的热潮。通过学习，许多干部职工明确了职责，服务质量不断提高，受到了乘客的普遍好评，收到了良好的社会效益。但是仍然存在不少问题，有的司机对乘客态度冷漠，对他们的询问不理不睬；有的绕道行车，给乘客带来很多不便，最近还发生了653111号车司机王某殴打乘客的恶性事件，造成了极其恶劣的影响。这说明，在当前进一步深入开展职业道德教育是十分必要的。现将有关材料发给你们，希望组织职工认真学习，不断提高干部职工的职业道德水平。

××市出租汽车总公司

××年×月××日

案例9.2.3属于指示性通知，其主要存在的问题表现在以下几个方面。

（1）在内容方面，本末倒置，没有抓住重点，致使下级不知如何贯彻执行。

（2）本文内容复杂，通知内容应分条列项，逐一说明。

（3）格式和语言方面也存在一定问题，如没有主送机关，语言不够准确、精练。

根据以上分析，对原文做一定修改，如案例9.2.4所示。

案例 9.2.4

关于加强法纪和职业道德教育的通知

×公汽总公司 [2013]3 号

各部门、各车队：

今年一月份，公司开展了以职业道德为主题的"爱我岗位，全心全意为乘客服务"学习活动，在这次学习中，许多干部、职工进一步明确了工作目的，提高了服务质量，取得了一定的社会效益。然而，这一活动在一些部门、一些车队，没有得到认真、切实的开展，致使在我们公司至今仍然不断地出现违背职业道德，甚至违法违纪的事情。如有的司乘人员对乘客的询问不予理睬，甚至恶语相向；有的司乘人员把乘客的遗留物占为己有，最近又接连发生了三起司乘人员殴打乘客的恶性事件，影响十分恶劣。所有这些都说明在公司加强对干部职工的法纪和职业道德教育不仅十分必要而且十分迫切。为了保障公司经营活动的有效进行，为了维护公司的声誉和广大职的切身利益，我们要下决心抓好这次教育活动，现将有关事项通知如下：

一、公司办公室必须在×月×日前将有关法纪教育资料和我公司对几件恶性事件处理的材料印发给各部门、各车队。

二、公司第一副总经理要主管本次学习，各部门、各车队也必须有相关的负责人。

三、要结合公司实际把法纪教育和职业道德教育有机地结合起来。

四、各部门、各车队要从实际出发制定出相应的规章制度。

五、时间定为本月的每周一次的班会后进行。

六、各部门、各车队负责人在下个月 6 日上午 8—11 时在公司会议室汇报交流教育活动情况，并由××副总经理作教育活动总结。

以上通知，请遵照执行。

××市公共汽车总公司

2013 年 12 月 6 日（公章）

【感悟升华】

一、判断题（对的打"√"，错的打"×"）

1. 通知是用于发布、传达要求下级机关执行、周知有关事项的公文。（　　　）

2. 各单位可以根据通知内容决定是否执行该通知。（　　　）

3. 通知的正文一定要写通知事项。（　　　）

4. 通知多用祈使句。（　　　）

二、实践训练

1. 根据所给材料以××学院办公室名义写一份通知。2014 年 1 月 11 日 13 点在开发区会议中心召开有关春季防火、植树等内容的会议，13 点 30 分入场完毕，按指定位置就座，会场直接签到，要求各单位主管该项工作的主要领导以及相关工作人员参加会议。

2. 人才市场招聘会将在 2014 年 3 月 30 日举行，地点是人才市场交流中心，安达街 23

号。请依据此项内容写一篇通知。有关事项、具体要求要讲得清楚明白。

3．修改病文，例文见案例 9.2.5。

案例 9.2.5

成立交通部铁道运输总公司的通知

各省、自治区、直辖市人民政府，国务院各部委、各直属机构：

撤销国务院铁道部，为适应日常经济工作，铁道运输总公司主任由某同志兼任。第 100 次常务会议决定，在原铁道部的基础上成立交通部铁道运输总公司。

×××× 年 × 月 × 日

第三节　通　报

工作、学习、生活中，一听到通报大家会有一种本能的反应，那就是遭到批评了，其实不然。各级机关、企事业单位和团体在工作中表扬好人好事也可以用通报。交流经验，吸取教训，教育干部职工群众，推动工作的进一步开展同样也可以使用通报，可见通报所发挥的作用之大。

【案例 9.3.1】

共青团中央
关于表彰甘肃"岷县最美女孩"的通报

×× 字[2012]× 号

各省、市（县、区），市属各部门团委：

甘肃岷县 15 岁的小姑娘梁春霞在特大冰雹洪灾中，在面临即将被山洪冲走的危难关头，她选择了让同学踩着她的脚和膝盖逃生，而自己却被山洪冲走！

梁春霞勇敢救人、自救的事迹感动了乡亲，也震撼了全中国人民。人们称小春霞为"岷县最美女孩"，更有网友称赞"小春霞是当代最可爱的人，是最美中国女孩"。

为了弘扬小春霞奋不顾身、舍己救人的英雄主义精神，团中央决定发出向梁春霞学习的通报，授予她优秀共青团员称号。希望各省、市自治区直辖市团委以及各机关团体，掀起向梁春霞学习的活动。让"最美女孩""最美女教师"成为社会关注的主流，让世人、让全社会深深感受到人间有"温暖"，有"真情"，更有"希望"。

特此通报。

共青团中央（盖章）

2012 年 × 月 × 日（印章）

标题： 表扬性通报。发文机关、事由、文种。

发文字号： 机关代字、年度号、顺序号。

主送机关。

开头： 先进事迹总叙、列举具体事迹。

主体： 通报的目的、通报表扬的具体决定。提出的希望、要求。

惯用语

落款： 成文日期，加盖公章。

案例 9.3.1 是表扬性通报，表扬性通报内容选择要慎重，要有突出的典型性；要抓得准，抓得及时，给人有益的启示和教育意义。对先进事迹的介绍要简洁明了，对先进事迹的评议，

经济应用文写作

要充分肯定并且讲分寸。

通报适用于表彰先进、批评错误、传达重要精神和告知重要情况。

一、通报的特点

相对其他公文，通报具有如下特点。

（1）时效性，是指通报的事件或情况，一定是对工作、生活等方面具有极大影响的，在短时间内要将此事通报给一定范围内的人，这样的事或情况就会有时间的限定、要求，因为只有在适当的时间发出通报，才能更好地发挥通报的作用。

（2）严肃性，是说通报是正式的公文，通报的内容决定了其语言形式的严肃性。无论是表扬性通报还是批评性通报，或者是情况通报，表彰、鼓励、惩戒或警示都要严肃慎重。

（3）典型性，是针对所要通报的事项无论表彰还是批评都要求其具有一定的代表性，因为通报的目的在于通过典型的人和事引导人们辨别是非、总结经验、汲取教训、弘扬正气、树立新风。所以所选定的通报的人和事应该具备一定的典型性，能够反映、揭示事物的本质规律，具有广泛的代表性和鲜明的个性。

二、通报的种类

通报包括如下几种：

表彰性通报，是用来表彰先进单位和个人，介绍先进经验或事迹，树立典型，号召大家学习的通报。

批评性通报，是用来批评、处分错误，以示警戒，要求被通报者和大家吸取教训的通报。

情况通报，是在一定范围内传达重要情况和有关重要事件的动向，以指导工作为目的的通报。

三、通报的结构形式

通报一般由标题、主送机关、正文和落款组成。

1. 标题

一般由发文机关、发文事由、文种组成。有时也可省略发文机关。但是，不可以只写"通报"二字。在国家行政公文中有些通报需用"通知"来转发。

2. 主送机关

主送机关即通报的受文机关，是负责承办、贯彻的机关。通报一般是上级机关为了使下级机关知道某一方面工作的经验、教训或重要情况而制发的。这种情况下应有主送机关。有时为了扩大影响，通报也通过登报、张贴等形式发布，这时可以不写主送机关。

3. 正文

通报的正文通常由开头、主体和结尾三部分组成。不同类别的通报，其内容和写法也有所不同。表彰性通报的正文可分为三个层次。

开头，说明通报缘由，对先进人物（单位）的先进事迹作简要介绍，要求具体、简明。

主体，评议先进事迹，说明通报决定，既要充分肯定，又要讲分寸。

结尾，发号召或提出希望。

批评性通报的正文分为三个层次。

开头，事件发生过程的简要介绍，包括时间、地点、事件情节、造成的损失、后果。

主体，组织上对该事件原因的调查、分析与评议，宣布对事件责任人的处理决定。

结尾，应汲取的教训，引以为戒，提出相应措施。

无论表扬性通报还是批评性通报，结语都可写"特此通报"。

4. 落款

落款由发文机关与成文日期组成，写在正文右下方。同时要加盖公章，成文日期要用汉字写明年、月、日。

四、通报的写作要求

根据通报的内容特点，有如下写作要求。

（1）表扬性或批评性通报内容选择要慎重，要有突出的典型性。

（2）明确写作目的，表态要明确。应切中要害，切实起到让大家吸取教训，指导以后工作的目的。要说明应汲取的教训，引以为戒，或提出防止此类事故发生的措施。

（3）表扬或批评态度要中肯，语言要得体。不要小题大做，夸大其辞。

（4）对于情况通报，要秉持客观的态度，依据事实说话。

【案例9.3.2】

关于《××日报》等报社违规出版的通报

××字[××××]×号

各省、自治区、直辖市新闻出版局：

最近一个时期，一些报纸特别是少数党报严重违反报纸管理的有关法规与规定，虽经新闻出版行政管理部门批评，但仍有一些报社继续违规出版。严重违规的报社以及违规行为如下：

《××日报》未经批准单独出版发行"朝夕新闻"，经我署报刊司批评并下发"违规通知单"后，仍未停止出版发行；

《××日报》主管的《××晚报》单独出版发行"北方周末"。经我署报刊司批评并分别下发"报纸违规通知单"后，仍未纠正；

《××晚报》未经批准，在省内的多个地市增加地方广告专版。经我署报刊司批评、下发"报纸违规通知单"后，仍未停止出版。

以上报社的出版活动，严重违反了《出版管理条例》等报纸出版法规和规定。为治理报纸出版中的散滥现象，严肃出版法规，现决定对上述报社提出通报批评，并取消参选下届"全国地方报社管理先进单位"资格，并立即停止违规出版。

希望全国各报社对此类问题引起足够的重视，各报社的主管及主办单位要切实负起责任，加强管理，为我国新闻事业的发展做出积极贡献！

新闻出版署（盖章）

××年×月×日

标题： 批评性通报。发文机关、事由、文种。

发文字号： 机关代字、年度号、顺序号。主送机关。

开头： 违规情况总结概括，列举具体违规情况、依据、背景、通报目的。

主体： 对相关单位的违规行为所做的处分决定。

结尾： 表明采取的措施，提出要求和希望。

落款： 发文单位、成文日期、印章。

五、病文评改

病文例文见案例 9.3.3。

案例 9.3.3

关于 2013 年度个人获得各级表彰的通报

现将获表彰的先进个人通报如下,以此号召大家在工作中向他们学习,努力工作,争创 2013 年教育教学工作新局面。

附:获奖名单。

××获 2013 年度省教育厅教学管理先进个人;

××获 2013 年度优秀班主任称号;

×××、×××获教育系统优秀教师称号。

×× 大学

×× 年 × 月 × 日(公章)

案例 9.3.3 所示的例文有以下几处错误。

(1)这份通报缺少主送单位。

(2)这是一篇表彰性通报,用来表彰先进单位和个人,介绍经验,号召大家学习。对先进事迹或者经验的介绍也是重点,但文中未就这部分进行叙述,只是提出了相应的要求和号召,忽略了表彰性通报很重要的一部分,所以应在文中就先进事件进行描述。

(3)通报中一般都要用一个过渡句,如"现将获表彰的先进个人通报如下"等,这样比较正式和醒目。所以,文中应写出此类话语。根据以上分析,对原文做一定修改,如案例 9.3.4 所示。

案例 9.3.4

关于 2013 年度个人获得各级表彰的通报

×× 字 [× × × ×] 12 号

各学院、图书馆、后勤管理中心:

2013 年,全体教工认真学习"十八大"精神,积极开展教育教学研讨与改革工作。在过去的一年里,有大批同志积极进取,尽职尽责、成绩突出,并受到省教育厅、市教育局的表彰和奖励。希望全体教师向他们学习,把我校的教育教学工作开展得更好。现将获表彰的先进个人通报如下。

附:获奖名单。

××获 2013 年度省教育厅教学管理先进个人;

××获 2013 年度优秀班主任称号;

×××、×××获教育系统优秀教师称号。

×× 大学

2014 年 1 月 15 日(公章)

指点迷津

通知和通报的区别

通知与通报都可以下行，二者的事项都是在一定范围内需要周知的，其主要区别在于以下几点。

（1）目的不同。通知一般用于告知事项或明确提出执行要求，其作者与阅读者的目标是一致的；而发通报的目的是以某一重要情况或典型事件，作为教育材料来引导和提醒有关单位和人员，从中吸取经验和教训，改进工作，或是沟通信息，传达重要情况和精神。

（2）用途不同。通知的内容，可以是对某一事项具有重大指导意义的，也可以是一般的日常事务；通报要告知的事项，一般都是对一定范围内的工作带有指导意义的重大事项。所以通报的用途不如通知广泛。

（3）执行力不同。通知中传达的各项事项，需要下级认真执行；而通报的行政约束力相对就要小些，它主要用于告知情况，并不要求受文者主动执行。

（4）表达方式不同。通知多用祈使句，提出的是具体要执行的要求；通报多用叙述的表达方式，讲述的是"事"，多就此事提出希望。

【感悟升华】

一、判断题（对的打"√"，错的打"×"）

1. 通报通常用于批评坏人坏事。（   ）

2. 批评性通报要概括介绍事件发生的时间、地点、情节。（   ）

3. 通报不属于是正式公文。（   ）

4. 通报的目的在于通过典型的人和事引导人们辨别是非。（   ）

二、实践训练

1. 根据下面所给的材料，以教育部的名义写一篇表扬性通报。

2012 年 5 月 11 日晚，佳木斯市十九中学教师张丽莉勇救学生，张丽莉在危急时刻挺身保护学生被轧断双腿，体现了一个人民教师的深厚慈爱之情，令人感动，可敬可佩。中共中央政治局委员、国务委员刘延东同志号召全国广大教师和教育工作者要以张丽莉为榜样，爱岗敬业，关爱学生，严谨笃学，勇于创新，为人师表，无私奉献，以人格魅力和学识魅力教育感染学生。

全国妇联决定号召广大妇女向张丽莉学习，学习她临危不惧、勇于担当的崇高精神境界，学习她大爱无疆、舍己救人的高尚道德情操，学习她恪尽职守、敬业奉献的优秀工作作风，践行传统美德，弘扬社会正气，在各自岗位上争创一流。教育部授予张丽莉"全国优秀教师"荣誉称号。

2. 修改案例 9.3.5 所示的病文。

案例 9.3.5

关于经管学院学生夜不归寝的通报

2013 年 12 月 23 日 22 时经管学院学生处对经管学院学生归寝情况做了检查,总的看大多数同学挺好,个别寝室有没回来的,行为恶劣,影响坏。不听辅导员的话,提出通报批评,希望上述同学赶快改正,给他们记大过。

希望上述同学赶快改正,给他们记大过。

学生处

2013 年 12 月 24 日

第四节 报 告

在日常公务活动中,一些行政机关、企事业单位某一阶段做了哪些工作,怎样开展的,取得了哪些成绩,单位贯彻执行各项方针、政策的情况怎样等,将这些情况汇报给上级,有利于上级机关在全面掌握情况的基础上,准确、有效地指导工作。这些情况汇报就是报告。

【案例 9.4.1】

××总公司关于××次旅客快车发生重大颠覆事故的报告

××字[2012]×号

×××:

×月××日 16 时 05 分,由××开往×的×次旅客快车行驶至沈山线锦州铁路局管辖内的兴隆店车站(距沈阳 43 公里)时,发生颠覆重大事故,造成 3 名旅客和 4 名列车乘务人员受伤,报废机车一台,客车四辆,损坏机车一台,客车五辆、货车一辆和部分线路、路岔等设备,沈山下行正线中断运输近 20 小时,直接经济损失达 170 余万元。

事故发生后,××铁路局负责同志立即随救援列车或救护车,赴事故现场,组织抢救、抢修工作。××军区、××副部长率安监室和运输、机务、车辆、工务、电务、公安各局负责同志也于当日连夜赶赴现场,指挥抢修工作,调查分析事故原因,慰问伤员,并对省市领导和部队表示感谢。经调查分析,造成这次事故的直接原因,是××铁路局××工段兴隆店养路工区工人在该处做无缝线路补修作业时,违反劳动纪律和操作规程,将起道机立放在钢轨内侧,撤离岗位,到附近的道口看守房去吃冰棍,当 193 次快车通过时,撞上起道机,引起列车脱轨颠覆事故。

这次事故是发生在旅客列车上的一次严重事故,使国家和人民生命财产蒙受了巨大的损失,在政治上造成了极坏的影响,性质是非常严重的。说明了我们铁路基础工作薄弱,管理不善,在安全生产中管理不严,职工纪律松弛的问题长期没有得到解决。

为了使全路职工从这起严重事故中吸取教训,我们于 5 月 31 日召开了紧急电话会议,通报了这次事故,提出了搞好安全生产的紧急措施、要求。对各种行车设备要进行一次认真检查,

情况报告。标题包括发文机关、事由、文种。发文字号包括机关代字、年度号、顺序号。主送机关是×××。

开头:交代事故的起因、经过及后果。
主体:现场处理情况及事故原因。

向上级机关报告事故发生的全过程,分析事故性质及影响。

吸取的教训,要采取的

发现问题立即解决；同时，各单位要切实解决职工生活中应该而且可以解决的问题，解除职工的"后顾之忧"；动员广大职工干部迅速行动起来，以这次事故为教训，采取措施，堵塞漏洞，保证行车安全。

　　××铁路局对这次事故的主要责任者，已按照法律程序提出起诉，追究刑事责任；对与事故有关的分局、工务段领导也作了严肃的、正确的处理。铁道运输总公司决定对××铁路局局长××同志和党委书记××同志给予行政记过处分。这次事故虽然发生在下边，但我们负有重要的领导责任，为接受教训，教育全路职工，恳请国务院给我们以处分。

铁路运输总公司（印章）

2012 年×月×日

右栏批注：

措施。

结尾：对该事故的认识、态度以及事故的处理结果。

落款：发文单位、成文日期，加盖公章。

　　2013 年《国家行政机关公文处理办法》规定"报告是向上级机关汇报工作、反映情况、答复上级机关询问等所使用的公文文种"。报告属于上行文，一般产生于事后或事情进行中，应用广泛，使用频率较高。它的用途就在于能及时、准确地向上级机关反映情况、汇报工作、答复所询，使下情上达，为上级机关提供决策的信息和材料，使上级机关在全面了解情况的基础上，更好地指导工作。

一、报告的特点

　　相对其他公文，报告具有如下四个特点。

　　（1）汇报性。报告是指下级机关将已完成的工作或调查来的情况向上级汇报，使上级掌握、了解，便于进行工作指导。多数报告都是在事情做完或发生以后，向上级作出汇报，是事后或事中行文。所以在内容上体现为以汇报工作成绩、经验、不足为主。

　　（2）陈述性，是报告区别于请示的最主要特点。在报告中不要请求事项。报告的内容主要是向上级反映情况、汇报工作、答复询问，这就决定了它的表达方式要以叙述、说明为主，在语言运用上要突出陈述性，把事情交代清楚，充分显示内容的真实性和材料的客观性就可以了。

　　（3）沟通性。报告是下级机关"下情上达"的主要手段，虽然不需要批复，却是下级机关以此取得上级领导的支持、指导的桥梁。对上级机关来说，报告是获得信息，了解下情的方式，报告成为上级机关决策、指导和协调工作的依据。

　　（4）单向性，是指行文的方向是下级机关向上级机关行文，是为上级机关解决实际问题提供依据，一般不需要受文机关的批复，属于单向行文。

二、报告的种类

　　常用的报告包括如下三类。

　　（1）工作报告，是指向上级机关汇报本单位、本部门、本地区工作情况、做法、经验以及问题的报告。这类报告主要是在汇报例行工作或临时性工作情况时使用，是报告中常见的一种，具有主动性和阶段性特点，是一种最基本的告知性上行文。就其内容来看有综合报告、年度报告、阶段性报告、专题报告、工作进展情况报告等。

　　（2）情况报告，是指向上级机关反映某种临时性情况、事故的报告。这类报告主要是在反映正常工作运转中出现的新情况、新问题，特别是突发事件、特殊情况、意外事故、个别问题的处理情况时使用。情况报告重在反映情况的全过程、后果及处理意见，并对情况作出分析。与工作报告相比，反映的内容更具体，针对性更强，它突出的是工作中的"情况"，工作报告则注重工作的"全过程"。

（3）答复报告，是指对上级机关所询问的问题作出答复的报告。这类报告在答复上级的询问，汇报有关情况时使用。因为有上级机关询问或要求在先，报告反映情况在后，所以答复报告属于被动行文，这也是它与工作报告和情况报告的主要区别。这种报告针对性要强，要就事论事，不能答非所问。

此外，还有一种报送报告，是向上级机关报送文件或物件时，随文随物而写的报告，是报告中最简单的一类。

三、报告的结构形式

报告一般由标题、主送机关、正文和落款四部分组成。

（一）标题

标题通常有以下两种形式。

（1）完整式的公文标题。发文机关＋事由＋文种，如《国务院安委会办公室关于甘肃省庆阳市"11·16"重大道路交通事故情况报告》。

（2）省略式的公文标题。事由＋文种，如《××市贸易局关于百货大楼重大火灾事故的报告》。省略式的公文标题，一定要在落款时标明发文机关名称。

（二）主送机关

大多数报告的主送机关只有一个，即直属的上级机关，一般用上级机关的简称。如果需要同时报送其他上级机关时，以抄送方式处理。除主送机关外，需要执行或者知晓公文内容的其他机关就叫抄送机关。抄送时应当使用全称。

（三）正文

报告正文是报告的核心内容，一般由报告缘由、报告事项和结尾组成。

1. 开头

开头是报告的缘由部分。通常交代报告的起因、目的、主旨或基本情况，要写得集中、概括、开宗明义，一般都比较简短。工作报告和情况报告常以"现将××汇报于后""现将有关情况报告如下"等惯用语作为过渡句承起下文。答复报告的正文开头一般是先以上级的询问或要求为依据，再引用"现将××报告如下"作为过渡语，引出下文。

2. 主体

主体是各类报告正文最重要的部分，主要写报告事项，将所要报告的事项条分缕析地讲述清楚，让上级领导通过该报告，明确事情、工作等的具体情况。

以情况报告为例。情况报告的正文主体一般包括三个层次的内容，结构顺序为：基本情况——问题及原因——办法及措施（意见或建议）。第一层次一般包括事件的起因、经过、结果或问题的主要表现及影响，第二层次则是对造成这一事件或产生问题的原因进行分析，第三层次提出解决问题的措施和办法。有的情况报告可以将"情况"及"分析"结合起来写。

工作报告要讲清工作的开展情况以及目前的结果；答复报告一定是答为所问，语言简洁，表意明确；报送报告正文的主体，只要写清报送文件或物件的名称和数量即可。

3. 结尾

结尾通常写报告所涉及的部门未来的工作打算，如果是情况报告就要说明解决问题的具体措施和办法，还可以提出建议、希望等。

在报告的结尾处通常写报告结语。所谓的报告结语通常是一句上行公文的习惯用语，可以作为报告正文的一个组成部分。如工作报告、情况报告的结语为"特此报告"答复报告的结语为"专此报告"，报送报告的结语为"请收阅""请核收"等。有的报告也可以无结语。

（四）落款

报告落款包括发文单位和发文日期，并要加盖公章。

四、报告的写作要求

依据报告的特点，其写作要求如下。

（1）报告中不能夹带请示事项。

（2）报告的结语中，不能带有明显的期复性词语，如"以上报告，请批复""以上报告，请审批"等。

（3）事故报告要及时，不能隐瞒事故真相。

（4）报告的语言使用要慎重，既不可轻描淡写，也不可言过其实。

【案例9.4.2】

××市人民政府关于治理××河水质污染的问题的报告

××字[2014]×号

××省人民政府：

省政府转来×××××委员会提出的关于××河水质污染状况的报告，经市政府研究，对报告中提出的有关问题及解决方案报告如下：

一、解决××河水质污染问题的关键是尽快建成××区污水处理厂（略）

二、热电厂的粉煤炭也是污染源之一。解决方案……（略）

三、略。

××市人民政府（盖章）
2014 年 1 月 10 日

（右侧批注）
答复报告，标题包括发文机关、事由、文种。

主送机关。

开头：答复报告的答复依据，过渡语承上启下。

主体：解决问题的方案、措施、要求。

发文单位、成文日期，加盖公章。

点评： 这类报告一般是针对上级机关提出的问题或询问而写。报告针对性强，有问必答。所答问题要周全，答复依据要简要，答复内容要具体。答复报告的正文主体，只要针对上级机关的询问或要求将有关工作和情况回答清楚即可，不应旁及其他问题。可分条列项地写，写作过程比较简单。

五、病文评改

病文例文见案例9.4.3。

案例 9.4.3

×省×局关于开展省政府各部门用房清查工作的报告

根据省政府办公厅《××的通知》、×省建委《××工作方案》，我局为切实摸清省政府各部门办公、住宅、营业及其他用房的家底，进一步加强房屋资产管理，拟在省政府各部门开展房屋清理工作。通过对房屋的清查，掌握省政府各部门各类房屋的具体情况，并针对管理中存在的问题，研究提出相应的政策和采取有效的措施，以充分发挥房地产资源的有效作用；检查和杜绝少数单位在建房中超资金、超计划、超面积、超装修标准的现象，推进廉政建设；同时防止部分单位个别领导在管理、支配房屋使用时以权谋私现象，避免国有资产荒废、闲置、流失。为搞好这项工作，现将有关问题报告如下：

这次清查工作内容多，任务重，人员少，时间紧，需要购置计算机×台，摄像机×部，同时还要支付所聘专业技术人员工资及各种报表绘图材料等印刷费用，需要经费×万元。特请求省政府予以解决。为切实搞好这次清查工作，由省×局牵头，省纪委、省财政厅、省建委、省国土局、省国资局联合组成清查小组。以上单位各抽出1～2名干部，共分4个分队分别进行清查。清查时间×年×月上旬至×月中旬。以上涉及的此款项作为清查房屋的专款，单独列支，由省财政厅对其使用进行监督、审核。

这次摸底清查包括省政府序列内的行政机关、直属事业单位，行政机关下属事业单位及其驻外省市的同类机构所属的所有办公用房、住宿用房、营业用房、其他各类用房及土地的利用情况。其内容包括土地的地理位置和面积，各类房屋的位置和面积，修建年限，房屋原值和重估价值，房屋结构，装修标准，自用房面积，出租房面积及资金回收使用情况，各单位空地场所及面积，绿化地面积，危房的鉴定、维修与重建等。清查结束后，绘图成册，建立严格的档案记载。

以上请示，请批复。

×年×月×日

案例9.4.3所示的这篇报告主要存在以下几个方面的问题。

（1）文种使用不当。从标题上看，这是一篇报告的标题，但从其内容和结语看有明显的请示内容和期复性结语，应该用请示文种。报告是以汇报工作为主，不能涉及请示事项，结语多用"特此报告""请审阅"等，不能用期复性词语。请示则是就某一具体问题请求上级机关给予答复或审批，应事前行文。该篇例文具有事前请示事项，结语有明显的期复性，所以应该用请示行文。

（2）无主送机关。无论是请示还是报告，都属于上行文，行文时应写明主送机关，即发文单位的直属上级机关。

（3）内容表述不清。例文在结构上应遵循请示的格式先写缘由后写请示事项，使人一目了然。

根据以上分析，对原文做一定修改，如案例9.4.4所示。

案例 9.4.4

×省×局关于开展省政府各部门用房清查工作的请示

××局[××××]×号

×××：

为切实摸清省政府各部门办公、住宅、营业及其他用房的家底，进一步加强房屋资产管理。根据省政府办公厅《××通知》、××省建委《工作方案》，我局拟在省政府各部门开展房屋清理工作。现将有关问题请示如下：

本次检查工作，需要从各单位抽调检查组工作人员组织并开展调查。由于清查的工作多，任务重，还需要购置计算机×台，相机×部，同时支付所聘专业技术人员工资以及各种绘图资料等印刷费用 10 万元。需要省政府帮助解决经费问题。以上请示妥否，请批复。

××省××局

××年×月×日（印章）

知识拓展

通报和报告的区别[1]

（1）行文性质不同。从公文的行文上看，报告属于上行公文，而通报是属下行公文。

（2）行文内容不同。报告的内容涉及面较广，如检查单位本身的工作是否按照上级部署或工作计划进行；或回答上级查询有关问题；或让上级机关及时掌握情况，给予指导，以减少错误；或希望上级机关就有关问题提出建议，要求批转给有关部门单位遵照执行等。而通报的内容范围较窄，主要是表扬好人好事，或揭露反面典型；或情况传递、统一行动等。

（3）行文时间不同。报告的撰写时间灵活，可以在事情发生前、事情发生中和事情发生后行文，而通报的写作时间一般在事情发生之后。

【感悟升华】

一、简答题

1. 什么是报告？调查报告与公文中的报告有区别吗？

2. 报告有哪些种类？

二、实践训练

1. 根据所给材料，以××省××市××县教育局名义，写一篇情况报告。要求写清事故的起因、经过、后果及处理过程。

2011 年 11 月 16 日 9 时 15 分，××镇发生了一起重大交通事故。一辆大翻斗运煤货车，与××镇××幼儿园校车相撞，共造成 21 人遇难，包括 19 名儿童，受伤的 43 名儿童还在接

---

[1] 本部分内容参考资料为范增友、张立华《常用公文写作模式探析》。

受救治。校车安全问题再度引发社会的强烈关注。官方分析校车事故有五大原因:

(1)校车驾驶人员安全意识淡薄,严重违规超载,左车道超速逆行;

(2)幼儿园私自改装车辆,逃避监管,车辆限定9座改装为无座;

(3)幼儿园董事长李××安全责任意识不强,对所辖737名学生只安排4辆校车接送,没有尽到第一责任人责任;

(4)因大雾天气影响,货车和校车司机遇到紧急情况处置不力;

(5)教育、交警部门监管不力。

11月19日,××省××县人民检察院依法对"11·16"重大交通事故犯罪嫌疑人李××以涉嫌交通肇事罪批准逮捕。经初步审查,大货车驾驶员、犯罪嫌疑人樊××涉嫌交通事故肇事罪,已于16日被公安机关刑事拘留;××幼儿园董事长、犯罪嫌疑人李××因涉嫌重大责任事故罪,已于16日被公安机关刑事拘留。

据调查,事故发生时,校车驾驶员安全意识淡薄,左车道逆行,同时两车都是超速行驶,其中幼儿园校车在限速每小时60公里的情况下,时速达80公里;幼儿园私自改装车,将9座车辆改为无座,车中幼儿园孩子一部分用小板凳坐在车中,一部分站着。

2. 修改案例9.4.5所示病文。

案例 9.4.5

农村中小学教育收费专项检查情况的总结报告

政府教育部门:

11月8—9日召开座谈会,听取了部分省(区、市)的汇报。据不完全统计,各地共检查农村中小学近2万所,查出违纪违规收费金额2.6亿元,已纠正处理6 836万元,其中退还学生5 800万元。

一、治理农村中小学乱收费的对策

1. 政策和法制观念淡薄。

2. 教育经费投入不足。

3. 教育系统内部管理不到位。

4. 脱离实际的"达标升级"活动难以禁绝。

二、农村中小学乱收费产生的原因

1. 教育行政主管部门乱收费。

2. 地方政府乱收费。

3. 价格执法部门监督检查难以落到实处。

4. 教育行政主管部门应进一步加强内部管理。

5. 充分发挥价格主管部门的职能作用。

三、学校乱收费现象

1. 统一思想、提高认识,把治理中小学乱收费作为一项重要的政治任务来抓。

2. 加大对基础教育的投入。

3. 综合治理,加大对政府和部门违规收费行为的处罚力度。

第五节　请　示

【学习目标】

知识目标：了解请示的内涵、特点和种类；掌握请示的结构形式与写作要求。

能力目标：能够根据工作需要，写作合乎公文格式要求的请示。

机关企事业单位以及各团体在公务活动中，总会遇到自己能力或职权范围内不能解决的情况或问题。而应用文写作中有一个文种可以解决燃眉之急。这种特殊的公文形式就是请示。

【案例9.5.1】

××省人民政府法制办公室关于征地补偿标准争议问题的请示	标题：请求指示性请示。
	发文机关、事由、文种。
××字[××××]第×号	发文字号：机关代字、年度号、顺序号。
国务院法制办公室：	主送机关。
××省人民政府于2010年12月批准征用土地，其征地拆迁安置补偿实施方案于2011年6月6日公布。之后，被征用土地方的拆迁户发生征地拆迁补偿安置标准争议。	开头：交代请示写作背景、缘由。
《中华人民共和国土地管理法实施条例》是2011年1月1日实施，该条例所设置的补偿标准争议裁决程序适不适用2010年12月批准征地、2011年6月以后发生的补偿标准争议？	主体：提出具体请示事项。
特此请示，请予回复。	结尾：期复性结语。
××省人民政府法制办公室（印章） ××年×月×日	落款：发文单位、成文日期，加盖公章。

请示是下级机关在工作中遇到某项工作或事情，自己职权范围内无法解决，需要向上级机关请求指示、批准或答复时使用的一种法定行政公文。

请示事由一般比较简单，通过引用某条款提出存在的困惑或分歧，明确提出自己的认识，以便上级作出明确的答复。写作时要简要地写清缘由，明确提出请示的问题，语言简练，便于上级批复。

一、请示的特点

从写作内容来看，请示具有以下四个特点。

（1）目的性。写请示通常都是由于遇到本单位权限范围内无法决定的重大事项或克服不了的困难，所以目的很明确，需要请示上级机关给予指示、答复或批准。

（2）答复性。上级机关对呈报的请示事项，无论同意与否，都必须给予"批复"回文。

（3）及时性。对于当前工作中出现的情况和问题，需事先请示，求得上级机关指示、批准，只有发文及时，才会使问题得到及时解决。

（4）单一性。请示应一文一事，只写一个主送机关，即使需要同时报送其他机关，也只能用抄送形式。

二、请示的种类

根据内容、性质的不同，请示可分为以下三种类型。

（1）请求批准性请示，用于工作中遇到必须经上级机关批准才能办理的事项，其内容超出本机关、本单位处理范围，或因特殊情况需要变通处理事项时，请求上级机关批准。

（2）请求指示性请示，用于工作中遇到疑难问题，或遇到不好解决的重大问题，出现无法可依、无章可循的情况，或部门间意见分歧较大而难以统一时，可以运用请求指示性请示，请求上级机关给予指示或裁决；用于对某些规章制度中的个别条文不理解，影响到贯彻执行，需要上级机关指导、解释，从而进一步明确有关制度。

（3）请求帮助性请示，用于处理工作中遇到困难，需要人力、物力、财力时，由于单位权限、能力范围内难以解决，这时就需要请求上级机关帮助。如请求增补经费，增加设备，为某项事情拨款等。

三、请示的结构形式

请示一般由标题、主送机关、正文和落款四部分组成。

（一）标题

请示的标题一般有以下两种构成形式。

（1）完全式。发文机关名称＋事由＋文种，如《深圳市人民政府关于建立南方科技大学的请示》。

（2）省略式。事由＋文种，如《关于农民工子弟就近入学的请示》。

（二）主送机关

主送机关是指负责受理和答复该文件的机关，即请示的对象，是和发文机关有隶属关系的上级机关或主管部门。每件请示只能写一个主送机关，不能多头请示。

（三）正文

正文一般由开头、主体和结尾三部分组成。

1. 开头

请示的开头要明确交代请示的缘由。原因要讲得客观、具体，理由要讲得合理、充分，要通过用上级的方针、政策或有关文件来说服上级，有时可采用以情感人的方式以取得上级的信任、理解和支持。这样有利于上级机关及时决断，予以有针对性的批复。请示的缘由是请示事项能否成立的前提条件，也是上级机关批复的根据。

2. 主体

主体要具体说明请求事项，它是向上级机关提出的具体请求，也是陈述缘由的目的所在。这部分内容单一，只宜请示一件事。另外请示事项要写得具体、明确、清楚，请求资金要写明数额，请求物资要写清品名、规格、数量，以便上级机关给予明确批复。

3. 结尾

请示的结尾一般要提出期复性要求，要用征询性习惯用语，所以请示的结尾用语也可以叫做结语。如"以上事项，请明示""特此请示，请批复""当否，请批示""妥否，请批复""以上请示，请予审批""妥否，请批示"等，都是请示的常用结语。

（四）落款

落款由发文机关和成文日期组成。标题中写明发文机关的，落款可不再署名，但需加盖单位公章。成文日期应使用汉字小写。

四、请示的写作要求

在运用请示公文行文时要注意如下写作要求。

（1）一文一事。古代就有一文一事的行文制度。一事一请示，便于上级批复。

（2）只写一个主送机关。一份请示写一个主送机关，可以得到及时有效的批复。如果写几个主送机关，很可能出现没有一个主送机关批复的情况。

（3）请示不能抄送下级机关，因为下级机关无权批复请示事项。

（4）请示不能直接主送领导人。公文不是个人行文，不能以私人关系办文。

（5）请示的主旨要鲜明集中，要做到材料真实，所提问题理由要充分。

（6）请示事项要明确、具体，语气平实、恳切，以期引起上级的重视。

【案例 9.5.2】

××市职业技术学院工程立项请示

×职院[2012]6号

××市发展和改革委员会：

我院自 2002 年省政府批准升格为高职学院以来，为建设合格的高职学院，不断努力完善各项办学条件。据省教育厅安排，将于 2014 年初对我院进行"高职高专人才培养工作"评估，其结果将作为核实我院招生计划、发展规模、专业设置等的主要依据。

由于现有校园土地面积有限，严重制约了学院的发展，与教育部《普通高等学院基本办学条件的指标》的有关规定有较大差距。经我院领导班子研究决定，拟投资建设蓝星新校区（包括教学楼、办公楼）。所需建设资金由学院向金融机构贷款及其他渠道融资自筹解决。

以上请示妥否，请批复。

××职业技术学院

2013 年 1 月 15 日（公章）

标题：发文机关、事由、文种。

发文字号：机关代字、年度号、顺序号。

主送机关。

开头：请示的缘由、目的、依据。

主体：请求批准性请示的事项。

结语：期复语言。

落款：发文单位、成文日期，加盖公章。

点评： 此类请示用于发文机关对本单位内的机构设置有某种设想、打算，需向上级机关请示，经上级机关批准执行。其写作具有理由阐述充分、措施具体的特点。请求批准的请示其缘由部分一般需比较详尽地陈述情况，文字精练，所述理由充分，请示事项明确，便于上级机关了解具体情况并作出有针对性的批复。

五、病文评改

病文例文见案例 9.5.3。

~~~案例 9.5.3~~~

关于请求添置计算机设备的请示

市政府、市教育局：

由于我校近两年来每年以 400 人递增的幅度扩大招生，目前在校学生已达 3560 人。但是，由于我们的经费有限，自 2008 年以来只添置了 10 台用于教学的计算机，学生在校学习三年期间人均上机练习操作的时间，已经减少到×××小时，此外，我校的计算机大部分是 5 年前购置的，严重影响教学。

为保证计算机教学的正常进行，我们拟添置计算机××台，需总投资××万元，请市教育局帮助解决。

请尽快拨款，以解燃眉之急。另外，我校离休教师的交通费问题也亟待解决，请一并批准。

××大学

案例 9.5.3 所示的请示属于请求帮助性请示，其存在的主要问题如下。

（1）请示理由阐述不充分。

（2）标题用语重复，应去掉"请求"二字。

（3）请示的主送机关只能是一个，不能多头请示，该请示业务主管部门为市教育局。

（4）没有遵循"一文一事"的原则。

（5）不宜使用带命令性语气的结语，应使用征询性的惯用语。

（6）缺少作为行政公文请示的成文时间。

根据以上分析，对原文做一定修改，如案例 9.5.4 所示。

~~~案例 9.5.4~~~

关于添置计算机设备的请示

××〔2013〕×号

××市教育局：

随着经济建设和科学技术的飞速发展，以及用人单位对人才的计算机素质要求的不断提高，我校在教学中注重了对计算机教学质量的加强，取得了较好的成绩。但是，由于我校近几年来每年招生人数递增 400 人，学生总人数已经达到 3560 人，而计算机数量远远满足不了学生上机的需求。此外我校的计算机大部分是 5 年前购置的，设备落后、陈旧，经常出故障，严重影响学生学习和教师教学。

为了保证计算机教学的正常进行，我们拟于今年新生入学前，添置用于教学的计算机××台，需总投资××万元。我们采取了积极措施，已从教学经费中挤出××万元，现尚缺少资金××万元，特请市教育局帮助解决。

妥否，请批示。

××大学

2013 年 6 月 20 日

知识拓展

请示与报告的区别

请示与报告都属于向上级机关报送情况、反映问题的上行公文，其标题、格式、报送机关等都有相似之处，但也有其明显的不同。

1. 行文目的不同。报告是向上级机关汇报情况，反映问题，下情上传，便于上级机关作决策参考，指导工作，属于陈述性公文，不需要上级审批答复；请示是请求上级机关批准某项工作或者解决某个问题，属于期复性公文，需要上级给予批复回答。

2. 行文时间不同。报告可以在事后或者事情发展过程中行文；请示则必须事前行文。

3. 内容要求不同。报告的内容比较广泛，可一文一事也可一文数事；请示的内容则比较单一，要求一文一事。

4. 正文结构不同。报告的正文结构一般是基本情况、主要成绩或问题、今后打算；请示的正文结构是请示缘由、请示事项、结语。

5. 结束用语不同。报告的结语多用"特此报告""谨此报告，请审阅"等形式，不写需要上级必须予以答复的词语；请示的结语一般用"妥否，请批示""以上请示当否，请批复"等，有明显的期复性。

6. 行文语气不同。报告属于陈述性公文，用语要严肃畅达；请示属于请示性公文，用语要讲求分寸，语气上多含有请求性。

【感悟升华】

一、单项选择

请示的主要特点是（   ）。

A. 指导性　　　　　B. 单一性　　　　　C. 指导性　　　　　D. 总结性

二、判断题（对的打"√"，错的打"×"）

1. 请示具有命令性。（   ）

2. 请示具有答复性。（   ）

3. 本单位权利范围内无法解决的问题可以向上级主管部门写请示。（   ）

4. 可以将工作中的若干事情一起向上级请示。（   ）

三、实践训练

1. 为进一步培养大学生自主创业的观念与意识，提高大学生创业能力，积极弘扬大学生自主创业的精神，同时与培养人才的国际化理念接轨，我院向市教育局请求参加 2014 年 3 月在××举办的亚洲大学生优秀创业团队大赛，并请求拨款 50 000 元作为此次参赛费用。请你代表学院写一份公文给市教育局。

2. ××公司因公关人员增加，需向公司办公室申请购置办公用品，包括电脑、打印机、卷柜、办公桌椅若干，请为此写一份请示，字数在 200 字左右。

3. 修改案例 9.5.5 所示的病文。

案例 9.5.5

成立××市住房管理中心的请示

[2012]23 号

人民政府:

　　根据《××市住房制度改革方案》,结合我市实际情况,现在住房、租房特别混乱。拟成立"××市住房资金管理中心",与我局房改处联合办公,人员暂由房改处编制调剂解决。

　　期盼领导快快批示。

××市房地产管理局

×月×日

4. 以小组形式完成任务单 9.1 所给定任务。

任务单 9.1

请示项目任务单

项目名称	模拟工作情境,完成请示写作任务		班　级	
学习小组			组　长	
小组成员			完成时间	
布　置　任　务				
任务描述	××大学商学院为了丰富学生的实践经验,提升学生的职业技能,打算带领会计电算化专业的学生前往普华永道(PWC)、德勤(DTT)、毕马威(KPMG)和安永(EY)四大会计事务所实习,选派2名会计专业的老师同行。特决定向院长办公室写一篇请示,请求学校答复。根据上述所给内容,完成如下工作: 1. 小组进行讨论研究确定请示的具体内容; 2. 小组成员进行角色扮演,递送请示; 3. 小组成员进行角色扮演,为撰写批复做准备; 4. 明确公文行为中的礼貌用语,正确撰写请示。			
知识储备	1. 了解公文的行文规则; 2. 了解请示的结构形式,掌握请示的写作要求; 3. 掌握写作请示应注意的问题; 4. 如何从所给的材料中整理出重要的信息?			
完成形式	写作一份请示。			
具体要求	1. 依据专业特点,充分阐明请示理由; 2. 明确请示事项,请示问题要具体; 3. 请示的语言要得体; 4. 与该请示相关的内容写在附件中。			

续表

资讯引导	会计师事务所（Accounting Firms）是指依法独立承担注册会计师业务的中介服务机构，是由有一定会计专业水平、经考核取得证书的会计师（如中国的注册会计师、美国的职业会计师、英国的特许会计师、日本的公认会计士等）组成的、受当事人委托承办有关审计、会计、咨询、税务等方面业务的组织。中国对从事证券相关业务的会计师事务所和注册会计师实行许可证管理制度。
学生互评笔记	
教师评语笔记	
完成任务总结	谈谈撰写请示时遇到的困惑以及感悟。

注：本任务单只用于读者完成任务中做笔记使用，完整任务单见本书配套资料。

第六节　批　复

【学习目标】

知识目标：了解批复的内涵、特点和种类；掌握批复的结构形式与写作要求。

能力目标：能够根据实际工作需要，写作合乎公文格式要求的批复。

应用写作活动中有一文种是针对下级机关请示事项而发的公文，内容单纯，针对性强，代表着上级机关的权力和意志，对请示事项的单位有约束力，它就是批复。任何一个机关单位或企事业单位发出请示的公文后，都特别期望得到回复。

【案例 9.6.1】

关于同意××省调整滨海市部分行政区划分的批复

国办[2013]15 号

××省人民政府：

你省《关于调整滨海市部分行政区划的请示》（×政[2013]12 号）收悉。现批复如下：

一、同意将松江市桃花镇小河湾乡划归滨海市朝阳区管辖。

二、同意将滨海市双城区德惠村划归滨海龙城区管辖。

上述行政区划调整涉及的各类机构要按照"精简、统一、效能"的原则设置，所需人员编制省自行解决。

国务院办公厅

2013 年 5 月 12 日（印章）

标题：发文机关、表态用语、事由、文种。

发文字号：机关代字、年度号、顺序号。

主送机关。

开头："收悉"批复引语，"现批复如下"为过渡语。

主体：批准性批复内容，答复具体，表态明确。

落款：发文单位、成文日期，加盖公章。

案例 9.6.1 是一篇批准性批复。针对下级机关需要批准、审定的事项以及上报的规划、方案等给予明确的答复，或肯定、或否定，肯定时只表明态度，否定性答复要说明不同意的理由，语气委婉。

答复下级机关请示事项的行政公文叫批复。

一、批复的特点

从批复的内容与形式来看它具有如下特点。

（1）权力的集中性。批复是针对请示撰文的，请示必须有特定机关批复，所以相对而言权力比较集中，具有决定请示事项能否实施的作用。批复的写作目标集中，表态明确。

（2）内容的针对性。必须先有请示的事项，后有相应的批复。与许多主动行文的文种如指示相比，它具有明确的针对性。批复只针对下级机关的请示行文，它依据请示的内容有问必答，不涉及请示以外的内容。

（3）态度的明确性。批复针对下级机关提出的请示问题，做出批复，必须要求其认真贯彻执行。这就要求内容要具体明确，不能有模棱两可的语言，否则请示单位将不知如何处理。

二、批复的种类

批复按照内容和性质的不同，可以分为以下两种类型。

（1）指示性的批复，主要用于对下级机关提出的不理解的政策问题，难以解决的问题给予解答或解决，或对审批的问题提出一系列相关的指示，要求下级机关遵照执行。根据问题的内容，选择解决态度与方法，作适当的回复。

（2）批准性的批复，主要用于对请示中请求上级机关批准的具体事项，或下级机关制订的某些规划、方案等，作出肯定或否定性的回答。

三、批复的结构形式

批复一般由标题、主送机关、正文和落款四部分组成。

（一）标题

批复的标题可以概括为如下五种类型。

（1）完全式。发文机关名称+事由+文种。此标题比较规范，在一般公文中很常见，经常用于指示性批复中，如《安徽省税务总局关于中小企业网上报税的批复》。

（2）省略式。事由+文种。这种标题比较简约，表意明确即可，如《关于××大学扩大招生的批复》。

（3）受文对象式。发文机关名称+事由+受文对象名称+文种，如《××关于××城建筑局请示的批复》。

（4）表态式。发文机关名称+表态用语+事由+文种。在一些批复中，上级对请示的问题直接在标题中就表明了态度，但一般只针对同意的情形，如《国务院关于同意江西省南昌市人民政府驻地迁移的批复》如果请示不予批准，则一般不采用此标题。

（二）主送机关

批复的主送机关一般只有一个，就是报送请示的下级机关。批复不能越级行文，当所请示的机关不能答复下级机关的问题，而需要向更上一级机关转报"请示"时，更上一级机关所作批复的主送机关不应是原请示机关，而是"转报机关"。如果批复的内容同时涉及其他机关和单位，则要采用抄送的形式送达。

（三）正文

正文是表明批复态度的核心部分，包括开头、主体和结尾。

1. 开头

批复的开头要引述来文，也叫批复的引据。即用凝练的语言先引请示的标题，后引发文字号，使下级机关清楚是针对哪篇请示所做出的批复。

> **案例 9.6.2**
>
> "你省《关于申请批准新建龙嘉机场的请示》（吉政文[2010]18 号）收悉。"
>
> **点评**：本例先引标题，后引发文字号，是比较规范而完整的批复引据。

2. 主体

主体部分是批复的核心，主要是批复的事项。这部分要针对请示中提出的问题做答复。对于批准性的批复，应用明晰的语言给出审批意见，可以是肯定性的意见，也可以是否定性的意见。不管是肯定性意见，还是否定性意见，都要针对请示的事项表明态度，不能只是笼统写成"同意你们的意见"。

> **案例 9.6.3**
>
> "同意将'上海高新技术产业开发区'更名为'上海张江高新技术产业开发区'。"
>
> **点评**：本例的批复针对请示提出的问题给予了明确的审批意见，表态明确，语言简练。

3. 结尾

批复结尾部分要另起一段，可以用惯用的结语如"特此批复""此复"等收束作结。如果前文中有"现批复如下"等语言，为避免重复，也可以省略不写结语。

（四）落款

批复的落款包括发文单位、发文日期，并加盖公章。如果标题中出现过发文单位，此处可以不写单位名称。这部分写在批复正文右下方。2013 年《国家公文暂行处理办法》规定公文的成文日期除了年、月、日大写外，也可以写成阿拉伯数字如"2014 年 1 月 1 日"。

四、批复的写作要求

批复的行文方向，决定了批复具有如下写作要求。

（1）批复针对请示中提出的问题的答复要及时；

（2）批复事项表态要慎重、明确，不可模棱两可；

（3）用语简洁、明了，不可含糊其辞；

经济应用文写作

（4）无论肯定意见还是否定意见都要有所依据，不可感情用事。

【案例9.6.4】

卫生部法监司关于芦荟作为普通食品进行监督管理的批复

卫法监字〔2013〕×号

××省卫生厅：

你厅《关于将引进墨西哥芦荟作为普通食品进行监督管理的请示》（×卫函字〔2013〕5号）文收悉，经研究，答复意见如下：

根据《新资源食品卫生管理办法》的有关规定，墨西哥芦荟是我国新引进的无食用习惯的食品，应当申报新资源食品，不能将之视为普通食品进行卫生监督管理。

此复。

卫生部卫生法制与监督司（印章）

2013年3月15日

标题：发文单位、发文事由、文种。
发文字号：机关代字、年度号、顺序号。
主送机关。
开头：引用请示标题、发文字号、过渡语。
主体：批准性批复依据的文件、否定缘由、解决方法、表明否定态度。
"此复"为结语。
落款：发文单位、成文日期，加盖公章。

点评： 此类批准性的批复，表达的是否定性的意见，应先引用相关的政策规定，之后说明不同意的理由，最后表明否定态度，语气要委婉，有理有据，这样容易使下级机关接受。

【案例9.6.5】

国家税务总局关于使用计算机开具普通发票有关问题的批复

国税局〔2013〕×号

广东省国家税务局：

你局《关于明确使用电子计算机开具普通发票有关问题的请示》（粤国税发）〔2013〕6号）收悉。经研究批复如下：

一、根据《中华人民共和国发票管理办法》第二十四条的规定，纳税人使用电子计算机开具发票的，应经主管税务机关批准。税务机关有统一开票软件的，纳税人应使用统一开票软件开具发票；没有统一软件的，纳税人可自行开发开票软件。

二、纳税人使用自行开发的计算机开票软件的，应报主管税务机关批准后使用。纳税人在提出使用申请时，应将开票软件的程序及说明资料报主管税务机关备案，并使用税务机关统一监制的计算机发票。

三、使用自行开发的计算机开票软件，应当按照主管税务机关的规定，定期报送发票开票信息。

四、对使用未经税务机关批准的计算机开票软件或擅自改动统一开票软件的，按照《中华人民共和国发票管理办法》第三十六条的有关规定进行处理。

国家税务总局（印章）

2013年3月5日

标题：发文单位、事由、文种。
发文字号：机关代字、年度号、顺序号。
主送机关。
开头：引用来文的标题、发文字号、过渡语引出下文。
主体：批示性批复。批复内容依据请示的内容进行回答。并提出具体要求。
落款：发文单位、成文日期，加盖公章。

点评： 此类指示性的批复，全文针对请示中多个问题采用分条列项的写法进行答复，简洁明晰。当批复的内容涉及其他单位时，在批复的结尾处可以列出多个抄送机关，用抄送的形式行文。

五、病文评改

病文例文见案例 9.6.6。

案例 9.6.6

××市人民政府关于同意设立××经济管理职业学院的请示的批复

市教育局、市教育局各部门：

你们的请示收到。撤销××市经济管理干部学院建制，可以设立××经济管理干部学院；××经济管理干部学院应由国资委举办；××经济管理干部学院是专科层次普通高等学校，开展的是高等职业教育，可以考虑继续举办成人高等学历教育和职业培训。

××（印章）

××年×月×日

案例 9.6.6 所示例文属于批准性批复，其存在的主要问题如下。

（1）标题不够简练。

（2）不应将直接请示的单位与其他相关单位一并列为主送机关。

（3）批复的主送机关只能是一个，不能多头批复，请示单位业务主管部门为市教育局。

（4）引据部分没有标明引用请示标题和发文字号，针对哪一请示的回复不够明确。

（5）批准性批复，应在文中明确表态，同意或是否定。

（6）批复中答复的问题要有层次性。

根据以上分析，对原文做一定修改，如案例 9.6.7 所示。

案例 9.6.7

××市人民政府关于同意设立××经济管理职业学院的批复
×府字[20××]15 号

市教育局：

你局《关于设立××经济管理职业学院的请示》（×教计[20××]3 号）收悉。现就有关问题批复如下：

一、同意设立××经济管理职业学院。同时撤销××市经济管理干部学院建制。

二、××经济管理职业学院由市国资委举办。

三、××经济管理职业学院属于专科层次普通高等学校，主要开展高等职业教育，同时可继续举办成人高等学历教育和职业培训。

××市人民政府

20××年 1 月 10 日

【感悟升华】

一、判断题（对的打"√"，错的打"×"）

1. 批复属于公文中的平行文。（　　）

2. 批复表态语可以模棱两可。（　　　）

3. 批复要依据请示来文做答复。（　　　）

4. 下级机关没有权利批复上级机关文件。（　　　）

二、简答题

1. 谈谈批复和请示有什么关系。

2. 结合实例谈谈批复的标题有哪些种类。

三、实践训练

1. ××职业技术学院商贸分院为了丰富学生的社会实践经验，打算带学生去国际商业中心学习实习，选派一名市场营销专业的教师做领队。特此向学院院长办公室写一篇请示，请您根据该请示内容，以院长办公室名义写一篇批复。

2. ××市政府经研究同意案例9.6.8所示请示中的所有事项，请你撰写一份针对此请示的批复。

案例 9.6.8

××大学关于成立大学生联合艺术中心的请示
××字[××××]×号

××市政府：

随着市场经济的发展变化，现在的用人单位对大学生的要求越来越高，为了提高大学生就业竞争能力，提升大学生的文化素养，丰富大学生的业余文化生活，拟以我校为主成立全省大学生联合艺术中心，管理人员、地点、经费等自行解决。

以上请示事项妥否，请批复。

××大学学生处

××年×月×日（印章）

第七节　函

【学习目标】

知识目标：了解函的概念、特点和种类；掌握函的结构形式与写作要求。

能力目标：能够根据工作需要写作规范的行政公文函。

函在公文中最常用，已经成为人们传递和交流信息的一种书面沟通工具。其适用的范围相当广泛，已经远远超出一般书信的范畴；而且比较灵活，具有一定的法律效力。

【案例9.7.1】

××省人民政府

关于请求支持我省恢复驻××办事处的函告

×府函[××××]×号

××市人民政府：

　　我省在××曾设立过办事处。它对于沟通情况，加强联系，减少接待工作上的麻烦，促进各项工作的发展，起到了较好的作用。但是，由于我省的某些客观原因，一段时间以来取消了驻××办事处。现在，根据目前工作需要，急需恢复我省驻××办事处。为此，特请给予支持，协助恢复该办事处，并希望能继续使用原办事处办公处所。

　　上述意见如何，盼予答复。

××省人民政府（印章）

××年×月×日

标题： 商洽函，发文单位、事由、文种。

发文字号： 机关代字、年度号、顺序号。

主送机关。

开头： 对以往工作成绩的肯定、写作缘由、依据。

主体： 写作目的、商洽的事项。

结尾： 惯用语。

落款： 发文单位、成文日期，加盖公章。

点评： 此类函适用于进一步商洽所要解决的新问题，或主动发文的单位希望对方能与之更好地合作，为此提出新的意见和建议时使用。

　　函适用于平级机关或不相隶属机关之间相互商洽工作、询问和答复问题、请求批准和答复审批事项，以及催办有关事宜、函报材料、统计数字和表格等。此外，函有时也用于对某一原发文件作适当补充、说明或更正。函起着沟通、交流的桥梁作用。

一、函的特点

　　相对其他公文，函具有以下特点。

　　（1）灵活性。函是公文文种中使用最为灵活的一个文种。其灵活性表现在行文关系的灵活，是平行机关或不相隶属机关之间经常使用的文种；行文内容的灵活，即可以相互商洽工作、询问和答复问题，又可以请求批准和答复审批事项。

　　（2）单一性。体现在函的内容、主旨单一。通常一函一事，针对所要沟通的问题、看法、请求等开门见山，无需阐述更多的缘由和意义。

　　（3）平和性。函的语言表达是写作者在众多公文写作中最容易把握的，语言的平和源于态度的诚恳与谦和。这也是由函所承担的任务决定的。语言谦恭、谨慎，用语平和、亲切、庄重更是公务员的一种工作作风的体现。

二、函的种类

　　函可分为公函和便函，这是按函的性质来分的。便函不属于公文。机关单位公务活动中，当收到公函时一定要复函。常用的公函可以分为以下几种。

　　（1）商洽函，主要用于不相隶属机关之间商量、洽谈办理某一事项，如联系参观、学习，商洽干部调动，请求帮助支持等。

　　（2）询问函，用于平级机关或不相隶属机关之间，向对方征询对某一问题的看法或处理意见，也可要求对方予以答复。询问工作情况或某一具体事情，下级向上级机关的业务主管部门询问有关方针、政策、规定和工作中遇到界限不明确的问题等，也可以使用函。

（3）请求批准函，用于向有关业务主管部门请求批准某一业务事项。

（4）答复函，用于答复对方需要解决的某一事项或对某一问题的疑惑。

（5）知照函，向有关单位告知某一事项或某种情况，以引起对方的注意，或在受托代办事项办理完后告知代办情况。知照函的中心内容是告知情况或事项，要围绕告知的情况或事项写清楚有关内容。

（6）委托函，用于委托有关单位或部门代办某一事项。

三、函的结构形式

和其他公文相同，函也包括标题、主送机关、正文和落款四部分。

（一）标题

函的标题包括以下两种形式。

（1）完全式标题。发文单位＋事由＋文种，如《教育部办公厅关于进一步推行政务公开工作有关情况的函》。

（2）省略式标题。事由＋文种，如《关于请求解决我校进修教师住宿问题的函》。

（二）主送机关

函的主送机关是指平行机关、不相隶属机关沟通情况、解决问题所确定的受文单位，即一件公文的受理机关。

（三）正文

函的正文包括开头、主体和结尾三部分。

1. 开头

开头交代发函的缘由，写明发函的目的、根据，然后用过渡语引起下文，如"现将有关问题说明如下""现将有关事项函复如下"等。复函的开头缘由先引叙来文的标题和发文字号，然后写下文。如先写"×年×月×日贵单位来函收悉"或"×字×号函悉"，然后写"经研究决定函复如下"作为过渡语。

2. 主体

主体是函的核心部分，主要写明致函的事项，针对所要沟通的事情、要解决的问题进行写作。把要告诉对方的问题、意见讲清楚，使对方接到函后能快速了解来函的意图。如果是复函，答复事项要有针对性。

主体的内容单一，一函一事。无论是商洽工作，还是向有关主管部门请求批准事项，都要用简洁得体的语言。

3. 结尾

结尾一般用礼貌性的语言向对方提出希望或请求，如给予支持、帮助或合作，或提供情况，或请对方协助解决某一问题，或请对方提出意见或请主管部门批准等。之后可用惯用的结语结束全文。常用的结语有"即请函复""特此函商""特此函询""特此函达""特此函告""特此函复"等。

（四）落款

落款由发文机关和成文日期组成，并加盖公章。发文机关写全称或规范化简称，成文日期要写明年、月、日。

四、函的写作要求

函的写作要求如下。

（1）函也叫公函，是公文中的一种，不可以用于私人信件交往。否则不是公文函。

（2）无论是商洽工作，还是向有关主管部门请求批准事项都要一函一事。

（3）用语平和，谦逊，以诚相待。

【案例 9.7.2】

××大学人事处关于商洽××同志调动工作事宜的函

××字[2014]×号

××人力资源处：

我校××同志，2010 年××大学毕业，分配到我校后，工作认真负责，教学、科研都取得了显著成绩。

该同志一人单身在我校工作，家庭的其他成员全部住在你市，其妻××同志在贵厂工作。夫妻分居两地，妻子身体虚弱尚有不满周岁的儿子需要照顾。根据该同志多次申请，经我校领导研究，解决×××同志夫妻两地分居的困难，我校同意该同志调往贵单位。

特此函达，诚请函复。

××大学人事处（印章）

2014 年 1 月 8 日

商洽函标题：发文单位、事由、文种。

发文字号：机关代字、年度号、顺序号

主送机关。

开头：发函的依据。

主体：发函的缘由、目的、商洽的事项。

结语：盼复函。

落款：发文单位、成文日期，加盖公章。

点评：商洽函多用于商调干部、查询或了解有关人员时使用。工作中的人员调动事宜，去函提出商洽，复函有针对性地给予答复。也可以用于联系参观学习、查询或了解有关人员或事情等。

【案例 9.7.3】

××部办公厅关于征求中央单位 2014 年
政府集中采购目录意见的函

××字[2013]×号

党中央有关部门办公厅，国务院各部委、各直属机构办公厅（室）：

按照《政府采购法》和国务院有关文件规定，财政部需要拟定中央单位 2013 年政府集中采购目录上报国务院。为了做好这项工作，尽早上报国务院，以利于明年工作的开展，现请中央有关集中采购机构、各部门和单位结合国务院下发的 2012 年政府集中采购目录执行情况，对 2014 年政府采购目录项目是否扩大和调整提出修改意见。集中采购机构在提出意见时，要就如何落实集中目录

标题：询问函、发文单位、事由、文种。

发文字号：机关代字、年度号、顺序号。

主送机关。

开头：函的写作依据背景、写作缘由。

主体：函的写作目的、函告的具体事项、对收文单位答复问题提出明确要求。

结尾：联系方式。

中的项目提出初步设想和实施意见。反馈意见请以书面形式于 10 月 20 日前函复财政部国库司。

联系人：×××

电话：××××××

××部办公厅（印章） 2013 年 10 月 12 日	**落款**：发文单位、成文日期，加盖公章。

点评：此类函适用于某单位为更好地完成某项工作，向对方征询对某一问题的看法或处理意见，也用于简述涉及对方机关权限范围及有关事项的处理意见并需对方给予答复时使用。通常是主动发文的单位以函的形式发文，受文单位以复函的形式回文。

五、病文评改

病文例文见案例 9.7.4。

案例 9.7.4

关于要求继续举办提高班的请示

×人函字[2013]

××省教委：

"十二五"期间是我省经济发展的关键时期。（函请的缘由）近年来，我们在全面加强国家公务员培训的同时，在省教委的大力支持下，收到了明显成效。（培训工作的成绩）根据我省各地区、各部门的要求，（发函的依据）为进一步培养干部，（发函的目的）经研究决定 2014 年起每年从全省各级行政机关中挑 200 名具有大专学历的中青年业务骨干，委托××大学、××大学采取半脱产形式。（请批的事项）请继续给予大力支持，我们将万分感谢，永生难忘。

此致

敬礼

××省人事厅

2013 年 12 月 15 日

案例 9.7.4 所示例文属于请求批准的函，其主要存在的问题表现在以下几个方面。

（1）这本应该是一则请求批准的函，要用"函"来行文。

（2）标题的事由部分不够清楚，不能集中概括公文的主要内容。

（3）发函的依据、发函的目的、请批的事项没有写清楚。

（4）用语不当。尚未得到批准不应用"决定"。公函中也不能用"此致""敬礼"，而要用"特此函告""特此函达"。

根据以上分析，对原文做一定修改，如案例 9.7.5 所示。

案例 9.7.5

关于要求继续举办公共行政管理专业干部提高班的函

×人函[2013]×号

××省教委：

"十二五"期间，是我省经济发展的关键时期。要实现我省"十二五"规划确定的国民经济和社会发展目标，关键是要有一支能够坚持党的基本理论和坚持贯彻党的基本路线、基本方针，能担负起新世纪改革发展重任的高素质干部队伍。加强培训教育，是建设高素质干部队伍的重要环节。近年来，我们在全省国家行政机关中有计划有组织地选拔中青年业务骨干进行培训深造，提高他们公共行政管理方面的业务水平，收效明显。这里要感谢省教委给予的大力支持。根据我省国家行政机关干部队伍素质的实际情况和各地区、各部门的要求，为进一步适应培养干部、提高素质的需要，经研究，拟从2014年起每年从全省各级行政机关中选拔200名具有大专学历的中青年业务骨干，委托××大学、××大学采取半脱产形式，举办公共行政管理专业干部提高班，请继续给予大力支持。

特此函达。

××省人事厅

2013 年 12 月 15 日

知识拓展

函与批复的区别

复函与批复两者的写作目的相同，都是用来答复来文有关事项的一种公文。批复与请示相对应，复函可以是对函的回复，也可以是对请示的回复，都属于被动行文。其主要区别如下。

（1）使用范围不同。复函比批复的使用范围更广，应用更灵活。复函即可用于回复平级机关、不相隶属机关的来函，也可以用来答复上级单位询问的问题；批复只能用于批准、答复下级机关的请示事项。

（2）使用对象不同。批复用于上级机关答复下级机关的请示，复函用于平级机关之间或不相隶属的机关之间。

（3）文体性质不同。复函是函的一种，属于平行文；批复则属于指示性的下行文。

（4）行文的语气不同。批复是针对请示行文，态度要明朗，不能模棱两可，语气要求坚定而严肃；复函是平行文，虽然也要求回复问题时态度明朗，但语气相对批复平和得多。

【感悟升华】

一、填空题

1. 函的灵活性表现在（　　　）的灵活。

2. 函即可以相互商洽工作（　　　），又可以（　　　）和（　　　）。

3. 函具有（　　　）、（　　　）、（　　　）特点。

4. 向对方询问问题可以使用（　　　）。

二、判断题（对的打"√"，错的打"×"）

1. 函是平行文中的一种。（　　　）
2. 函只适用平级机关。（　　　）
3. 不相隶属机关之间商洽工作使用通知。（　　　）
4. 作为公文的函可以用于商量私事。（　　　）

三、实践训练

1. 写作训练。

金风送爽的季节，××大学迎来了建校 50 周年。在金黄的十月，在喜迎华诞的日子，母校真诚地邀请您和您的家人，能够在百忙中抽出闲暇时间，回归母校的怀抱，畅所欲言，同喜同贺。

结合这一内容，写一份函发给兄弟院校和毕业的学子们，同庆建校 50 周年。

写作要求：内容要明确，中心要突出；格式要正确、规范；语言要准确、简明、得体。

2. 修改案例 9.7.6 所示病文。

案例 9.7.6

请求解决进修教师宿舍问题的函

校长您好：

为了培养师资，提高教学水平，我校派一些青年教师去你××学院参加培训。据说这个学院住宿不够，没办法解决，所以我和你们学校联系联系，看看能不能有办法解决一下。

特此写信。

此致

敬礼！

2014 年 3 月 10 日

附录一

党政机关公文处理工作条例

中办发〔2012〕14号

总　　则

第一条　为了适应中国共产党机关和国家行政机关（以下简称党政机关）工作需要，推进党政机关公文处理工作科学化、制度化、规范化，制定本条例。

第二条　本条例适用于各级党政机关公文处理工作。

第三条　党政机关公文是党政机关实施领导、履行职能、处理公务的具有特定效力和规范体式的文书，是传达贯彻党和国家方针政策，公布法规和规章，指导、布置和商洽工作，请示和答复问题，报告、通报和交流情况等的重要工具。

第四条　公文处理工作是指公文拟制、办理、管理等一系列相互关联、衔接有序的工作。

第五条　公文处理工作应当坚持实事求是、准确规范、精简高效、安全保密的原则。

第六条　各级党政机关应当高度重视公文处理工作，加强组织领导，强化队伍建设，设立文秘部门或者由专人负责公文处理工作。

第七条　各级党政机关办公厅（室）主管本机关的公文处理工作，并对下级机关的公文处理工作进行业务指导和督促检查。

公文种类

第八条　公文种类主要有：

（一）决议。适用于会议讨论通过的重大决策事项。

（二）决定。适用于对重要事项作出决策和部署、奖惩有关单位和人员、变更或者撤销下级机关不适当的决定事项。

（三）命令（令）。适用于公布行政法规和规章、宣布施行重大强制性措施、批准授予和晋升衔级、嘉奖有关单位和人员。

（四）公报。适用于公布重要决定或者重大事项。

（五）公告。适用于向国内外宣布重要事项或者法定事项。

（六）通告。适用于在一定范围内公布应当遵守或者周知的事项。

（七）意见。适用于对重要问题提出见解和处理办法。

（八）通知。适用于发布、传达要求下级机关执行和有关单位周知或者执行的事项，批转、转发公文。

（九）通报。适用于表彰先进、批评错误、传达重要精神和告知重要情况。

（十）报告。适用于向上级机关汇报工作、反映情况，回复上级机关的询问。

（十一）请示。适用于向上级机关请求指示、批准。

（十二）批复。适用于答复下级机关请示事项。

（十三）议案。适用于各级人民政府按照法律程序向同级人民代表大会或者人民代表大会常务委员会提请审议事项。

（十四）函。适用于不相隶属机关之间商洽工作、询问和答复问题、请求批准和答复审批事项。

（十五）纪要。适用于记载会议主要情况和议定事项。

公文格式

第九条　公文一般由份号、密级和保密期限、紧急程度、发文机关标志、发文字号、签发人、标题、主送机关、正文、附件说明、发文机关署名、成文日期、印章、附注、附件、抄送机关、印发机关和印发日期、页码等组成。

（一）份号。公文印制份数的顺序号。涉密公文应当标注份号。

（二）密级和保密期限。公文的秘密等级和保密的期限。涉密公文应当根据涉密程度分别标注"绝密""机密""秘密"和保密期限。

（三）紧急程度。公文送达和办理的时限要求。根据紧急程度，紧急公文应当分别标注"特急""加急"，电报应当分别标注"特提""特急""加急""平急"。

（四）发文机关标志。由发文机关全称或者规范化简称加"文件"二字组成，也可以使用发文机关全称或者规范化简称。联合行文时，发文机关标志可以并用联合发文机关名称，也可以单独用主办机关名称。

（五）发文字号。由发文机关代字、年份、发文顺序号组成。联合行文时，使用主办机关的发文字号。

（六）签发人。上行文应当标注签发人姓名。

（七）标题。由发文机关名称、事由和文种组成。

（八）主送机关。公文的主要受理机关，应当使用机关全称、规范化简称或者同类型机关统称。

（九）正文。公文的主体，用来表述公文的内容。

（十）附件说明。公文附件的顺序号和名称。

（十一）发文机关署名。署发文机关全称或者规范化简称。

（十二）成文日期。署会议通过或者发文机关负责人签发的日期。联合行文时，署最后签发机关负责人签发的日期。

（十三）印章。公文中有发文机关署名的，应当加盖发文机关印章，并与署名机关相符。有特定发文机关标志的普发性公文和电报可以不加盖印章。

（十四）附注。公文印发传达范围等需要说明的事项。

（十五）附件。公文正文的说明、补充或者参考资料。

（十六）抄送机关。除主送机关外需要执行或者知晓公文内容的其他机关，应当使用机关全称、规范化简称或者同类型机关统称。

（十七）印发机关和印发日期。公文的送印机关和送印日期。

第十条　公文的版式按照《党政机关公文格式》国家标准执行。

第十一条　公文使用的汉字、数字、外文字符、计量单位和标点符号等，按照有关国家标准和规定执行。民族自治地方的公文，可以并用汉字和当地通用的少数民族文字。

第十二条　公文用纸幅面采用国际标准 A4 型。特殊形式的公文用纸幅面，根据实际需要确定。

行文规则

第十三条 行文应当确有必要，讲求实效，注重针对性和可操作性。

第十四条 行文关系根据隶属关系和职权范围确定。一般不得越级行文，特殊情况需要越级行文的，应当同时抄送被越过的机关。

第十五条 向上级机关行文，应当遵循以下规则：

（一）原则上主送一个上级机关，根据需要同时抄送相关上级机关和同级机关，不抄送下级机关。

（二）党委、政府的部门向上级主管部门请示、报告重大事项，应当经本级党委、政府同意或者授权；属于部门职权范围内的事项应当直接报送上级主管部门。

（三）下级机关的请示事项，如需以本机关名义向上级机关请示，应当提出倾向性意见后上报，不得原文转报上级机关。

（四）请示应当一文一事。不得在报告等非请示性公文中夹带请示事项。

（五）除上级机关负责人直接交办事项外，不得以本机关名义向上级机关负责人报送公文，不得以本机关负责人名义向上级机关报送公文。

（六）受双重领导的机关向一个上级机关行文，必要时抄送另一个上级机关。

第十六条 向下级机关行文，应当遵循以下规则：

（一）主送受理机关，根据需要抄送相关机关。重要行文应当同时抄送发文机关的直接上级机关。

（二）党委、政府的办公厅（室）根据本级党委、政府授权，可以向下级党委、政府行文，其他部门和单位不得向下级党委、政府发布指令性公文或者在公文中向下级党委、政府提出指令性要求。需经政府审批的具体事项，经政府同意后可以由政府职能部门行文，文中须注明已经政府同意。

（三）党委、政府的部门在各自职权范围内可以向下级党委、政府的相关部门行文。

（四）涉及多个部门职权范围内的事务，部门之间未协商一致的，不得向下行文；擅自行文的，上级机关应当责令其纠正或者撤销。

（五）上级机关向受双重领导的下级机关行文，必要时抄送该下级机关的另一个上级机关。

第十七条 同级党政机关、党政机关与其他同级机关必要时可以联合行文。属于党委、政府各自职权范围内的工作，不得联合行文。党委、政府的部门依据职权可以相互行文。部门内设机构除办公厅（室）外不得对外正式行文。

公文拟制

第十八条 公文拟制包括公文的起草、审核、签发等程序。

第十九条 公文起草应当做到：

（一）符合国家法律法规和党的路线方针政策，完整准确体现发文机关意图，并同现行有关公文相衔接。

（二）一切从实际出发，分析问题实事求是，所提政策措施和办法切实可行。

（三）内容简洁，主题突出，观点鲜明，结构严谨，表述准确，文字精炼。

（四）文种正确，格式规范。

（五）深入调查研究，充分进行论证，广泛听取意见。

（六）公文涉及其他地区或者部门职权范围内的事项，起草单位必须征求相关地区或者部门意见，力求达成一致。

（七）机关负责人应当主持、指导重要公文起草工作。

第二十条　公文文稿签发前，应当由发文机关办公厅（室）进行审核。审核的重点是：

（一）行文理由是否充分，行文依据是否准确。

（二）内容是否符合国家法律法规和党的路线方针政策；是否完整准确体现发文机关意图；是否同现行有关公文相衔接；所提政策措施和办法是否切实可行。

（三）涉及有关地区或者部门职权范围内的事项是否经过充分协商并达成一致意见。

（四）文种是否正确，格式是否规范；人名、地名、时间、数字、段落顺序、引文等是否准确；文字、数字、计量单位和标点符号等用法是否规范。

（五）其他内容是否符合公文起草的有关要求。

需要发文机关审议的重要公文文稿，审议前由发文机关办公厅（室）进行初核。

第二十一条　经审核不宜发文的公文文稿，应当退回起草单位并说明理由；符合发文条件但内容需作进一步研究和修改的，由起草单位修改后重新报送。

第二十二条　公文应当经本机关负责人审批签发。重要公文和上行文由机关主要负责人签发。党委、政府的办公厅（室）根据党委、政府授权制发的公文，由受权机关主要负责人签发或者按照有关规定签发。签发人签发公文，应当签署意见、姓名和完整日期；圈阅或者签名的，视为同意。联合发文由所有联署机关的负责人会签。

公文办理

第二十三条　公文办理包括收文办理、发文办理和整理归档。

第二十四条　收文办理主要程序是：

（一）签收。对收到的公文应当逐件清点，核对无误后签字或者盖章，并注明签收时间。

（二）登记。对公文的主要信息和办理情况应当详细记载。

（三）初审。对收到的公文应当进行初审。初审的重点是：是否应当由本机关办理，是否符合行文规则，文种、格式是否符合要求，涉及其他地区或者部门职权范围内的事项是否已经协商、会签，是否符合公文起草的其他要求。经初审不符合规定的公文，应当及时退回来文单位并说明理由。

（四）承办。阅知性公文应当根据公文内容、要求和工作需要确定范围后分送。批办性公文应当提出拟办意见报本机关负责人批示或者转有关部门办理；需要两个以上部门办理的，应当明确主办部门。紧急公文应当明确办理时限。承办部门对交办的公文应当及时办理，有明确办理时限要求的应当在规定时限内办理完毕。

（五）传阅。根据领导批示和工作需要将公文及时送传阅对象阅知或者批示。办理公文传阅应当随时掌握公文去向，不得漏传、误传、延误。

（六）催办。及时了解掌握公文的办理进展情况，督促承办部门按期办结。紧急公文或者重要公文应当由专人负责催办。

（七）答复。公文的办理结果应当及时答复来文单位，并根据需要告知相关单位。

第二十五条　发文办理主要程序是：

（一）复核。已经发文机关负责人签批的公文，印发前应当对公文的审批手续、内容、文种、格式等进行复核；需作实质性修改的，应当报原签批人复审。

（二）登记。对复核后的公文，应当确定发文字号、分送范围和印制份数并详细记载。

（三）印制。公文印制必须确保质量和时效。涉密公文应当在符合保密要求的场所印制。

（四）核发。公文印制完毕，应当对公文的文字、格式和印刷质量进行检查后分发。

第二十六条　涉密公文应当通过机要交通、邮政机要通信、城市机要文件交换站或者收发件机关机要收发人员进行传递，通过密码电报或者符合国家保密规定的计算机信息系统进行传输。

第二十七条　需要归档的公文及有关材料，应当根据有关档案法律法规以及机关档案管理规定，及时收集齐全、整理归档。两个以上机关联合办理的公文，原件由主办机关归档，相关机关保存复制件。机关负责人兼任其他机关职务的，在履行所兼职务过程中形成的公文，由其兼职机关归档。

公文管理

第二十八条　各级党政机关应当建立健全本机关公文管理制度，确保管理严格规范，充分发挥公文效用。

第二十九条　党政机关公文由文秘部门或者专人统一管理。设立党委（党组）的县级以上单位应当建立机要保密室和机要阅文室，并按照有关保密规定配备工作人员和必要的安全保密设施设备。

第三十条　公文确定密级前，应当按照拟定的密级先行采取保密措施。确定密级后，应当按照所定密级严格管理。绝密级公文应当由专人管理。公文的密级需要变更或者解除的，由原确定密级的机关或者其上级机关决定。

第三十一条　公文的印发传达范围应当按照发文机关的要求执行；需要变更的，应当经发文机关批准。涉密公文公开发布前应当履行解密程序。公开发布的时间、形式和渠道，由发文机关确定。经批准公开发布的公文，同发文机关正式印发的公文具有同等效力。

第三十二条　复制、汇编机密级、秘密级公文，应当符合有关规定并经本机关负责人批准。绝密级公文一般不得复制、汇编，确有工作需要的，应当经发文机关或者其上级机关批准。复制、汇编的公文视同原件管理。复制件应当加盖复制机关戳记。翻印件应当注明翻印的机关名称、日期。汇编本的密级按照编入公文的最高密级标注。

第三十三条　公文的撤销和废止，由发文机关、上级机关或者权力机关根据职权范围和有关法律法规决定。公文被撤销的，视为自始无效；公文被废止的，视为自废止之日起失效。

第三十四条　涉密公文应当按照发文机关的要求和有关规定进行清退或者销毁。

第三十五条　不具备归档和保存价值的公文，经批准后可以销毁。销毁涉密公文必须严格按照有关规定履行审批登记手续，确保不丢失、不漏销。个人不得私自销毁、留存涉密公文。

第三十六条　机关合并时，全部公文应当随之合并管理；机关撤销时，需要归档的公文经整理后按照有关规定移交档案管理部门。

工作人员离岗离职时，所在机关应当督促其将暂存、借用的公文按照有关规定移交、清退。

第三十七条　新设立的机关应当向本级党委、政府的办公厅（室）提出发文立户申请。经审查符合条件的，列为发文单位，机关合并或者撤销时，相应进行调整。

附　则

第三十八条　党政机关公文含电子公文。电子公文处理工作的具体办法另行制定。

第三十九条　法规、规章方面的公文，依照有关规定处理。外事方面的公文，依照外事主管部门的有关规定处理。

第四十条　其他机关和单位的公文处理工作，可以参照本条例执行。

第四十一条　本条例由中共中央办公厅、国务院办公厅负责解释。

第四十二条　本条例自 2012 年 7 月 1 日起施行。1996 年 5 月 3 日中共中央办公厅发布的《中国共产党机关公文处理条例》和 2000 年 8 月 24 日国务院发布的《国家行政机关公文处理办法》停止执行。

附录二

党政机关公文格式

中华人民共和国国家标准 GB/T 9704—2012

1. 范围

本标准规定了党政机关公文通用的纸张要求、排版和印制装订要求、公文格式各要素的编排规则，并给出了公文的式样。

本标准适用于各级党政机关制发的公文。其他机关和单位的公文可以参照执行。

使用少数民族文字印制的公文，其用纸、幅面尺寸及版面、印制等要求按照本标准执行，其余可以参照本标准并按照有关规定执行。

2. 规范性引用文件

下列文件对于本标准的应用是必不可少的。凡是注日期的引用文件，仅所注日期的版本适用于本标准。凡是不注日期的引用文件，其最新版本（包括所有的修改单）适用于本标准。

GB/T 148 印刷、书写和绘图纸幅面尺寸

GB 3100 国际单位制及其应用

GB 3101 有关量、单位和符号的一般原则

GB 3102（所有部分）量和单位

GB/T 15834 标点符号用法

GB/T 15835 出版物上数字用法

3. 术语和定义

下列术语和定义适用于本标准。

3.1 字（word）

标示公文中横向距离的长度单位。在本标准中，一字指一个汉字宽度的距离。

3.2 行（line）

标示公文中纵向距离的长度单位。在本标准中，一行指一个汉字的高度加 3 号汉字高度的 7/8 的距离。

4. 公文用纸主要技术指标

公文用纸一般使用纸张定量为 $60g/m$～$80g/m$ 的胶版印刷纸或复印纸。纸张白度 80%～90%，横向耐折度≥15 次，不透明度≥85%，pH 为 7.5～9.5。

5. 公文用纸幅面尺寸及版面要求

5.1 幅面尺寸

公文用纸采用 GB/T 148 中规定的 A4 型纸，其成品幅面尺寸为：$210mm \times 297mm$。

GB/T 9704—2012

5.2 版面

5.2.1 页边与版心尺寸

公文用纸天头（上白边）为 37mm±1mm，公文用纸订口（左白边）为 28mm±1mm，版心尺寸为 156mm×225mm。

5.2.2 字体和字号

如无特殊说明，公文格式各要素一般用 3 号仿宋体字。特定情况可以作适当调整。

5.2.3 行数和字数

一般每面排 22 行，每行排 28 个字，并撑满版心。特定情况可以作适当调整。

5.2.4 文字的颜色

如无特殊说明，公文中文字的颜色均为黑色。

6. 印制装订要求

6.1 制版要求

版面干净无底灰，字迹清楚无断划，尺寸标准，版心不斜，误差不超过 1mm。

6.2 印刷要求

双面印刷；页码套正，两面误差不超过 2mm。黑色油墨应当达到色谱所标 BL100%，红色油墨应当达到色谱所标 Y80%、M80%。印品着墨实、均匀；字面不花、不白、无断划。

6.3 装订要求

公文应当左侧装订，不掉页，两页页码之间误差不超过 4mm，裁切后的成品尺寸允许误差±2mm，四角成 90°，无毛茬或缺损。

骑马订或平订的公文应当：

a）订位为两钉外订眼距版面上下边缘各 70mm 处，允许误差±4mm；

b）无坏钉、漏钉、重钉，钉脚平伏牢固；

c）骑马订钉锯均订在折缝线上，平订钉锯与书脊间的距离为 3mm～5mm。

包本装订公文的封皮（封面、书脊、封底）与书芯应吻合、包紧、包平、不脱落。

7. 公文格式各要素编排规则

7.1 公文格式各要素的划分

本标准将版心内的公文格式各要素划分为版头、主体、版记三部分。公文首页红色分隔线以上的部分称为版头；公文首页红色分隔线（不含）以下、公文末页首条分隔线（不含）以上的部分称为主体；公文末页首条分隔线以下、末条分隔线以上的部分称为版记。

页码位于版心外。

7.2 版头

7.2.1 份号

如需标注份号，一般用 6 位 3 号阿拉伯数字，顶格编排在版心左上角第一行。

7.2.2 密级和保密期限

如需标注密级和保密期限，一般用 3 号黑体字，顶格编排在版心左上角第二行；保密期限中的数字用阿拉伯数字标注。

7.2.3 紧急程度

如需标注紧急程度，一般用 3 号黑体字，顶格编排在版心左上角；如需同时标注份号、密级和保密期限、紧急程度，按照份号、密级和保密期限、紧急程度的顺序自上而下分行排列。

7.2.4　发文机关标志

由发文机关全称或者规范化简称加"文件"二字组成，也可以使用发文机关全称或者规范化简称。

发文机关标志居中排布，上边缘至版心上边缘为 35mm，推荐使用小标宋体字，颜色为红色，以醒目、美观、庄重为原则。

联合行文时，如需同时标注联署发文机关名称，一般应当将主办机关名称排列在前；如有"文件"二字，应当置于发文机关名称右侧，以联署发文机关名称为准上下居中排布。

7.2.5　发文字号

编排在发文机关标志下空二行位置，居中排布。年份、发文顺序号用阿拉伯数字标注；年份应标全称，用六角括号"〔〕"括入；发文顺序号不加"第"字，不编虚位（即 1 不编为 01），在阿拉伯数字后加"号"字。

上行文的发文字号居左空一字编排，与最后一个签发人姓名处在同一行。

7.2.6　签发人

由"签发人"三字加全角冒号和签发人姓名组成，居右空一字，编排在发文机关标志下空二行位置。"签发人"三字用 3 号仿宋体字，签发人姓名用 3 号楷体字。

如有多个签发人，签发人姓名按照发文机关的排列顺序从左到右、自上而下依次均匀编排，一般每行排两个姓名，回行时与上一行第一个签发人姓名对齐。

7.2.7　版头中的分隔线

发文字号之下 4mm 处居中印一条与版心等宽的红色分隔线。

7.3　主体

7.3.1　标题

一般用 2 号小标宋体字，编排于红色分隔线下空二行位置，分一行或多行居中排布；回行时，要做到词意完整，排列对称，长短适宜，间距恰当，标题排列应当使用梯形或菱形。

7.3.2　主送机关

编排于标题下空一行位置，居左顶格，回行时仍顶格，最后一个机关名称后标全角冒号。如主送机关名称过多导致公文首页不能显示正文时，应当将主送机关名称移至版记，标注方法见 7.4.2。

7.3.3　正文

公文首页必须显示正文。一般用 3 号仿宋体字，编排于主送机关名称下一行，每个自然段左空二字，回行顶格。文中结构层次序数依次可以用"一、""（一）""1.""（1）"标注；一般第一层用黑体字、第二层用楷体字、第三层和第四层用仿宋体字标注。

7.3.4　附件说明

如有附件，在正文下空一行左空二字编排"附件"二字，后标全角冒号和附件名称。如有多个附件，使用阿拉伯数字标注附件顺序号（如"附件：1．×××××"）；附件名称后不加标点符号。附件名称较长需回行时，应当与上一行附件名称的首字对齐。

7.3.5　发文机关署名、成文日期和印章

7.3.5.1　加盖印章的公文

成文日期一般右空四字编排，印章用红色，不得出现空白印章。

单一机关行文时，一般在成文日期之上、以成文日期为准居中编排发文机关署名，印章端正、居中下压发文机关署名和成文日期，使发文机关署名和成文日期居印章中心偏下位置，印章顶端应当上

距正文（或附件说明）一行之内。

联合行文时，一般将各发文机关署名按照发文机关顺序整齐排列在相应位置，并将印章一一对应、端正、居中下压发文机关署名，最后一个印章端正、居中下压发文机关署名和成文日期，印章之间排列整齐、互不相交或相切，每排印章两端不得超出版心，首排印章顶端应当上距正文（或附件说明）一行之内。

7.3.5.2　不加盖印章的公文

单一机关行文时，在正文（或附件说明）下空一行右空二字编排发文机关署名，在发文机关署名下一行编排成文日期，首字比发文机关署名首字右移二字，如成文日期长于发文机关署名，应当使成文日期右空二字编排，并相应增加发文机关署名右空字数。

联合行文时，应当先编排主办机关署名，其余发文机关署名依次向下编排。

7.3.5.3　加盖签发人签名章的公文

单一机关制发的公文加盖签发人签名章时，在正文（或附件说明）下空二行右空四字加盖签发人签名章，签名章左空二字标注签发人职务，以签名章为准上下居中排布。在签发人签名章下空一行右空四字编排成文日期。

联合行文时，应当先编排主办机关签发人职务、签名章，其余机关签发人职务、签名章依次向下编排，与主办机关签发人职务、签名章上下对齐；每行只编排一个机关的签发人职务、签名章；签发人职务应当标注全称。

签名章一般用红色。

7.3.5.4　成文日期中的数字

用阿拉伯数字将年、月、日标全，年份应标全称，月、日不编虚位（即 1 不编为 01）。

7.3.5.5　特殊情况说明

当公文排版后所剩空白处不能容下印章或签发人签名章、成文日期时，可以采取调整行距、字距的措施解决。

7.3.6　附注

如有附注，居左空二字加圆括号编排在成文日期下一行。

7.3.7　附件

附件应当另面编排，并在版记之前，与公文正文一起装订。"附件"二字及附件顺序号用 3 号黑体字顶格编排在版心左上角第一行。附件标题居中编排在版心第三行。附件顺序号和附件标题应当与附件说明的表述一致。附件格式要求同正文。

如附件与正文不能一起装订，应当在附件左上角第一行顶格编排公文的发文字号并在其后标注"附件"二字及附件顺序号。

7.4　版记

7.4.1　版记中的分隔线

版记中的分隔线与版心等宽，首条分隔线和末条分隔线用粗线（推荐高度为 0.35mm），中间的分隔线用细线（推荐高度为 0.25mm）。首条分隔线位于版记中第一个要素之上，末条分隔线与公文最后一面的版心下边缘重合。

7.4.2　抄送机关

如有抄送机关，一般用 4 号仿宋体字，在印发机关和印发日期之上一行、左右各空一字编排。"抄送"二字后加全角冒号和抄送机关名称，回行时与冒号后的首字对齐，最后一个抄送机关名称后标句号。

如需把主送机关移至版记，除将"抄送"二字改为"主送"外，编排方法同抄送机关。既有主送机关又有抄送机关时，应当将主送机关置于抄送机关之上一行，之间不加分隔线。

7.4.3 印发机关和印发日期

印发机关和印发日期一般用 4 号仿宋体字，编排在末条分隔线之上，印发机关左空一字，印发日期右空一字，用阿拉伯数字将年、月、日标全，年份应标全称，月、日不编虚位（即 1 不编为 01），后加"印发"二字。

版记中如有其他要素，应当将其与印发机关和印发日期用一条细分隔线隔开。

7.5 页码

一般用 4 号半角宋体阿拉伯数字，编排在公文版心下边缘之下，数字左右各放一条一字线；一字线上距版心下边缘 7mm。单页码居右空一字，双页码居左空一字。公文的版记页前有空白页的，空白页和版记页均不编排页码。公文的附件与正文一起装订时，页码应当连续编排。

8. 公文中的横排表格

A4 纸型的表格横排时，页码位置与公文其他页码保持一致，单页码表头在订口一边，双页码表头在切口一边。

9. 公文中计量单位、标点符号和数字的用法

公文中计量单位的用法应当符合 GB3100、GB3101 和 GB3102（所有部分），标点符号的用法应当符合 GB/T15834，数字用法应当符合 GB/T15835。

10. 公文的特定格式

10.1 信函格式

发文机关标志使用发文机关全称或者规范化简称，居中排布，上边缘至上页边为 30mm，推荐使用红色小标宋体字。联合行文时，使用主办机关标志。

发文机关标志下 4mm 处印一条红色双线（上粗下细），距下页边 20mm 处印一条红色双线（上细下粗），线长均为 170mm，居中排布。

如需标注份号、密级和保密期限、紧急程度，应当顶格居版心左边缘编排在第一条红色双线下，按照份号、密级和保密期限、紧急程度的顺序自上而下分行排列，第一个要素与该线的距离为 3 号汉字高度的 7/8。

发文字号顶格居版心右边缘编排在第一条红色双线下，与该线的距离为 3 号汉字高度的 7/8。

标题居中编排，与其上最后一个要素相距二行。

第二条红色双线上一行如有文字，与该线的距离为 3 号汉字高度的 7/8。

首页不显示页码。

版记不加印发机关和印发日期、分隔线，位于公文最后一面版心内最下方。

10.2 命令（令）格式

发文机关标志由发文机关全称加"命令"或"令"字组成，居中排布，上边缘至版心上边缘为 20mm，推荐使用红色小标宋体字。

发文机关标志下空二行居中编排令号，令号下空二行编排正文。

签发人职务、签名章和成文日期的编排见 7.3.5.3。

10.3 纪要格式

纪要标志由"×××××纪要"组成，居中排布，上边缘至版心上边缘为 35mm，推荐使用红色小

标宋体字。

标注出席人员名单，一般用 3 号黑体字，在正文或附件说明下空一行左空二字编排"出席"二字，后标全角冒号，冒号后用 3 号仿宋体字标注出席人单位、姓名，回行时与冒号后的首字对齐。

标注请假和列席人员名单，除依次另起一行并将"出席"二字改为"请假"或"列席"外，编排方法同出席人员名单。

纪要格式可以根据实际制定。

11. 式样[1]

A4 型公文用纸页边及版心尺寸见图 1；公文首页版式见图 2；联合行文公文首页版式 1 见图 3；联合行文公文首页版式 2 见图 4；公文末页版式 1 见图 5；公文末页版式 2 见图 6；联合行文公文末页版式 1 见图 7；联合行文公文末页版式 2 见图 8；附件说明页版式见图 9；带附件公文末页版式见图 10；信函格式首页版式见图 11；命令（令）格式首页版式见图 12。

---

[1] 式样图参见本书配套资料中的"党政机关公文格式（式样图）"文档，本书略。

附录三

标点符号用法

GB/T 15834-2011
（2011 年 12 月 30 日发布，2012 年 6 月 1 日实施）

1　范围

本标准规定了现代汉语标点符号的用法。

本标准适用于汉语的书面语（包括汉语和外语混合排版时的汉语部分）。

2　术语和定义

下列术语和定义适用于本文件。

2.1　标点符号 punctuation

辅助文字记录语言的符号，是书面语的有机组成部分，用来表示语句的停顿、语气以及标示某些成分（主要是词语）的特定性质和作用。

注：数学符号、货币符号、校勘符号、辞书符号、注音符号等特殊领域的专门符号不属于标点符号。

2.2　句子 sentence

前后都有较大停顿、带有一定的语气和语调、表达相对完整意义的语言单位。

2.3　复句 complex sentence

由两个或多个在意义上有密切关系的分句组成的语言单位，包括简单复句（内部只有一层语义关系）和多重复句（内部包含多层语义关系）。

2.4　分句 clause

复句内两个或多个前后有停顿、表达相对完整意义、不带有句末语气和语调、有的前面可添加关联词语的语言单位。

2.5　语段 expression

指语言片段，是对各种语言单位（如词、短语、句子、复句等）不做特别区分时的统称。

3　标点符号的种类

3.1　点号

点号的作用是点断，主要表示停顿和语气。分为句末点号和句内点号。

3.1.1　句末点号

用于句末的点号，表示句末停顿和句子的语气。包括句号、问号、叹号。

3.1.2　句内点号

用于句内的点号，表示句内各种不同性质的停顿。包括逗号、顿号、分号、冒号。

3.2　标号

标号的作用是标明，主要标示某些成分（主要是词语）的特定性质和作用。包括引号、括号、破折号、省略号、着重号、连接号、间隔号、书名号、专名号、分隔号。

4　标点符号的定义、形式和用法

4.1　句号

4.1.1　定义　句末点号的一种，主要表示句子的陈述语气。

4.1.2　形式　句号的形式是"。"

4.1.3　基本用法

4.1.3.1　用于句子末尾，表示陈述语气。使用句号主要是根据语段前后有较大停顿、带有陈述语气和语调，并不取决于句子的长短。

示例1：北京是中华人民共和国的首都。

示例2：（甲：咱们走着去吧？）乙：好。

4.1.3.2　有时也可表示较缓和的祈使语气和感叹语气。

示例1：请您稍等一下。

示例2：我不由地感到，这些普通劳动者也是同样很值得尊敬的。

4.2　问号

4.2.1　定义　句末点号的一种，主要表示句子的疑问语气。

4.2.2　形式　问号的形式是"？"

4.2.3　基本用法

4.2.3.1　用于句子末尾，表示疑问语气（包括反问、设问等疑问类型）。使用问号主要根据语段前后有较大停顿、带有疑问语气和语调，并不取决于句子的长短。

示例1：你怎么还不回家去呢？

示例2：难道这些普通的战士不值得歌颂吗？

示例3：（一个外国人，不远万里来到中国，帮助中国的抗日战争。）这是什么精神？这是国际主义的精神。

4.2.3.2　选择问句中，通常只在最后一个选项的末尾用问号，各个选项之间一般用逗号隔开。当选项较短且选项之间几乎没有停顿时，选项之间可不用逗号。当选项较多或较长，或有意突出每个选项的独立性时，也可每个选项之后都用问号。

示例1：诗中记述的这场战争究竟是真实的历史描述，

还是诗人的虚构？

示例2：这是巧合还是有意安排？

示例3：要一个什么样的结尾；现实主义的？传统的？大团圆的？荒诞的？民族形式的？有象征意义的？

示例4：（他看着我的作品称赞了我。）但到底是称赞我什么：是有几处画得好？还是什么都敢画？抑或只是一种对于失败者的无可奈何的安慰？我不得而知。

示例5：这一切都是由客观的条件造成的？还是由行为的惯性造成的？

4.2.3.3 在多个问句连用或表达疑问语气加重时，可叠用问号。通常应先单用，再叠用，最多叠用三个问号。在没有异常强烈的情感表达需要时不宜叠用问号。

示例：这就是你的做法吗？你这个总经理是怎么当的？？你怎么竟敢这样欺骗消费者？？？

4.2.3.4 问号也有标号的用法，即用于句内，表示存疑或不详。

示例1：马致远（1250？—1321），大都人，元代戏曲家、散曲家。

示例2：钟嵘（？—518），颍川长社人，南朝梁代文学批评家。

示例3：出现这样的文字错误，说明作者（编者？校者？）很不认真。

4.3 叹号

4.3.1 定义 句末点号的一种，主要表示句子的感叹语气。

4.3.2 形式 叹号的形式是"！"。

4.3.3 基本用法

4.3.3.1 用于句子末尾，主要表示感叹语气，有时也可表示强烈的祈使语气、反问语气等。使用叹号主要根据语段前后有较大停顿、带有感叹语气和语调或带有强烈的祈使、反问语气和语调，并不取决于句子的长短。

示例1：才一年不见，这孩子都长这么高啦！

示例2：你给我住嘴！

示例3：谁知道他今天是怎么搞的！

4.3.3.2 用于拟声词后，表示声音短促或突然。

示例1：咔嚓！一道闪电划破了夜空。

示例2：咚！咚咚！突然传来一阵急促的敲门声。

4.3.3.3 表示声音巨大或声音不断加大时，可叠用叹号；表达强烈语气时，也可叠用叹号，最多叠用三个叹号。在没有异常强烈的情感表达需要时不宜叠用叹号。

示例1：轰！！在这天崩地塌的声音中，女娲猛然醒来。

示例2：我要揭露！我要控诉！！我要以死抗争！！！

4.3.3.4 当句子包含疑问、感叹两种语气且都比较强烈时（如带有强烈感情的反问句和带有惊愕语气的疑问句），可在问号后再加叹号（问号、叹号各一）。

示例1：这么点困难就能把我们吓倒吗？！

示例2：他连这些最起码的常识都不懂，还敢说自己是高科技人才？！

4.4 逗号

4.4.1 定义 句内点号的一种，表示句子或语段内部的一般性停顿。

4.4.2 形式 号的形式是"，"。

4.4.3 基本用法

4.4.3.1 复句内各分句之间的停顿，除了有时用分号（见4.6.3.1），一般都用逗号。

示例1：不是人们的意识决定人们的存在，而是人们的社会存在决定人们的意识。

示例2：学历史使人更明智，学文学使人更聪慧，学数学使人更精细，学考古使人更深沉。

示例3：要是不相信我们的理论能反映现实，要是不相信我们的世界有内在和谐，那就不可能有科学。

4.4.3.2 用于下列各种语法位置：

a）较长的主语之后。

示例1：苏州园林建筑各种门窗的精美设计和雕镂功夫，都令人叹为观止。

b）句首的状语之后。

示例2：在苍茫的大海上，狂风卷集着乌云。

c）较长的宾语之前。

示例3：有的考古工作者认为，南方古猿生存于上新世纪至更新世纪的初期和中期。

d）带句内语气词的主语（或其他成分）之后，或带句内语气词的并列成分之间。

示例4：他呢，倒是很乐意地、全神贯注地干起来了。

示例5：（那是个没有月亮的夜晚。）可是整个村子—白房顶啦，白桦木啦，雪堆啦，全都看得见。

e）较长的主语中间、谓语中间或宾语中间。

示例6：母亲沉痛的诉说，以及亲眼见到的事实，都启发了我幼年时期追求真理的思想。

示例7：那姑娘头戴一顶草帽，身穿一条绿色的裙子，腰间还系着一根橙色的腰带。

示例8：必须懂得，对于文化传统，既不能不分青红皂白统统抛弃，也不能不管精华糟粕全盘继承。

f）前置的谓语之后或后置的状语、定语之前。

示例9：真美啊，这条蜿蜒的林间小路！

示例10：她吃力地站了起来，慢慢地。

示例11：我只是一个人，孤孤单单的。

4.4.3.3 用于下列各种停顿处：

a）复指成分或插说成分前后。

示例1：老张，就是原来的办公室主任，上星期已经调走了。

示例2：车，不用说，当然是头等。

b）语气缓和的感叹语、称谓语或呼唤语之后。

示例3：哎哟，这儿，快给我揉揉。

示例4：大娘，您到哪儿去啊？

示例5：喂，你是哪个单位的？

c）某些序次语（"第"字头、"其"字头及"首先"

类序次语）之后。

示例 6：为什么许多人都有长不大的感觉呢？原因有三：第一，父母总认为自己比孩子成熟；第二，父母总要以自己的标准来衡量孩子；第三，父母出于爱心而总不想让孩子在成长的过程中走弯路。

示例 7：《玄秘塔碑》所以成为书法的范本，不外乎以下几方面的因素：其一，具有楷书点画、构体的典范性；其二，承上启下，成为唐楷的极致；其三，字如其人，爱人及字，柳公权高尚的书品、人品为后人所崇仰。

示例 8：下面从三个方面讲讲语言的污染问题，首先，是特殊语言环境中的语言污染问题；其次，是滥用缩略语引起的语言污染问题；再次，是空话和废话引起的语言污染问题。

4.5 顿号

4.5.1 定义 句内点号的一种，表示语段中并列词语之间或某些序次语之后的停顿。

4.5.2 形式 顿号的形式是"、"。

4.5.3 基本用法

4.5.3.1 用于并列词语之间。

示例 1：这里有自由、民主、平等、开放的风气和氛围。

示例 2：造型科学、技艺精湛、气韵生动，是盛唐石雕的特色。

4.5.3.2 用于需要停顿的重复词语之间。

示例：他几次三番、几次三番地辩解着。

4.5.3.3 用于某些序次语（不带括号的汉字数字或"天干地支"类序次语）之后。

示例 1：我准备讲两个问题：一、逻辑学是什么？二、怎样学好逻辑学？

示例 2：风格的具体内容主要有以下四点：甲、题材；乙、用字；丙、表达；丁、色彩。

4.5.3.4 相邻或相近两数字连用表示概数通常不用顿号。若相邻两数字连用为缩略形式，宜用 顿号。

示例 1：飞机在 6000 米高空水平飞行时，只能看到两侧八九公里和前方一二十公里范围内的地面。

示例 2：这种凶猛的动物常常三五成群地外出觅食和活动。

示例 3：农业是国民经济的基础，也是二、三产业的基础。

4.5.3.5 标有引号的并列成分之间、标有书名号的并列成分之间通常不用顿号。若有其他成分插在并列的引号之间或并列的书名号之间（如引语或书名号之后还有括注），宜用顿号。

示例 1："日""月"构成"明"字。

示例 2：店里挂着"顾客就是上帝""质量就是生命"等横幅。

示例 3：《红楼梦》《三国演义》《西游记》《水浒传》，是我国长篇小说的四大名著。

示例 4：李白的"白发三千丈"（《秋浦歌》）、"朝如青丝暮成雪"（《将进酒》）都是脍炙人口的诗句。

示例 5：办公室里订有《人民日报》（海外版）、《光明日报》和《时代周刊》等报刊。

4.6 分号

4.6.1 定义 句内点号的一种，表示复句内部并列关系分句之间的停顿，以及非并列关系的多重复句中第一层分句之间的停顿。

4.6.2 形式 分号的形式是"；"。

4.6.3 基本用法

4.6.3.1 表示复句内部并列关系的分句（尤其当分句内部还有逗号时）之间的停顿。

示例 1：语言文字的学习，就理解方面说，是得到一种知识；就运用方面说，是养成一种习惯。

示例 2：内容有分量，尽管文章短小，也是有分量的；内容没有分量，即使写得再长也没有用。

4.6.3.2 表示非并列关系的多重复句中第一层分句（主要是选择、转折等关系）之间的停顿。

示例 1：人还没看见，已经先听见歌声了；或者人已经转过山头望不见了，歌声还余音袅袅。

示例 2：尽管人民革命的力量在开始时总是弱小的，所以总是受压的；但是由于革命的力量代表历史发展的方向，因此本质上又是不可战胜的。

示例 3：不管一个人如何伟大，也总是生活在一定的环境和条件下；因此，个人的见解总难免带有某种局限性。

示例 4：昨天夜里下了一场雨，以为可以凉快些；谁知没有凉快下来，反而更热了。

4.6.3.3 用于分项列举的各项之间。

示例：特聘教授的岗位职责为：一、讲授本学科的主干基础课程；二、主持本学科的重大科研项目；三、领导本学科的学术队伍建设；四、带领本学科赶超或保持世界先进水平。

4.7 冒号

4.7.1 定义 句内点号的一种，表示语段中提示下文或总结上文的停顿。

4.7.2 形式 冒号的形式是"："。

4.7.3 基本用法

4.7.3.1 用于总说性或提示性词语（如"说""例如""证明"等）之后，表示提示下文。

示例 1：北京紫禁城有四座城门：午门、神武门、东华门和西华门。

示例 2：她高兴地说："咱们去好好庆祝一下吧！"

示例 3：小王笑着点了点头："我就是这么想的。"

示例 4：这一事实证明：人能创造环境，环境同样也能创造人。

4.7.3.2 表示总结上文

示例：张华上了大学，李萍进了技校，我当了工人：我们都有美好的前途。

4.7.3.3 用在需要说明的词语之后，表示注释和说明。

示例1：

（本市将举办首届大型书市。）主办单位：市文化局；承办单位：市图书进出口公司；

时间：8月15日—20日；地点：市体育馆观众休息厅。

示例2：

（做阅读理解题有两个办法。）办法之一：先读题干，再读原文，带着问题有针对性地读课文。

办法之二：直接读原文，读完再做题，减少先入为主的干扰。

4.7.3.4 用于书信、讲话稿中称谓语或称呼语之后。

示例1：广平先生：……

示例2：同志们、朋友们：……

4.7.3.5 一个句子内部一般不应套用冒号。在列举式或条文式表述中，如不得不套用冒号时，宜另起段落来显示各个层次。

示例：

第十条 遗产按照下列顺序继承：

第一顺序：配偶、子女、父母。

第二顺序：兄弟姐妹、祖父母、外祖父母。

4.8 引号

4.8.1 定义 标号的一种，标示语段中直接引用的内容或需要特别指出的成分。

4.8.2 形式 引号的形式有双引号“ ”和单引号‘ ’两种。左侧的为前引号，右侧的为后引号。

4.8.3 基本用法

4.8.3.1 标示语段中直接引用的内容。

示例：李白诗中就有“白发三千丈”这样极尽夸张的语句。

4.8.3.2 标示需要着重论述或强调的内容。

示例：这里所谓的“文”，并不是指文字，而是指文采。

4.8.3.3 标示语段中具有特殊含义而需要特别指出的成分，如别称、简称、反语等。

示例1：电视被称作“第九艺术”。

示例2：人类学上常把古人化石统称为尼安德特人，简称“尼人”。

示例3：有几个“慈祥”的老板把捡来的菜叶用盐浸浸就算作工友的菜肴。

4.8.3.4 当引号中还需要使用引号时，外面一层用双引号，里面一层用单引号。

示例：他问：“老师，‘七月流火’是什么意思？”

4.8.3.5 独立成段的引文如果只有一段，段首和段尾都用引号；不止一段时，每段开头仅用前引号，只在最后一段末尾用后引号。

示例：

我曾在报纸上看到有人这样谈幸福：

“幸福是知道自己喜欢什么和不喜欢什么。……

“幸福是知道自己擅长什么和不擅长什么。……

“幸福是在正确的时间做了正确的选择。……”

4.8.3.6 在书写带月、日的事件、节日或其他特定意义的短语（含简称）时，通常只标引其中的月和日；需要突出和强调该事件或节日本身时，也可连同事件或节日一起标引。

示例1：“5·12”汶川大地震

示例2：“五四”以来的话剧，是我国戏剧中的新形式。

示例3：纪念“五四运动”90周年。

4.9 括号

4.9.1 定义 标号的一种，标示语段中的注释内容、补充说明或其他特定意义的语句。

4.9.2 形式 括号的主要形式是圆括号“（ ）”，其他形式还有方括号“[ ]”、六角括号“〔 〕”和方头括号“【 】”等。

4.9.3 基本用法

4.9.3.1 标示下列各种情况，均用圆括号：

a）标示注释内容或补充说明。

示例1：我校拥有特级教师（含已退休的）17人。

示例2：我们不但善于破坏一个旧世界，我们还将善于建设一个新世界！（热烈鼓掌）

b）标示订正或补加的文字。

示例3：信纸上用稚嫩的字体写着：“阿夷（姨），你好！”

示例4：该建筑公司负责的建设工程全部达到优良工程（的标准）。

c）标示序次语。

示例5：语言有三个要素：（1）声音；（2）结构；（3）意义。

示例6：思想有三个条件：（一）事理；（二）心理；（三）伦理。

d）标示引语的出处。

示例7：他说得好：“未画之前，不立一格；既画之后，不留一格。”（《板桥集·题画》）

e）标示汉语拼音注音。

示例8：“的（de）”这个字在现代汉语中最常用。

4.9.3.2 标示作者国籍或所属朝代时，可用方括号或六角括号。

示例1：〔英〕赫胥黎《进化论与伦理学》

示例2：〔唐〕杜甫著

4.9.3.3 报刊标示电信、报道的开头，可用方头括号。

示例：【新华社南京消息】

4.9.3.4 标示公文发文字号中的发文年份时，可用六角括号。

示例：国发〔2011〕3号文件

4.9.3.5 标示被注释的词语时，可用六角括号或方头括号。

示例1：〔奇观〕奇伟的景象。

示例2：【爱因斯坦】物理学家。生于德国，1933年因受纳粹政权迫害，移居美国。

4.9.3.6　除科技书刊中的数学、逻辑公式外，所有括号（特别是同一形式的括号）应尽量避免套用。必须套用括号时，宜采用不同的括号形式配合使用。

示例：〔茸（róng）毛〕很细很细的毛。

4.10　破折号

4.10.1　定义　标号的一种，标示语段中某些成分的注释、补充说明或语音、意义的变化。

4.10.2　形式　破折号的形式是"—"。

4.10.3　基本用法

4.10.3.1　标示注释内容或补充说明（也可用括号，见4.9.3.1；二者的区别另见B.1.7）。

示例1：一个矮小而结实的日本中年人—内山老板走了过来。

示例2：我一直坚持读书，想借此唤起弟妹对生活的希望—无论环境多么困难。

4.10.3.2　标示插入语（也可用逗号，见4.4.3.3）。

示例：这简直就是—说得不客气点—无耻的勾当！

4.10.3.3　标示总结上文或提示下文（也可用冒号，见4.7.3.1、4.7.3.2）。

示例1：坚强，纯洁，严于律己，客观公正—这一切都难得地集中在一个人身上。

示例2：画家开始娓娓道来—

数年前的一个寒冬，……

4.10.3.4　标示话题的转换。

示例："好香的干菜，—听到风声了吗？"赵七爷低声说道。

4.10.3.5　标示声音的延长。

示例："嘎—"传过来一声水禽被惊动的鸣叫。

4.10.3.6　标示话语的中断或间隔。

示例1："班长他牺—"小马话没说完就大哭起来。

示例2："亲爱的妈妈，你不知道我多爱您。—还有你，我的孩子！"

4.10.3.7　标示引出对话。

示例：

—你长大后想成为科学家吗？

—当然想了！

4.10.3.8　标示事项列举分承。

示例：

根据研究对象的不同，环境物理学分为以下五个分支学科：

—环境声学；

—环境光学；

—环境热学；

—环境电磁学；

—环境空气动力学。

4.10.3.9　用于副标题之前。

示例：飞向太平洋

—我国新型号运载火箭发射目击记

4.10.3.10　用于引文、注文后，标示作者、出处或注释者。

示例1：先天下之忧而忧，后天下之乐而乐。

—范仲淹

示例2：乐浪海中有倭人，分为百余国。

—《汉书》

示例3：很多人写好信后把信笺折成方胜形，我看大可不必。（方胜，指古代妇女戴的方形首饰，用彩绸等制作，由两个斜方部分叠合而成。—编者注）

4.11　省略号

4.11.1　定义　标号的一种，标示语段中某些内容的省略及意义的断续等。

4.11.2　形式　省略号的形式是"……"。

4.11.3　基本用法

4.11.3.1　标示引文的省略。

示例：我们齐声朗诵起来："……俱往矣，数风流人物，还看今朝。"

4.11.3.2　标示列举或重复词语的省略。

示例1：对政治的敏感，对生活的敏感，对性格的敏感，……这都是作家必须要有的素质。

示例2：他气得连声说："好，好……算我没说。"

4.11.3.3　标示语意未尽。

示例1：在人迹罕至的深山密林里，假如突然看见一缕炊烟，……

示例2：你这样干，未免太……！

4.11.3.4　标示说话时断断续续。

示例：她磕磕巴巴地说："可是……太太……我不知道……你一定是认错了。"

4.11.3.5　标示对话中的沉默不语。

示例：

"还没结婚吧？"

"……"他飞红了脸，更加扭怩起来。

4.11.3.6　标示特定的成分虚缺。

示例：只要……就……

4.11.3.7　在标示诗行、段落的省略时，可连用两个省略号（即相当于十二连点）。

示例1：从隔壁房间传来缓缓而抑扬顿挫的吟咏声—床前明月光，疑是地上霜。

…………

示例2：该刊根据工作质量、上稿数量、参与程度等方面的表现，评选出了高校十佳记者站。还根据发稿数量、提供新闻线索情况以及对刊物的关注度等，评选出了十佳通讯员。

…………

4.12　着重号

4.12.1　定义　标号的一种，标示语段中某些重要的或需要指明的文字。

4.12.2　形式　着重号的形式是"·"，标注在相应的文字下方。

4.12.3 基本用法

4.12.3.1 标示语段中重要的文字。

示例 1：诗人需要表现，而不是证明。

示例 2：下面对本文的理解，不正确的一项是：……

4.12.3.2 标示语段中需要指明的文字。

示例：

下边加点的字，除了在词中的读法外，还有哪些读法？

着急　子弹　强调

4.13 连接号

4.13.1 定义　标号的一种，标示某些相关联成分之间的连接。

4.13.2 形式　连接号的形式有短横线"-"、一字线"—"和浪纹线"～"三种。

4.13.3 基本用法

4.13.3.1 标示下列各种情况，均用短横线：

a）化合物的名称或表格、插图的编号。

示例 1：3-戊酮为无色液体，对眼及皮肤有强烈刺激性。

示例 2：参见下页表 2-8、表 2-9。

b）连接号码，包括门牌号码、电话号码，以及用阿拉伯数字表示年月日等。

示例 3：安宁里东路 26 号院 3-2-11 室

示例 4：联系电话：010-88842603

示例 5：2011-02-15

c）在复合名词中起连接作用。

示例 6：吐鲁番-哈密盆地

d）某些产品的名称和型号。

示例 7：WZ-10 直升机具有复杂天气和夜间作战的能力。

e）汉语拼音、外来语内部的分合。

示例 8：shuō shuō-xiào xiào（说说笑笑）

示例 9：盎格鲁-撒克逊人

示例 10：让-雅克·卢梭（"让-雅克"为双名）

示例 11：皮埃尔·孟戴斯-弗朗斯（"孟戴斯-弗朗斯"为复姓）

4.13.3.2 标示下列各种情况，一般用一字线，有时也可用浪纹线：

a）标示相关项目（如时间、地域等）的起止。

示例 1：沈括（1031—1095），宋朝人。

示例 2：2011 年 2 月 3 日—10 日

示例 3：北京—上海特别旅客快车

b）标示数值范围（由阿拉伯数字或汉字数字构成）的起止。

示例 4：25～30g

示例 5：第五～八课

4.14 间隔号

4.14.1 定义　标号的一种，标示某些相关联成分之间的分界。

4.14.2 形式　间隔号的形式是"·"。

4.14.3 基本用法

4.14.3.1 标示外国人名或少数民族人名内部的分界。

示例 1：克里斯蒂娜·罗塞蒂

示例 2：阿依古丽·买买提

4.14.3.2 标示书名与篇（章、卷）名之间的分界。

示例：《淮南子·本经训》

4.14.3.3 标示词牌、曲牌、诗体名等和题名之间的分界。

示例 1：《沁园春·雪》

示例 2：《天净沙·秋思》

示例 3：《七律·冬云》

4.14.3.4 用在构成标题或栏目名称的并列词语之间。

示例：《天·地·人》

4.14.3.5 以月、日为标志的事件或节日，用汉字数字表示时，只在一、十一和十二月后用间隔号；当直接用阿拉伯数字表示时，月、日之间均用间隔号（半角字符）。

示例 1："九一八"事变"五四"运动

示例 2："一·二八"事变"一二·九"运动

示例 3："3·15"消费者权益日"9·11"恐怖袭击事件

4.15 书名号

4.15.1 定义　标号的一种，标示语段中出现的各种作品的名称。

4.15.2 形式　书名号的形式有双书名号"《 》"和单书名号"〈 〉"两种。

4.15.3 基本用法

4.15.3.1 标示书名、卷名、篇名、刊物名、报纸名、文件名等。

示例 1：《红楼梦》（书名）

示例 2：《史记·项羽本记》（卷名）

示例 3：《论雷峰塔的倒掉》（篇名）

示例 4：《每周关注》（刊物名）

示例 5：《人民日报》（报纸名）

示例 6：《全国农村工作会议纪要》（文件名）

4.15.3.2 标示电影、电视、音乐、诗歌、雕塑等各类用文字、声音、图像等表现的作品的名称。

示例 1：《渔光曲》（电影名）

示例 2：《追梦录》（电视剧名）

示例 3：《勿忘我》（歌曲名）

示例 4：《沁园春·雪》（诗词名）

示例 5：《东方欲晓》（雕塑名）

示例 6：《光与影》（电视节目名）

示例 7：《社会广角镜》（栏目名）

示例 8：《庄子研究文献数据库》（光盘名）

示例 9：《植物生理学系列挂图》（图片名）

4.15.3.3 标示全中文或中文在名称中占主导地位的软件名。

示例：科研人员正在研制《电脑卫士》杀毒软件。

4.15.3.4 标示作品名的简称。

示例：我读了《念青唐古拉山脉纪行》一文（以下简称《念》），收获很大。

4.15.3.5 当书名号中还需要书名号时，里面一层用单书名号，外面一层用双书名号。

示例：《教育部关于提请审议〈高等教育自学考试试行办法〉的报告》

4.16 专名号

4.16.1 定义 标号的一种，标示古籍和某些文史类著作中出现的特定类专有名词。

4.16.2 形式 专名号的形式是一条直线，标注在相应文字的下方。

4.16.3 基本用法

4.16.3.1 标示古籍、古籍引文或某些文史类著作中出现的专有名词，主要包括人名、地名、国名、民族名、朝代名、年号、宗教名、官署名、组织名等。

示例1：孙坚人马被刘表率军围得水泄不通。（人名）

示例2：于是聚集冀、青、幽、并四州兵马七十多万准备决一死战。（地名）

示例3：当时乌孙及西域各国都向汉派遣了使节。（国名、朝代名）

示例4：从咸宁二年到太康十年，匈奴、鲜卑、乌桓等族人徙居塞内。（年号、民族名）

4.16.3.2 现代汉语文本中的上述专有名词，以及古籍和现代文本中的单位名、官职名、事件名、会议名、书名等不应使用专名号。必须使用标号标示时，宜使用其他相应标号（如引号、书名号等）。

4.17 分隔号

4.17.1 定义 标号的一种，标示诗行、节拍及某些相关文字的分隔。

4.17.2 形式 分隔号的形式是"/"。

4.17.3 基本用法

4.17.3.1 诗歌接排时分隔诗行（也可使用逗号和分号，见4.4.3.1/4.6.3.1）。

示例：春眠不觉晓/处处闻啼鸟/夜来风雨声/花落知多少。

4.17.3.2 标示诗文中的音节节拍。

示例：横眉/冷对/千夫指，俯首/甘为/孺子牛。

4.17.3.3 分隔供选择或可转换的两项，表示"或"。

示例：动词短语中除了作为主体成分的述语动词之外，还包括述语动词所带的宾语和/或补语。

4.17.3.4 分隔组成一对的两项，表示"和"。

示例1：13/14次特别快车

示例2：羽毛球女双决赛中国组合杜婧/于洋两局完胜韩国名将李孝贞/李敬元。

4.17.3.5 分隔层级或类别。

示例：我国的行政区划分为：省（直辖市、自治区）/省辖市（地级市）/县（县级市、区、自治州）/乡（镇）/村（居委会）。

5 标点符号的位置和书写形式

5.1 横排文稿标点符号的位置和书写形式

5.1.1 句号、逗号、顿号、分号、冒号均置于相应文字之后，占一个字位置，居左下，不出现在一行之首。

5.1.2 问号、叹号均置于相应文字之后，占一个字位置，居左，不出现在一行之首。两个问号（或叹号）叠用时，占一个字位置；三个问号（或叹号）叠用时，占两个字位置；问号和叹号连用时，占一个字位置。

5.1.3 引号、括号、书名号中的两部分标在相应项目的两端，各占一个字位置。其中前一半不出现在一行之末，后一半不出现在一行之首。

5.1.4 破折号标在相应项目之间，占两个字位置，上下居中，不能中间断开分处上行之末和下行之首。

5.1.5 省略号占两个字位置，两个省略号连用时占四个字位置并须单独占一行。省略号不能中间断开分处上行之末和下行之首。

5.1.6 连接号中的短横线比汉字"一"略短，占半个字位置；一字线比汉字"一"略长，占一个字位置；浪纹线占一个字位置。连接号上下居中，不出现在一行之首。

5.1.7 间隔号标在需要隔开的项目之间，占半个字位置，上下居中，不出现在一行之首。

5.1.8 着重号和专名号标在相应文字的下边。

5.1.9 分隔号占半个字位置，不出现在一行之首或一行之末。

5.1.10 标点符号排在一行末尾时，若为全角字符则应占半角字符的宽度（即半个字位置），以使视觉效果更美观。

5.1.11 在实际编辑出版工作中，为排版美观、方便阅读等需要，或为避免某一小节最后一个汉字转行或出现在另外一页开头等情况（浪费版面及视觉效果差），可适当压缩标点符号所占用的空间。

5.2 竖排文稿标点符号的位置和书写形式

5.2.1 句号、问号、叹号、逗号、顿号、分号和冒号均置于相应文字之下偏右。

5.2.2 破折号、省略号、连接号、间隔号和分隔号置于相应文字之下居中，上下方向排列。

5.2.3 引号改用双引号"﹁""﹂"和单引号"﹃""﹄"，括号改用"︵""︶"，标在相应文字的上下。

5.2.4 竖排文稿中使用浪线式书名号"　"，标在相应文字的左侧。

5.2.5 着重号标在相应文字的右侧，专名号标在相应文字的左侧。

5.2.6 横排文稿中关于某些标点不能居行首或行末的要求，同样适用于竖排文稿。

文章修改符号及其用法

编　号	符号名称	符号形态	符号说明	用法示例
1	改正号		表明需要改正错误，把错误之处圈起来，再用引线引到空白处改正。	
2	删除号		表明删除。文字少时加圈，文字多时可加框打叉。	
3	增补号		表明增补。文字少时加圈，文字多时可用线车清增补范围。	
4	对调号		表明调整颠倒的字、句位置。三曲线的中间部分不调整。	
5	转移号		表明词语位置的转移。将要转移的部分圈起，并画出引线指向转移部位。	
6	接排号		表明两行文字之间应接排，不需另起一行。	
7	另起号		表明要另起一段。需要另起一段的地方，用引线向左延伸到起段的位置。	
8	移位号	或 或	表明移位的方向。用箭头或凸曲线表示。使用箭头，是表示移至箭头前直线位置；使用凸曲线是表示把符号内的文字移至开口处两短直线位置。	

编　号	符号名称	符号形态	符号说明	用法示例
9	排齐号	‖	表明应排列整齐。在行列中不齐的字句上下或左右画出直线。	认真提高 提高质量印刷质量， 缩短出版周期
10	保留号	△	表明改错、删错后需保留原状。在改错、删错处的上方或下方画出三角符号，并在原删除符号上画两根短线。	认真摘好校对工作
11	加空号	∨　>　<	表明在字与字、行与行之间加空。符号画在字与字之间的上方；行与行之间的左右处。	要认真修改原稿 加强市场调研 提高质量
12	减空号	∧　<　>	表明在字与字、行与行之间减空。符号使用方法同上。	校对　须　知 校对书刊应 注意的问题
13	空字号	井 羊 丰 圭	表明空一字距；表明空 1/2 字距；表明空 1/3 字距；表明空 1/4 字距。	第一章应用写作概述
14	角码号	⌐	用以改正上、下角码的位置。	CO_2 $16 = 4^2$
15	分开号	Y	用以分开外文字母。	How are you

主要参考文献

[1] 陈桂良. 2003. 大学应用文写作. 杭州：浙江大学出版社.

[2] 陈果安. 2002. 现代写作学引论. 南京：中南大学出版社.

[3] 陈志宏. 2005. 百年契约. 第二课堂（高中版），（09）.

[4] 董丛文. 2009. 营销策划原理与实务. 北京：科学出版社.

[5] 杜福磊. 2004. 中国写作学理论研究与发展. 北京：中央编译出版社.

[6] 范增友，张立华. 2007. 常用公文写作模式探析. 长春：吉林人民出版社.

[7] 郭冬. 2009. 实用写作范例评点. 北京：高等教育出版社.

[8] 黄杨梅. 2009. 在美国读商品说明书. 东西南北，（9）.

[9] 金振邦. 1995. 文章体裁词典. 长春：东北师范大学出版社.

[10] 李开复. 2006. 做最好的自己. 北京：人民出版社.

[11] 李开复. 2007. 一网情深. 北京：人民出版社.

[12] 李霞. 2008. 广告策划案例教程. 北京：高等教育出版社.

[13] 廖玉蕙. 2010. 写给语文老师的书. 北京：中国青年出版社.

[14] 林可夫. 2002. 现代写作学：开拓与耕耘. 南京：南京师范大学出版社.

[15] 刘杰，付胜. 2005. 经济文书写作范例. 北京：人民出版社.

[16] 刘壮. 1995. 中国应用文发展史. 北京：书目文献出版社.

[17] 卢新宁. 2012-07-06. 北大中文系 2012 年毕业典礼致辞. 中国青年报.

[18] 潘桂云. 2005. 实用文体写作. 北京：首都经贸大学出版社.

[19] 裴显生. 1996. 现代实用写作学. 南京：江苏教育出版社.

[20] 宋建波. 2003-04-11. "切忌"变"切记"说明书上一字之差惹下官司. 人民日报，B7.

[21] 王首程. 2010. 论文写作. 北京：高等教育出版社.

[22] 王志彬. 2002. 20 世纪中国写作理论史. 南京：南京大学出版社.

[23] 徐育斐. 2004. 市场营销策划. 大连：东北财经大学出版社.

[24] 张建. 2005. 应用写作. 北京：高等教育出版社.

[25] 张丽荣. 2009. 口才与应用文写作. 北京：高等教育出版社.

[26] 张连起. 2004. 会计的魅力. 财务与会计，（1）.

[27] 张中伟. 2007. 应用文写作. 北京：北京理工大学出版社.

[28] 赵兴元. 2003. 广告原理与实务. 大连：东北财经大学出版社.

[29] 中国社会科学院语言研究所词典编辑室. 1980. 现代汉语词典. 北京：商务印书馆.

[30] 周振甫. 2005. 文心雕龙今译. 北京：中华书局.

[31] 庄涛，胡敦骅，梁冠群. 2003. 写作大辞典. 北京：汉语大词典出版社.

配套资料索取说明

购买本书的读者可在 www.ptpedu.com.cn 注册后下载本书配套学习资料。

采用本书授课的教师，可发邮件至 13051901888@163.com 或 education_book@163.com 索取配套教学资料。

姓　　名：_____ 性　别：____ 职　　称：_____ 职　　务：_____

办公电话：_____ 手　机：_____ 电子邮箱：_____

学　　校：_____ 院　　系：_____

通信地址：_____ 邮　　编：_____

本课程开设于____学年____学期，原采用_____出版社出版_____主编的《_____》为本课程教材，_____专业____个班共_____人使用该教材。

证　明　人：_____ 办公电话：_____ 手　机：_____ 电子邮箱：_____

高等院校素质教育课程"十二五"规划教材

已出版教材

基 本 信 息	特 点 简 介
文学欣赏新编 主　编：胡山林 出版时间：2013 年 1 月 书　　号：978-7-115-25935-6	本书是由文学名师、全国通识类课程最受欢迎十大教授、全国（百名）优秀社会科学普及专家、河南省文艺学研究中心副主任胡山林教授执笔编写的一部基础性、入门性的文学欣赏导引教材 本书结构上创新点在于把文学批评的方法当作文学欣赏的角度来处理，形式上的创新点是采用了"理论知识"加"欣赏示例"的编写体例 本书提供课件、教案、补充教学案例和思考练习题参考答案等资料，河南省精品课程《文学欣赏导引》网站可获取其他学习素材
演讲与口才实用教程 （第 2 版） 主　编：蒋红梅 罗 纯 出版时间：2014 年 7 月 书　　号：978-7-115-37011-2	提供课件、教案、整体设计、单元设计、课程标准、案例库和案例分析、检测标准 以"精讲多练"为原则，通过 100 多个训练步骤，攻难点、补薄弱，帮助读者达到敢说、能说、会说、巧说的语言表达要求 注重职场口才的技能培养，设计了虚拟求职面试和行业服务情境，强化岗位特殊口语能力，使读者在最短的时间内，最大限度的掌握特定的职业口语风范与从业规范
人际沟通艺术 主　编：麻友平 出版时间：2012 年 3 月 书　　号：978-7-115-27482-3	内容实用、针对性强。不进行系统的理论阐释，重点解决大学生在生活和工作中无法回避的具体的人际沟通方面的问题 讲授与实践相结合。课外实践可操作性强，部分内容学生可独立完成，有效地弥补了课堂教学课时不足的问题；同时通过课外的实际训练能使学生真正掌握课堂所学的人际沟通知识和技巧 提供教学配套资料。本书提供电子课件、电子教案、习题答案、模拟试卷等资料
新编大学语文 主　编：王志刚 熊 畅 出版时间：2013 年 7 月 书　　号：978-7-115-30356-1	六大主题，紧扣人生价值观，以求知识与价值传播同步 59 篇选文，展开思辨学习之路，开启读者自学愿望 课件、教学计划、授课素材、参考答案、模拟试卷传播教学心得，拓展学习素材

续表

基 本 信 息	特 点 简 介
经济应用文写作 主　编：张立华　刘宇希 出版时间：2014 年 5 月 书　号：978-7-115-34634-6	以例文解读、欣赏、病文修改为学习（教学）主要手段，每节辅以知识巩固、写作训练，以有效提升读者写作能力 内容偏重财经类专业；兼顾读者学习、工作生涯中所遇其他实用文体；增加短信、微博等新文体 提供课程标准、课件、参考答案、补充练习题、模拟试卷、拓展实例等资料
实用文书写作 主　编：王志刚　周炫 出版时间：2014 年 7 月 书　号：978-7-115-35766-3	基本涵盖学习、日常生活和日常工作中常用文体，缩减公文篇幅 以案例分析、病文修改和模拟写作为主要学习方法，每种文体安排能力要求、案例点评、知识归纳、实训活动和知识拓展等学习环节 提供电子教案、电子课件、教学标准、教学设计方案、授课学计划、实践指导手册、习题答案、扩展阅读资料、扩展教学资料、模拟试卷等资料
应用文书写作 主　编：耿云巧　马俊霞 出版时间：2015 年 4 月 书　号：978-7-115-38540-6	大胆摒弃非行业常用文种和简单文种，将"备忘录"等实用文种纳入教材；例文赏析、病文修改、材料写作等形式以练促学；多数案例、例文均来自实际工作一线。 二维码链接专业论文、补充知识、图文并茂的案例原文、教学视频、相关文库和课程网站等网络资源，拓宽读者学习渠道，提高学习兴趣 提供课件、单元设计、教学视频、习题库、考核方案等资料；读者也可通过《应用写作》省级精品课程网站获取其他资料。
艺术概论 主　编：王玉苓 出版时间：2013 年 8 月 书　号：978-7-115-32414-6	以鉴赏艺术作品为系统化知识注释，融美育于阅读之中 多选现、当代作品，展时代风貌、动学子之情、育艺术之灵 多选民族艺术作品，传民族艺术精髓、扬民族艺术精神、品民族艺术之美 书有厚薄，学海无边，教案、课件、模拟试卷等无限拓展学习、教学资源
世界美术十六讲 主　编：周利明 出版时间：2013 年 9 月 书　号：978-7-115-33007-9	本书由教材、配套学习资料、配套教学资料三部分组成 配套学习资料包括电子课件和 5 套自测试卷 配套教学资料包括电子课件、教学图库、补充教学素材、考核方案等资料
在职工程硕士 网络检索指南 编　著：葛敬民 出版时间：2013 年 9 月 书　号：978-7-115-30332-5	2013 年度国家精品资源共享课、2007 年度国家精品课程配套教材 专门针对"进校不离岗"的在职工程硕士研究生设计，重点探索互联网实用信息资源的利用，辅以传统的高校图书馆文献介绍，同时介绍资源管理的方法和工具
音乐基础 编　著：陈俊海 出版时间：2015 年 1 月 书　号：978-7-115-37188-1	针对非音乐专业需求组织教材内容，电脑音乐部分更可助读者轻松入门，打破"高、大、上"的专业教学/学习模式。 基础、乐器、歌唱、创作、表演、鉴赏、电脑音乐等模块化处理，教师/读者可自由选择教学/学习内容；知识、习题、专题训练、趣闻、试卷构成完整教学/学习解决方案。 提供课件、教案、大纲、参考答案、乐理专题训练、自测样卷、模拟试卷、音频库等学习资料和配套教学资料。